최근 한국 신학계에서 그레고리 비일의 『성전 신학』이 번역 출간된 후 성전 신학이라는 주제가 큰 관심을 끌고 있지만, 정작 성전 자체에 대한 연구는 거의 부재한 상황이다. 예컨대 〈성막론〉은 큰 관심 주제지만, 그 동안 학자들이 아닌 목회자들이 〈성막론〉의 전문가를 자처하면서 많은 책을 쓰고 강연과 집회를 통해 성막에 대한 각자의 견해를 설파해왔다. 그러한 그들의 성막론은 대부분 주관적인 해석과 지나친 그리스도 예표론적 해석 및 풍유적(알레고리) 해석에 치우쳐 있으며, 전문가가 아니기 때문에 성막과 성전에 대한 기초적인 사실 관계에 대해서도 잘못된 설명을 내놓는다. 예를 들어 조각목(싯딤나무)이 광야의 싸구려 잡목이었다는 설명 따위다. 그러나 고대 이집트에서 조각목은 뛰어난 내구성과 잘 썩지 않는 특징으로 파라오의 관을 짤 만큼 귀중한 나무로 간주되었다.

이번에 새물결플러스에서 드디어 성막과 성전에 대한 매우 좋은 책이 출판되었다. 이 책의 큰 공헌은 구약의 성전들을 연대기 순으로 철저히 해부하고 설명한 점이다. 최초의 광야 성막과 솔로몬 성전(제1성전), 솔로몬 성전이 무너진 후 재건축된 스룹바벨 성전(제2성전), 에스겔의 환상 속의 미래 성전, 그리고 스룹바벨 성전을 크게 확장하고 리모델링한 헤롯 성전까지 모두 상세히 설명하고 있다. 또한 신약의 새로운 성전인 교회와 요한계시록의 궁극의 새 성전에 대한 묘사도 빠트리지 않는다. 내가 아는 한, 이 모든 성전 건축의 역사적 과정과 상호 차이점을 전문적으로 상세히 추적한 책은 한국에서 이번이 처음이다. 다만 저자는 솔로몬 성전의 건축 과정을 매우 부정적으로 묘사하는데, 이는 이론의 여지가 있다는 점을 독자들이 고려할 필요가 있다. 수많은 삽화와 고대 근동의 배경적 유물들, 그리고 다양한 성전의 도면과 그림들을 동원하여 성막과 성전에 대한 쉬운 이해를 돕는 이 책을 강력히 추천한다.

김경열 | 『레위기의 신학과 해석』 저자

『하나님의 임재와 구원』은 성경의 첫 장인 창세기 1장부터 마지막 장인 요한계시록 22장까지 관통하는 주제다. 본서는 이 주제의 강물이 성서의 메타내러티브에서 어떻게 도도히 흐르고 있는지 그 물줄기를 신학적으로 잡아주고 있다. 저자는 에덴동산, 광야에서의 성막, 솔로몬 성전, 제2성전, 그리고 교회 공동체 성전에 이르기까지 하나님의 임재의 장소로서의 성막과 성전을 신앙적으로 잘 설명하고 있다. 중간에 내용과 관련된 사진과 그림이 삽입되어 있고, 또 가독성 있게 쓰여 신학자나 목회자가 아니라도 성경에 관심이 있는 사람이면 누구나 이해하는 데 어려움이 없다. 본서를 읽으면 한 편의 유튜브 세미나를 들은 것 같이 성전에 관한 진리가 한눈 안에 들어온다.

김동수 | 평택대학교 신약학 교수, 한국신약학회 직전 회장

하나님의 활동 무대로서 시간과 공간은 신학적 연구에 매우 중요한 두 축이다. 그러나 전통적으로 신학계는 역사(시간)에 많은 관심을 두었다. 그러나 최근에 공간과 장소에 대한 학문적 관심이 많아졌다. 특별히 거룩한 공간과 장소로서 성막과 성전에 관한 연구가 이루어지고 있다는 점은 괄목할 만하다. 성서학자들에게 성경을 관통하는 핵심 주제 다섯을 꼽으라면 분명 그 안에 "성막/성전"이 들어갈 것이다. 대니 헤이즈는 이 책에서 성막/성전 모티프가 창세기 첫 장부터 요한계시록 마지막 장까지 관통하고 있다고 설득력 있게 주장한다. 물론 성막과 성전 사이에는 중요한 차이점이 있다. 그럼에도 성막/성전은 모두 하나님이 내주하시는 임재의 처소를 가리키는 종교적 기관이라는 점에서 신학적 공통분모를 갖고 있다. 이 점에 착안한 헤이즈는 예수 그리스도의 성육신은 구약의 성막과 성전의 절정으로서 우리 가운데 내주하시는 하나님의 임재의 영광스러운 구현이라고 말한다. 이런 방식으로 헤이즈는 성막/성전신학을 기독론적으로 구축해간다. 누구나 쉽게 따라갈 수 있는 논리, 꼭 필요한 정보를 알려주는 교과서적 전개, 성경 내러티브를 따라 전개하는 독자 친화적 설명, 무엇보다 그리스도 중심적/완결적 해석, 교회 공동체를 위한 성막/성전 신학의 구원론적 해설, 공동체 신앙을 풍성하게 하는 실제적 적용 등이 이 책의 유익한 특성이다. 신학생들에게는 성경신학의 틀을 세워주고, 목회자와 설교자들에겐 진정한 예배의 유익을 가져다주리라 믿는다.

류호준 | 백석대학교 신학대학원 구약학 은퇴교수

이 책은 성경에서 성막과 성전이란 주제가 가장 핵심적인 신학적 실재라고 주장하는데, 이는 하나님의 언약 가운데 하나님의 임재와 내주하심이 바로 성막과 성전에서 나타나기 때문이다. 신약에는 예수 그리스도가 새로운 성막과 성전이시며, 예수의 십자가와 부활 이후 그의 회중(교회)이 성령을 통해 그 성전의 기능을 수행하는 사명을 받았다. 그리고 그 특권에는 거룩한 삶에 대한 책임이 따른다. 이 책은 목회자와 교인들이 창세기부터 요한계시록까지 가장 중요한 가르침을 성막과 성전이란 주제로 체계적이면서도 쉽게 배울 수 있는 탁월한 교과서다. 특히 색채가 풍부한 그림과 새로운 고고학적인 발견을 활용한 것이 흥미롭다.

이민규 | 한국성서대학교 신약학 교수

본서는 자기 백성과 함께하시는 하나님의 임재가 성서의 중요한 주제라고 천명하며 창세기의 에덴동산으로부터 새 예루살렘을 묘사하는 요한계시록까지 나타난 다양한 장면을 분석하는 데 주력한다. 이처럼 창조적 성서 읽기에 탁월한 전문성을 보이는 저자는 하나님의 임재에 대한 역사적이고 신학적인 함의를 정교하게 집어내는데, 특히 포로기 이후 재건된 제2성전과 예수 그리스도의 도래로 성취될 하나님의 임재를 연결하는 해석은 정말 획기적이다. 철저한 탐구에 기초하여 성전의 의미를 되살려 포스트코로나 시대에도 확증되어야 할 교회의 방향을 명확히 제시하는 이 책이 필독서라고 거드는 언사는 사족(蛇足)에 불과할 뿐이다.

윤철원 | 서울신학대학교 신학전문대학원 신약학 교수

일반적으로 "새로운"이란 단어는 성경 배경을 다루는 책을 거론할 때는 좀처럼 먼저 떠오르는 단어가 아니지만 이 책은 예외다. 나는 대니 헤이즈의 『하나님의 임재와 구원』이란 책을 참으로 재미있게 읽었고 무척 많이 배웠다. 헤이즈는 구약의 성막과 솔로몬의 성전에 관해 판에 박힌 생각으로부터 벗어나는 길을 다양하게 모색했으며, 그의 통찰력은 그 나머지 성경 이야기에 등장하는 성전에 대한 탐구에서도 지속적으로 나타난다. 이 연구를 통해 맺어진 신학적 결실은 저자가 현대 교회를 위한 중요한 함의를 유추해나가는 과정에서 더욱더 놀랍게 나타난다.

조지 H. 거스리 | 유니언 대학교 벤자민 W. 페리 성서학 교수

드디어 이스라엘의 성막과 성전을 어떻게 이해해야 하는지에 대해 그리스도인들이 스마트하게 대응할 수 있는 방안이 나왔다. 그동안 교회에서 성경을 가르치는 교사들은 종종 성막을 옛 언약에 속한 것으로 보고 무시하거나 텐트를 고정시키는 못을 알레고리적으로 해석하는 것 중 하나를 선택해야만 했다. 그러나 헤이즈는 이제 철저하게 성경에 근거한 새로운 대안을 제시한다. 이 책에서는 건전한 복음주의 신학이 실천적인 적용과 더불어 명쾌하고 평이한 언어로 제시된다. 창세기부터 요한계시록에 이르기까지 하나님의 임재로서의 성전이 탐구의 대상이 되고, 에덴동산에서부터 성막, 솔로몬 성전, 제2성전, 그리고 마지막으로 신약의 하나님의 성전에 이르기까지 성스러운 공간을 위한 하나님의 계획이 차례대로 묘사된다. 헤이즈는 또한 적용을 위한 질문에 실용적인 지혜로 답변하며 마무리한다. 성전은 왜 그리스도인들에게 중요한가? 성전은 우리 가운데 거하시는 하나님과 더불어 우리가 어떻게 살 것인지를 말해준다.

E. 랜돌프 리처즈 | 팜비치애틀란틱 대학교 성서학 교수

The Temple and the Tabernacle

A Study of God's Dwelling Places from Genesis to Revelation

J. Daniel Hays

Copyright © 2016 by J. Daniel Hays
Originally published in English under the title
The Temple and the Tabernacle by Baker Books
A division of Baker Publishing Group
P.O. Box 6287, Grand Rapids, MI 49516, U.S.A.
All rights reserved.

Used and translated by permission of Baker Books
through rMaeng2, Seoul, Republic of Korea.

This Korean edition copyright ⓒ 2020 by Holy Wave Plus, Seoul, Republic of Korea.

이 한국어판의 저작권은 알맹2 에이전시를 통하여 미국 Baker Books와 독점 계약한 새물결플러스에 있습니다. 신저작권법에 의하여 한국 내에서 보호받는 저작물이므로 무단 전재와 무단 복제를 금합니다.

The Temple
and the Tabernacle

하나님의 임재와 구원

J. 대니얼 헤이즈 지음

홍수연 옮김

A Study of God's Dwelling Places from Genesis to Revelation

구속사로 본 성막과 성전

새물결플러스

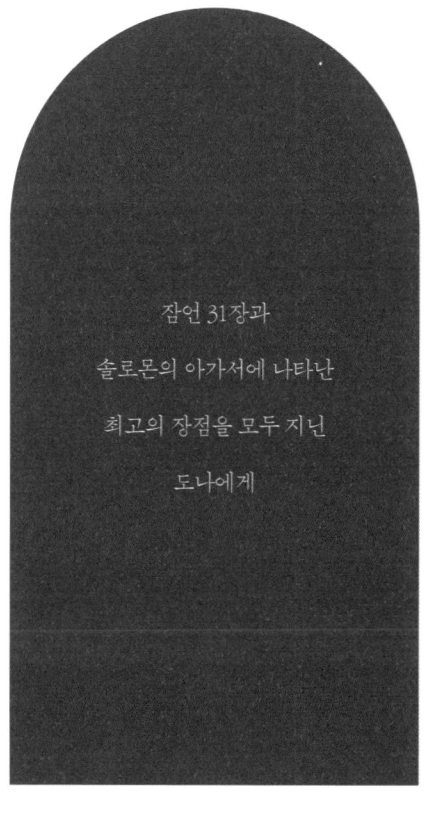

잠언 31장과

솔로몬의 아가서에 나타난

최고의 장점을 모두 지닌

도나에게

목차

1장	성전과 성막: 개요	13
2장	하나님의 동산 성전	29
3장	언약궤와 성막	41
4장	솔로몬의 성전	85
5장	성전을 떠나신 하나님	141
6장	제2성전	171
7장	신약에 나타난 하나님의 성전	221
8장	결론: 이 모든 것은 오늘날 우리에게 어떤 의미가 있는가?	247
참고문헌		253

1장

성전과 성막: 개요

얼마나 굉장한 건물들입니까!(막 13:1, 새번역)

서론 및 개요

당신이 성전과 성막에 관해 탐구하게 된 것을 진심으로 환영한다. 우리가 탐구를 시작하면서 예수와 그의 제자 중 한 명이 예루살렘 성전을 떠나면서 나눈 대화를 기억하는 것은 매우 적절해 보인다. 그 제자는 "선생님, 보십시오! 얼마나 굉장한 돌들입니까! 얼마나 굉장한 건물들입니까!"라고 탄성을 질렀다(막 13:1, 새번역).

당신은 고대 예루살렘 성전의 그림을 보면 그가 왜 그토록 큰 감동을 받았는지 알 수 있을 것이다. 그 돌들은 거대하고 건물은 웅장하다. 하지만 예수는 그의 제자만큼 이 웅장한 건물에 매료되지 않았다. 그는 대답한다. "네가 이 큰 건물들을 보느냐?…돌 하나도 돌 위에 남지 않고 다 무너뜨려지리라"(막 13:2). 예수는 헤롯왕이 세운 이 웅장한 성전을 올바른 역사적·신학적 정황에 놓고 말씀하신다.

앞으로 우리가 성경 전체에 나타난 이야기를 통해 살펴보겠지만, 성전(그리고 이동식 성전인 성막)의 중요성은 물리적인 건물에 있지 않고 하나님께서 자신을 예배하기 위해 나오는 그의 백성과 관계를 맺으며 그들 가운데 임재해 계신다는 사실에 있다. 예수는 마가복음 13장(그리고 다른 본문)에서 자신이 메시아이자 왕임을 거부하는 예루살렘에 사는 유대인들과 성전 위에 심판이 임할 것을 분명하게 선포한다. 이 중요한 핵심을 놓치지 말기 바란다. 예수에 비하면 헤롯왕이 세운 성전은 하찮은 것이었다. 이것은 아이러니하면서도 비극적이다. 성전은 오직 하나님이 그곳에 임재해 계실 때만 귀중한 것이었다.

예수 시대에 하나님은 성전에 거하시기 위해 아직 귀환하지 않으셨다. 다시 말하면 예수가 예루살렘 성전 문으로 걸어 들어오시기 전까지 헤롯이 지은 예루살렘 성전에는 내주하시는 하나님의 "집중된" 임재가 없었다![1] 임마누엘("하나님이 우리와 함께하신다")인 그는 유일하게 헤롯이 지은 웅장한 성전에 중요한 의미를 부여할 수 있는 분이었다. 그러나 이야기가 비극적으로 전개되면서 비로소 우리는 유대 성전 지도자들이 그를 배척하고 심지어 처형하는 것을 보게 된다. 마가는 13장(여기서 예수는 성전이 파괴될 것을 예언한다)을 "예수께서 성전에서 나가실 때에…"로 시작한다. 바빌로니아에 의해 정복당하고 멸망당하기 직전에 솔로몬이 세운 성전에서 하나님이 떠나신 것처럼(겔 8-11장) 예수도 헤롯이 지은 성전을 떠나면서 장차 임할 심판(로마 제국에 의해)을 선포하신다. 따라서 향후 웅장했던 헤롯 성전은 하나님이 거하시는 처소이자 인간이 하나님과 만나는 장소가 아닌, 그저 커다란 돌무더기가 되어버리고 만다. 하지만 하나님의 임재와 그의 백성의 만남은 사라지지 않는다. 왜냐하면 예수는 우리에게 "내가 세상 끝날까지 너희와 항상 함께 있으리라"(마 28:20)라고 말씀하기 때문이다.

본서에서 우리는 구체적으로 성전과 성막에 관한 성경 본문과 전체적인 성경 이야기를 탐구할 것이다. 즉 우리는 하나님이 자기 백성 가운데 어떻게 거하시며, 또 관계적

"돌 하나도 돌 위에 남지 않고 다 무너뜨려지리라"(막 13:2).

인 임재 속에서 어떻게 그들과 만나시는지를 살펴볼 것이다. 기본적으로 우리는 성경을 연대기순으로 검토해나가면서 신학적으로 하나님의 임재, 능력, 거룩하심이 "성전" 혹은 "성전과 같은" 장소를 통해 사람들과 어떻게 관

---

[1] 누가복음 2장은 예수의 부모가 아기 예수를 성전에 봉헌하고자 그를 데리고 성전에 갔다고 말한다. 이후 열두 살 소년 예수는 다시 성전을 방문하여 성전 뜰에서 선생들과 논쟁을 벌인다. 그러나 이 두 성전 방문 중 그 어느 경우에도 예수는 아직 메시아적 왕으로 오시거나 "다시 돌아온 하나님의 임재"로 오시지 않는다.

계를 맺어나가는지를 살펴볼 것이다. 우리는 웅장한 성전들이 어떤 모습을 하고 있었으며, 또 어떤 기능을 수행했는지 상상해볼 것이다. 그러나 우리는 단순히 "돌"을 넘어 성전/성막에 내주하시는 하나님의 임재를 통해 계시되는 하나님에 관한 영원한 신학적 진리를 파악해나가길 원한다.

"돌 하나도 돌 위에 남지 않고 다 무너뜨려지리라"(막 13:2). 로마 군대는 기원후 70년에 이 성전을 파괴시킨다. 그리고 오늘날에는 성전산 밑에서 그 파괴된 잔해를 볼 수 있다. 이 사진은 로마 군대가 성전을 무너뜨리면서 성전 벽 가장자리를 밀고 들어갔던 성전 뜰 주랑 현관(Royal Stoa) 근처에 있던 벽 윗부분의 돌 무더기를 보여준다.

이 이야기는 에덴동산에서 시작한다. 하나님은 그곳을 거니시며 아담과 하와와 친밀한 관계를 맺고 계시는 것으로 보아 그곳에 거주하신 것으로 보인다. 아담과 하와는 불순종과 죄로 인해 에덴동산과 하나님의 임재로부터 쫓겨난다(창 1-11장). 그다음, 출애굽 이후에 하나님은 시내산에서 새로 형성된 이스라엘 민족과 언약을 체결하시고 상호 관계를 규정하는 삼중 공식을 선포하신다. "나는 너희의 하나님이 될 것이다. 너희는 내 백성이 될 것이다.

나는 너희 가운데 거할 것이다"(출 22:31; 25:8; 29:45-46; 레 26:11-12). 하나님은 "너희 가운데 거할 것"을 진지하게 약속하신다. 그리고 출애굽기 후반부 대부분은 이스라엘 백성이 광야를 통과할 때 하나님이 "그들 가운데 거하시며" 그들과 함께 거하실 이동식 성전 곧 성막을 제작하는 내용을 다룬다. 언약궤 역시 하나님이 정하신 엄격한 기준에 따라 이 시기에 제작된다. 이 언약궤는 하나님의 임재가 거하시는 장소의 중심이 된다.

향후 이 이동식 성막은 솔로몬이 지은 호화롭고 영구적인 성전으로 대체된다(왕상 5-11장). 그러나 이 이야기는 이 시점에서 한층 더 복잡해진다. 왜냐하면 솔로몬은 순종과 불순종이 뒤섞인 인물인 데다 열왕기상에 기록된 성전 건축에 관한 이야기에는 무언가가 잘못되었음을 암시하는 내용이 다수 들어 있기 때문이다. 하나님의 영광이 성전에 내주하지만, 결국 이야기의 결말(왕상 11장)에 가서 우리는 이스라엘을 우상숭배에 빠뜨리는 왕을 발견하게 된다. 우상숭배는 하나님이 이스라엘에 주신 가장 기본적인 계명들—실로 하나님이 그들 가운데 거하시며 그들에게 복 주시기 위한 가장 기본적인 조건들—을 심각하게 위반하는 것이다. 솔로몬이 죽은 후 이스라엘(이제는 이스라엘과 유다라는 두 나라로 나뉨)은 우상숭배와 불의한 행동을 지속적으로 자행함으로써 하나님과 그의 예언자들을 거역한다. 하나님은 참으실 만큼 오래 참으셨고, 예루살렘에서 자행되던 사악한 우상숭배는 결국 그분을 성전과 나라 밖으로 내몰고 만다(겔 8-11장). 하나님이 떠나시자 그 뒤를 이어 바빌로니아가 침공하여 솔로몬이 지은 성전을 완전히 파괴하고 예루살렘 거민들을 포로로 끌고 간다.

구약성경 마지막 부분에 이르러서는 유대인들 가운데 여러 무리가 예루살렘으로 돌아오며 성전을 재건하고자 노력한다(스 3-6장; 학 1-2장). 그렇지만 가진 것 없고 초라한 이 무리는 간신히 연명했으며, 그들에게는 솔로몬이 지은 성전에 버금갈 만큼 화려하게 지을 수 있는 자원도 없었다. 그러나 이것은 단지 시작에 불과했다. 결국 그들은 몇 번의 우여곡절 끝에 오늘날 흔히 "제2성전"이라고 불리는 새 성전을 재건한다. 장막과 첫 번째 성전의 봉헌식과는 달리 성경에는 이 성전 안에 내주하기 위해 오시는 하나님의 영광이나 하나님의 임재에 대한 언급이 전혀 없다. 이것은 중요한 지적이다. 제2성전은 그 이후 400년에 걸쳐 특히 헤롯왕 재위 기간에 건축적으로 향상되고 확장되긴 했지만, 하나님의 영광스러운 임재는 예수가 이 성전 문을 통해 들어오실 때까지 이곳에 돌아오지 않는다.

그리스도의 오심과 새 언약의 도래와 더불어 성전과 연관된 신학적 실재들(제사, 하나님의 임재 경험 등)은 극적인 변화를 맞이한다. 예수 그리스도는 짐승 제사의 필요성을 없애버린 궁극적인 희생제물이다. 또한 성령이 하나님의 백성 가운데 거하고자 강림하시는데, 이제 이것이 하나님이 자기 백성 "가운데 거하시는" 방식이 된다.

요한계시록 21-22장에서 성경 이야기의 결말에 다다를 때 새 예루살렘에 충만하게 거하시는 하나님의 영광스러운 임재가 새 성전의 필요성을 완전히 제거해버린다. 마지막 장면에서(계 22:1-5) 하나님과 그의 백성은 다시 한번 "동산"에 나타나는데, 거기서 "그들[은] 세세토록 왕 노릇 할" 것이다(5절).

우리는 성경에 기록된 이 이야기를 추적해나가면서 성전과 성막, 그리고 다른 모든 부속 기구의 건축과 기능을 탐구할 것이며, 이 이야기에 나타난 매우 중요한 신학적 진리―거룩함, 하나님의 임재, 죄, 제사, 하나님과의 관계, 예배 등―도 논의할 것이다. 나는 본서 끝부분에 이르러서는 독자들이 이 이야기에 대한 올바른 이해를 통해 단지 "얼마나 굉장한 돌들입니까! 얼마나 굉장한 건물들입니까!"(막 13:1 새번역)라는 감탄사보다는 하나님의 임재에 대한 훨씬 더 깊은 깨달음을 얻을 수 있기를 바라고 기도한다.

성전 개념과 용어

구약 시대에 이스라엘의 주변 국가들 사이에서 신전은 주로 신들을 위한 거처로 만들어졌다. 예배(제사와 기타 의식 등)는 신전에서 드려졌지만(보통 신전 밖에서, 신전 앞에서, 그리고 주로 오직 제사장들에 의해), 제사를 드리는 장소는 신이 신전 안에 거한다는 사실에 의거하여 정해졌다.[2]

영어 단어 "temple"(라틴어 *templum*에서 유래)은 전형적으로 신을 예배하기 위한 용도의 건물을 의미한다. 이 단어는 일반적으로 신이 실제로 거하는 건물이라는 의미를 지니고 있지는 않다. 한편 히브리어와 그리스어 및 성경의 문맥은 이 건물을 신이 실제로 거하는 거처로 보고 있음을 암시한다. "성전" 혹은 "성막"에 해당하는 히브리어와 그리스어 단어가 지닌 의미가 현대 세계보다는 고대 세계에 대한 이해에 더 잘 부합한다는 것은 그리 놀랄 만한 일이 아니다. 따라서 흔히 다양한 히브리어 및 그리스어 단어의 번역인 "temple"이라는 단어는 고대의 문맥(하나님의 거처)이 아닌 현대의 문맥(오직 예배를 위한 장소)에서 이해하면 다소 오해의 소지가 있다. 사실 히브리어(구약)와 그리스어(신약)에는 성막 그리고/또는 성전을 가리키는 단어가 몇 가지 있는데, 이 단어들을 간략하게 살펴보는 것이 우리가 이 연구를 진행해나가는 데 매우 유익하리라 생각된다.

---

2 Walton, *Ancient Near Eastern Thought*, 113-34.

고대 그리스 도시 테베(Thebes)에 있는 이집트인들의 신전 유적

성전과 성막을 가리키는 구약성경 단어(히브리어)

성막에 대한 가장 일반적인 히브리어 단어는 기본적으로 "거하는 장소"를 의미하는 "미쉬칸"(*mishkan*)이다. 이 용어는 거주자의 임재를 강조하는 만큼 해당 거처의 물리적인 건물을 강조하지는 않는다. "미쉬칸"은 주로 "성막"(tabernacle)"으로 번역된다.

성막과 관련하여 사용되는 또 다른 히브리어는 "오헬"(*ōhel*)이다. 이것은 일반적으로 "천막"(tent)에 해당하는 히브리어 단어다. 성막과 관련하여 "오헬"은 종종 "성소"와 "지성소"가 있는 본건물에 늘어뜨린 방수포와 같은 덮개(지붕)를 가리키기도 한다(출 26:7-14). 드물기는 하지만 이것은 성막 전체(출 26:36) 혹은 비유적인 의미로 성전을 가리키는 데 사용되기도 한다(시 27:5-6). 흔히 히브리어 단어 "오헬"(천막)은 "만남의 장소"(*mō'ēd*)를 뜻하는 단어와 결합하여 "회막"(tent of meeting)이라는 뜻의 어구를 형성한다

(출 27:21). 이 어구는 주로 출애굽기, 레위기, 민수기에서 145회 등장한다. 하나님의 거처로서의 성막을 강조할 때 성경은 하나님의 임재를 강조하는 "미쉬칸"(거하는 장소)을 선호한다. 하지만 성경이 성막에서 일하는 제사장들의 사역을 묘사할 때는 그곳이 인간이 하나님을 만나는 장소임을 강조하는 "회막"이라는 어구를 선호한다.[3]

서로 연관된 두 히브리어 단어인 "코데쉬"(*qodesh*)와 "미크다쉬"(*miqdash*)는 모두 성전 혹은 성막을 가리키는 데 사용되지만 서로 다른 뉘앙스를 전달한다. 두 단어는 모두 "거룩함"을 강조한다. "코데쉬"는 기본적으로 "거룩한 것"을 의미하는 일반 용어다. 이것은 "거룩한 날", "거룩한 땅" 혹은 "거룩한 안식일" 등 여러 형태로 사용될 수 있다. 성전이나 성막에 사용될 경우 이것은 일반적으로 "성소"(즉 거룩한 장소)로 번역된다. "미크다쉬"는 보다 더 구체적인 의미를 지니며 기본적으로 "그 거룩한 장소"(the holy place)를 뜻한다. 이것은 성전과 성막에 모두 사용되며 보통 "성소"(sanctuary)로 번역된다. 어디든지 하나님의 임재가 거하는 곳이라면 그곳은 "거룩한" 장소인 것이다.

성전에 해당하는 가장 일반적인 히브리어 용어 중 하나가 바로 "바이트"(*bayit*, 때로는 "하나님의 집"을 의미하는 "벧엘[Bethel] 같이 *bet* 혹은 *beth*로 음역되기도 함)다. 이 단어의 기본적인 의미는 단순히 "집"(house) 혹은 "거처"(residence)다. 이 단어는 구약성경에 2,034회 나오며 종종 어떤 사람이 사는 건물을 의미한다. 왕의 거처로 사용될 경우에는 흔히 "왕궁"(palace)으로 번역된다. 하나님의 거처를 가리키는 데 사용될 경우(예. "여호와의 집")에는 주로 "성전"으로 번역된다(NIV에서는 400번 이상, ESV에서는 63번). 그렇지만 일부 영역본(예. ESV와 NASB)은 빈번히 "바이트"를, 심지어 성전을 가리킬

---

[3] Dozeman, *Exodus*, 634.

때에도, 문자적인 의미인 "집"으로 번역하기도 한다. 일반적으로 "바이트"는 영구적이며 움직일 수 없는 건물이라는 개념을 내포하고 있기 때문에 주로 성전에 사용되며 성막(이동 가능한 "천막" 같은 구조물)에는 매우 드물게 사용된다.

도표 1. 성전과 성막에 대한 구약성경 단어

히브리어 단어	일차 지시대상	영어 번역 (NIV)	기본 강조점	대표 구절
미쉬칸(Mishkan)	성막	성막	하나님이 거하시는 장소	출 25:9; 40:34
오헬('Ōhel)	성막	천막	천으로 된 구조물, 이동 가능한 거처	출 26:36
오헬 모에드 ('Ōhel mō'ēd)	성막	회막	인간이 하나님을 만나는 장소	출 29:4, 10
코데쉬(Qodesh), 미크다쉬(miqdash)	성전 혹은 성막	성소	거룩한 곳	출 25:8; 35:19
바이트(Bayit)	성전	성전	하나님이 거하시는 건물	왕상 6:1-2
헤칼(Hekal)	성전	성전, 성소	왕궁, 하나님이 다스리시는 건물	시 11:4; 사 6:1
데비르(Debir)	성전	지성소	"뒷방" 혹은 "밀실"	왕상 6:5, 16-31

성전을 가리킬 때 사용되는 또 다른 히브리어 단어는 "헤칼"(*hekal*)이다. 이 단어는 "왕궁"이라는 뉘앙스를 전달하며 구약성경에서 왕의 거처를 가리키는 데 자주 사용된다. 성전에 사용될 경우 이 단어는 이 장소가 단지 하나님이 거하시는 장소일 뿐만 아니라 그분이 다스리시는 곳이기도 하다는 사실을 암시한다. "헤칼"은 시편에서 성전을 가리키는 데 자주 사용되는데, 그 이유는 시편이 하나님의 통치와 다스리심을 찬양하는 경우가 많기 때문이다 (예. 시 11:4; 18:6; 27:4; 138:2). 그러나 때로는 "헤칼"이 좀 더 구체적으로 성

전 내부의 첫 번째 방("지성소" 앞에 있는 "성소")을 가리키는 데 사용되는 경우도 있다. 영어 성경은 이런 본문에서 "헤칼"을 "성소"(NIV) 혹은 "성전"(ESV, NRSV, NASB)으로 번역한다(왕상 6:3, 5; 7:21).

마지막으로 "데비르"(*debir*)라는 단어는 솔로몬이 어떻게 성전을 지었는지를 서술하는 본문에서 여러 차례 사용된다(왕상 6:5, 16-31; 대하 3:16; 4:20; 5:7, 9). 이 단어는 원래 어떤 것의 "뒷부분"을 뜻하지만, 이 경우에는 "뒷방" 또는 "밀실"을 의미한다. 이 단어는 지성소가 이보다 더 큰 방(성소) 뒤편에 있다는 의미에서 지성소를 가리킬 때 사용된다. NIV는 "데비르"를 "내소"(inner sanctuary)로 번역한다. 비록 "데비르"란 단어 자체가 단순히 "뒷방"을 의미하긴 하지만, 이 단어는 "내소"(지성소)를 가리킨다. "데비르"는 구체적으로 "성소"를 의미하지 않는다.

고대 제라시(오늘날의 요르단)의 여신 아르테미스 신전의 유적

신약성경 단어 (그리스어)

신약성경은 성전을 가리킬 때 주로 그리스어 단어 "히에론"(*hieron*)이나 "나오스"(*naos*)를 사용한다. 이 두 단어는 일반적으로 그리스어를 사용하는 세계 전역에서 이교도 신전을 지칭할 때 사용되며 신들의 거처 및 제사와 기타 종교 의식을 행하는 장소를 의미한다. 신약성경에서 "히에론"은 여러 뜰을 포함한 신전 건축물 전체를 가리키거나 단순히 중심 건물을 가리키는 경우에 사용된다. 한편 "나오스"는 주로 중심 건물에 초점을 맞춘다. 따라서 이 두 용어는 어느 정도 상호교환적으로 사용될 수 있다.

집(*oikos*)에 해당하는 단어는 신약성경에서 성전과 관련하여 단지 몇 차례만 사용되며 주로 구약성경을 인용할 때 사용된다. 그러나 예수는 요한복음 2:16("내 아버지의 집으로 장사하는 집을 만들지 말라")에서 "오이코스"(*oikos*)를 성전을 가리키는 데 사용한다. 흥미롭게도 요한복음 2:13-23에서는 우리가 논의한 이 세 가지 용어가 모두 성전을 가리키는 데 사용된다(*hieron* [2:14], *oikos* [2:16, 17], *naos* [2:19, 20]).

"거룩한"(*hagios*)에 해당하는 그리스어 단어는 신약성경에서 성전이나 성막을 가리키는 데 몇 차례 사용된다. 특히 히브리서는 이 용어를 성막 안에 있는 "지성소"를 지칭하는 데 여러 차례 사용한다. 구약성경의 성막을 언급하는 다른 신약성경 본문에서는 일반적으로 "스케네"(*skēnē*)라는 단어를 사용하는데, 이는 기본적으로 "천막"을 의미한다.

도표 2. 성전과 성막에 대한 신약성경의 단어

그리스어 단어	일차 지시대상	영어 번역 (NIV)	기본 강조점	대표 성구
히에론(Hieron)	성전	성전, 성전 뜰	하나님의 처소, 제사 드리는 곳	마 4:5; 26:55
나오스(Naos)	성전	성전	하나님의 처소, 제사 드리는 곳	마 27:51; 눅 1:21
오이코스(Oikos)	성전	집	하나님의 처소	요 2:16; 행 7:47
하기오스(Hagios)	성전 혹은 성막	성소	거룩한 곳	히 9:1, 24
스케네(Skēnē)	성막	성막	하나님의 이동식 처소	히 9:2, 8

성전과 성막에 해당하는 단어에 관한 결론

위에서 살펴본 바와 같이 성경에서 상당히 많은 용어가 성전과 성막을 지칭하는 데 사용된다. 그럼에도 이 용어들은 기본적으로 몇 가지 중복되는 의미를 반영한다. 따라서 성전과 성막을 지칭할 때 사용되는 이 용어들(그리스어 그리고 특히 히브리어)은 서로 연관된 네 가지 개념을 나타낸다. (1) 성전/성막은 하나님의 처소이며 그의 임재를 강조한다. (2) 성전/성막은 하나님이 왕으로서 다스리고 통치하시는 장소이며 그의 능력과 그의 주권을 강조한다. (3) 성전/성막은 하나님이 그곳에 거하시기 때문에 거룩하며, 하나님의 거룩하심을 강조한다. (4) 성전/성막은 사람들이 하나님께 나아가 그분을 예배할 수 있는 장소다. 이상의 네 가지 서로 연관된 요소—임재, 능력, 거룩함, 예배—는 항상 하나님을 그의 백성 가운데(그곳이 성막이든 성전이든 간에) 거하시는 분으로 묘사하는 성경 본문에서 사용되며, 서로 연관된 이 네 가지는 성경의 성전/성막 이야기를 주도해나가는 대표적인 주제다.

천상의 성전/성막

하나님의 지상 처소(성막과 성전)에 관한 연구를 시작하기 이전에 우리는 먼저 성경이 자신이 거할 천막을 치는 위대한 족장의 이미지를 사용하여 하늘에 거하시는 하나님을 지칭하는 경우가 많다는 점을 주목해야 한다(시 104:2-3; 사 40:22; 42:5; 51:13). 또한 성경은 종종 하나님을 천상의 보좌에 좌정하사 모든 피조물을 주권적으로 다스리시는 분으로 묘사한다(사 63:15; 66:1; 시 2:4; 14:2; 76:8; 103:19; 123:1). 왕이 거하는 궁전과 같이 천상의 성전은 하나님이 거하시는 장소임과 동시에 그분이 다스리시는 장소로 묘사되는데, "궁전" 혹은 "성전"을 의미하는 "헤칼"이라는 히브리어 단어가 이러한 이중적 개념을 잘 표현해준다. 또한 하나님의 거룩하심은 이러한 단어에 항상 내포되어 있다. 따라서 시편 11:14은 "여호와께서는 그의 거룩한[qodesh] 성전[hekal]에 계시고 여호와의 보좌는 하늘에 있음이여, 그의 눈이 인생을 통촉하시고 그의 안목이 그들을 감찰하시도다"라고 선언한다.

> 성전/성막은 서로 연관된 네 가지 요소를 지니고 있다. 그것은 바로 임재, 능력, 거룩함, 예배 등이다.

히브리서 8-9장 역시 하나님의 보좌와 밀접하게 연관되어 있는 천상의 성소 혹은 성막을 암시하면서 이와 비슷한 그림을 그린다. 히브리서 8-9장은 예수 그리스도가 온전한 제사를 드리셨고 이제는 천상의 온전한 장막에서 섬기시면서 하나님의 보좌 우편에 앉아 계신다고 선언한다(히 8:1-2). 이 지상의 성막(그리고 성전 역시)은 단지 천상의 성막의 모형(또는 그림자)일 뿐이다(히 8:5; 9:23-24).

우리는 본서 전반에 걸쳐 모세가 지은 성막 및 솔로몬과 헤롯이 지은 성전(그리고 하나님이 만드신 에덴동산)의 특징과 중요성을 탐구하면서 이를 서로 비교할 것이다. 그러나 히브리서 8-9장이 지적하듯이 이러한 것들은 천상에 있는 하나님의 성전/성막의 영광스러운 실재의 그림자 또는 모형에 불과하다.

2장

하나님의 동산 성전

그들이…동산에 거니시는 여호와 하나님의 소리를 듣고(창 3:8).

개요

성경 이야기 서두에서 하나님은 인간을 창조하시고 자신이 만든 동산에서 그들이 살게 하시며 그들과 함께 그곳에 임재해 계신 분으로 묘사된다(창 2:7-25). 우리는 창세기 3:8에서 날이 저물고 서늘해졌을 때 하나님이 아담과 하와와 대화를 나누고자 에덴동산을 거니시는 모습을 본다. 이러한 창세기 초반의 장들은 에덴동산을 하나님이 그가 창조하신 사람들과 더불어 거하시며 관계를 맺어나가는 장소로 묘사하고 있는 듯하다. 이러한 모습은 나중에 우리가 성막과 성전에서 발견하게 될 실재와 매우 흡사하다. 따라서 우리는 "성전/성막"의 개념이 처음 소개되고 있는 에덴동산에서 성전과 성막에 관한 연구를 시작하는 것이 적절해 보인다.

하나님은 아담과 하와가 먹기에 충분한 양식을 공급해주는 열매가 가득한 동산에 그들을 두신다.
© SUPACHART / Shutterstock.com.

하나님의 성전으로서의 에덴동산

창세기 1장은 하나님이 어떻게 하늘과 땅을 창조하셨는지를 이야기한다.[1] 하지만 창세기 2장에서는 이 이야기가 창조에 있어 매우 중요하면서도 서로 연관된 두 가지 측면, 즉 사람(아담과 하와)의 창조와 에덴동산의 창조에 초점을 맞춘다. 하나님은 아담과 하와에게 단지 살기 좋은 곳을 마련해주시고자 에덴동산을 창조하신 것이 아니라 그들이 하나님과 관계를 맺고 그의 임재를 통해 복된 인생을 살 수 있는 특별한 장소로 창조하신다. 다시 말하면 이는 하나님 자신이 이 동산에 거하시며 그들과 함께 교제할 것임을 암시한다. 위에서 언급한 바와 같이 창세기 3:8은 하나님을 "그날 바람이 불 때 동산에 거니시는 여호와 하나님"으로 언급하는데, 이는 하나님이 아담과 하와와 함께 시간을 보내기 원하신다는 것을 의미한다. 이 구절로 미루어볼 때 아담과 하와는 동산에서 살며 일을 하지만, 또한 하나님과 교제하며 그분을 예배하기 위해 그분을 정기적으로 만나는(혹은 만나서 산책하는?) 것으로 보인다. 따라서 이 동산은 하나님의 임재가 특별한 방식으로 거하는 장소이기 때문에 그의 백성이 그분과 함께하며 그분을 예배할 수 있는 장소다. 이것이 바로 성소 혹은 성전의 기능이다.

---

[1] 모세 시대에 이교도 신상이 있던 성전은 메소포타미아와 가나안과 이집트 전역에 만연해 있었다. 이 시대와 이 시대 전후의 문헌에는 어떻게 이교도들과 그들의 신들이 신전을 건축하고 준공했는지에 관한 많은 이야기가 나타나 있다. 최근에 구약성경 학자인 John Walton(*Lost World of Genesis One*)은 창세기 1장이 전하는 핵심적인 신학적 실재는 하나님이 세상을 **그가 거하실 그의 성전으로** 만드시고 구성하신 것이라고 말했다. 비록 Walton의 논문이 새로운 연구이고 아직 널리 받아들여지지는 않았지만, 이 논문이 매우 흥미롭고 적어도 부분적으로 옳다는 사실에는 의심의 여지가 없다. 즉 창세기 1장에 나타난 창조와 나머지 성경 전체에 나타난 성막/성전 사이에 분명 **어느 정도** 유사점이나 연관성이 있어 보인다. 비록 이 연관성의 일부 세부적인 사항은 아직 명확하지 않지만 말이다.

실제로 창세기 2-3장에는 성막과/또는 성전과 유사한, 동산의 흥미로운 특징이 여럿 등장한다.[2]

1. 물론 무엇보다 가장 중요한 것은 하나님의 임재다. 앞으로 성막과 성전이 하나님이 거하시는 처소이자 그가 자기 백성과 만나는 장소가 되듯이 에덴동산도 이와 동일한 기능을 수행한다.
2. 이와 관련하여 창세기 3:8에서 "거니시는"(문자적으로는 "이리저리 걷는")으로 번역된 동사의 구체적인 형태가 성막에 내주하시는 하나님의 거룩한 임재와 관련해서도 여러 차례 사용된다.[3]
3. 일부 학자들은 성막과 성전 안에 있는 일곱 가지가 달린 촛대(menorah)가 나무와 같은 모양을 한 것에 주목하면서 이 촛대가 동산의 생명을 주는 나무를 상징하기 위해 "형상화된 생명 나무"일 수도 있다고 주장한다.[4] 따라서 동산에 있는 생명 나무는 후대의 성막과 성전에서 하나의 상징적인 표현으로 나타난다.
4. 하나님은 아담을 동산에 두시고 "그것을 경작하며 지키게" 하신다(창 2:15). 이외에 구약성경에서 이와 동일한 두 개의 히브리어 동사가 동시에 사용된 본문은 유일하게 레위인들(제사장들)이 성소를 지키며 그곳에서 섬기는 것과 관련이 있다.[5] 한 가지 흥미로운 사실은 성경에서 사람이 성전/성막에서 하나님을 만나는 대부분의 경우 하나님은 자기 백성에게 단순히 수동적으로 예배할 것을 명령하지 않으시고, 무

---

2 이 목록은 Wenham, "Sanctuary Symbolism," 399-404; Beale, *Temple and the Church's Mission*[『성전 신학』, 새물결플러스 역간], 66-80을 토대로 발전시킨 것이다.
3 Wenham, "Sanctuary Symbolism," 401.
4 Meyers, *Tabernacle Menorah*; Beale, *Temple and the Church's Mission*, 71.
5 Wenham, "Sanctuary Symbolism," 401.

언가 구체적인 것을 하면서 그를 "섬기라"고 말씀하신다는 점이다.

5. 한 강이 에덴에서 흘러나와 동산을 적신다(창 2:10). 에스겔 47장에 기록된 새 성전에 대한 환상에서는 강이 성전에서 흘러나온다(시 46:4, "한 시내가 있어 나뉘어 흘러 하나님의 성 곧 지존하신 이의 성소를 기쁘게 하도다"와도 비교해보라).

6. 창세기 2:12은 이 동산 안에 금뿐만 아니라 보석들(NIV: "호마노")도 있었다고 말한다. 성막과 성전에서 가장 성스러운 기구들은 금과 "보석들"(NIV: "호마노")로 제작되었으며, 대제사장의 옷과 성막을 장식하는 데 널리 사용되었다(출 25:7; 28:9, 20; 35:9, 27; 39:6, 13).

7. 에덴동산에서 아담과 하와를 내보내실 때(창 3:23-24) 하나님은 동산 입구에 "그룹들"을 두어 추방된 사람들이 다시 들어오지 못하도록 지키게 하신다. 히브리어 단어 "케루빔"(*cherubim*, 그룹들)은 "케룹"(*cherub*, 그룹)의 복수형이다. 그룹들은 인간이 아닌 천사와 유사한 존재로, 흔히 날개 및 다른 동물이나 인간의 특징을 지닌 것으로 묘사된다(상세한 논의는 5장을 참조하라). 그들은 주로 성막(출 25:18-22; 26:1, 31; 37:7-9), 성전(왕상 6:23-35; 7:29-36; 8:6-7; 대하 3:7-14), 하나님의 이동하시는 임재(겔 10:1-20; 시 18:10)와 연관되어 나타난다. 동산 입구에 이들을 두었다는 것은 분명히 "성전과 같은" 지위를 동산에 부여하는 것이다. 또한 하나님은 그룹들과 더불어 "두루 도는 불 칼"을 두시는데, 이는 종종 하나님의 임재와 연관이 있는

> 하나님은 아담과 하와에게 단지 살기 좋은 곳을 마련해주시기 위해서가 아니라 그들이 하나님과 관계를 이루어 나가며 그의 임재로 말미암아 복을 받을 수 있는 특별한 장소를 그들에게 주시기 위해 에덴동산을 창조하신 것이다.

번개를 언급할 개연성이 높다. 그룹들은 불타오르는 칼(번쩍이는 번개)을 휘두르며 동산-성전 입구를 지키는 무시무시한 수호병일 개연성이 매우 높다.

8. 이 그룹들이 지키는 동산의 입구는 동산 "동쪽"에 있다(창 3:24). 하나님은 성막을 건축하는 데 있어 "동쪽"에 입구를 둘 것을 명확하게 지시하시는데(출 27:12-15), 이 전통은 후대에 솔로몬 성전의 설계도에서도 이어진다(겔 10:18-19; 11:1이 이 사실을 암시한다). 창세기 3-4장의 동산 설계에 나타난 신학적 상징성은 성막과 성전의 동-서 방향에도 반영되어 있다고 볼 수 있다. 죄를 지은 후에 아담과 하와만이 "에덴의 동쪽"으로 쫓겨난 것이 아니라(창 3:23-24) 가인 역시 아벨을 죽인 후에 "에덴의 동쪽" 땅으로 쫓겨난다(창 4:16). 창세기 11:1에서 사람들은 하나님을 멀리 떠나 계속해서 "동쪽"으로 이동한다. 따라서 창세기 3-11장에서 죄는 사람들이 하나님으로부터 멀리 떠나 계속해서 동쪽으로 가도록 만든다. 그러므로 성막과 성전에서 하나님의 임재 안으로 다시 들어가는 입구 역시, 마치 그들이 다시 돌아올 것을 예상이라도 했듯이, 동쪽을 향하고 있다는 것은 의미심장하다.[6]

9. 창세기 2:9은 동산에 나무가 많이 있음을 보여준다("여호와 하나님이 그 땅에서 보기에 아름답고 먹기에 좋은 나무가 나게 하시니"). 솔로몬 성전의 내부 벽은 "에덴동산 같은" 배경을 조성하도록 종려나무와 활짝 핀 꽃들로 장식되었다(왕상 6:29-35).

---

[6] 일부 학자들은 동쪽이 해가 뜨는 방향이므로 일반적으로 복이 들어오고 좋은 일이 생기는 것과 관련이 있다고 제안한다. 그러나 이것을 개념적 근거로 제시하며 동산, 성막, 성전의 동쪽 방향성을 다룬 성경 본문은 없다.

결국 이 모든 것은 에덴동산이 진정으로 하나님의 성전이었으며, 후대의 성막과 성전은 개념적으로 에덴동산과 연계되어 있었음을 시사한다. 에덴동산과 (출애굽기에서 모세가 지은) 성막과 (열왕기서에서 솔로몬이 지은) 성전 사이에서 나타나는 이러한 유사점들을 해석하는 데는 두 가지 방법이 있다. 어쩌면 에덴동산은 미래에 하나님의 백성이 어떻게 하나님의 임재를 경험하게 될지를 암시하면서 미래의 성소(성막과 성전)를 "예시"(forshadows)한다고 볼 수 있다. 이보다 더 개연성이 있는 해석은 에덴동산을 천상의 성소와 함께 후대에 지어질 성소들의 패턴을 보여주는 "원형" 혹은 "모형"으로 이해하는 것이다. 즉 성경에서 성막과 성전을 통해 하나님의 임재와 만나는 이야기는 아담과 하와가 에덴동산에서 하나님과 맺은 아름답고도 친밀한 관계를 다시 회복하려고 애쓰는 이야기다. 성경의 이야기가 요한계시록 말미에서 절정에 달할 때 새 예루살렘에 있는 성전이 이와 유사한 동산으로 대체된다는 사실(계 21:22; 22:1-5)은 이 견해에 힘을 실어준다. 따라서 성경의 이야기는 동산에 있는 하나님과 그의 백성으로 시작해서 이와 유사한 동산(실제로는 동산-도시)에 있는 하나님과 그의 백성으로 끝을 맺는다.

> "이같이 하나님이 그 사람을 쫓아내시고 에덴동산 동쪽에 그룹들과 두루 도는 불칼을 두어 생명나무의 길을 지키게 하시니라"(창 3:24).

하나님은 무소부재하지 않으신가?

"무소부재"라는 단어는 하나님이 우주 곳곳에 항상 계심을 의미한다. 다시 말하면 그는 우주 전체를 채우신다. 이것이 성경에서 하나님에 관해 말하는 기본적인 실재다(시 139:7-10; 렘 23:23-24; 욥 38-41). 그러나 예를 들어 모세가 불타는 떨기나무 가운데서 하님을 만났을 때(출 3장) 그는 그가 매일 만났던 무소부재하신 하나님이 아닌, 매우 다른 하나님의 임재와 만난 것이 분명하다. 우리는 이 차이를 어떻게 이해할 수 있는가? 빛이 우리에게 도움이 되는 비유를 제공한다. 만약 당신의 집에 있는 창문 가리개를 낮에 열어 놓아 햇볕이 들어오도록 한다면 빛은 방 안을 완전히 채우게 된다. 이것이 마치 하나님의 무소부재와 같은 것이다. 그런데 우리가 방 안에 레이저빔, 특히 철판까지도 절단할 수 있는 아주 강력하고 위험한 레이저빔을 켜놓는다고 가정해보자. 이 경우에도 우리는 빛과 만나지만 이제는 훨씬 더 강도가 높고 초점이 하나로 맞추어진 빛이다. 이것은 모세가 불타는 떨기나무 가운데서 만났던 하나님의 직접적인 임재와 같은 것이다. 따라서 하나님의 임재를 강도의 스펙트럼에 놓고 이해하는 것은 개념적으로 도움이 된다(이 비유는 Fretheim, *Suffering of God*, 60-65에서 인용한 것임). 이 스펙트럼의 왼쪽 끝은 세상 곳곳에 존재하는 하나님의 무소부재하심이다. 오른쪽 끝은 하나님과 직접 대면하는 만남(불타는 떨기나무 가운데서의 모세; 이사야 6장에 나타난 이사야의 소명), 즉 훨씬 더 강력한 하나님의 임재인 것이다. 이렇게 대면하는 만남보다 아주 약간 왼쪽에 있는 것이 바로 이스라엘 백성과 함께 광야를 통과하시는 "성막에 거하시는" 하나님의 임재인 것이다. 성전과 성막에 거하시는 하나님의 임재는 스펙트럼의 오른쪽 끝과 유사한 것이며, 매우 강렬하고 초점이 하나로 모아진 실재, 즉 레이저 광선과도 같은 것이다.

동산과 하나님의 임재로부터 추방

창세기 2-3장은 아담과 하와가 하나님께 불순종하고, 그 결과 하나님의 임재와 더불어 살며 그와 함께 교제를 나누는 엄청난 복을 상실하고 동산에서 쫓겨나는 비극적인 이야기다. 이 사건은 그들과, 그리고 그들의 자손인 우리에게도 엄청난 결과를 가져다준다. 동산 안, 곧 하나님의 임재 및 그분과의 관계 속에는 의미 있는 일과 예배와 더불어 영생이 있다. 거기에는 먹을 것도 풍부하다. 동산 밖에는 죽음과 하나님과의 격리, 그리고 겨우 생존하기에 필요한 식량을 재배하기 위한 평생의 수고만 있을 뿐이다. 예상한 바대로 동산 밖에서는 새 인류가 얼마 지나지 않아 살인을 경험하고(창 4장), 창세기 6:5에 이르러서는 "여호와께서 사람의 죄악이 세상에 가득함과 그의 마음으로 생각하는 모든 계획이 항상 악할 뿐임을 보[신다].” 사실 하나님은 홍수로 이 땅을 멸하시고 나서 이 땅을 근본적으로 “재-창조”하시지만, 이번에는 동산의 성전 없이 그렇게 하신다. 창세기 11:1은 사람들이 계속해서 “동방”으로 이주했다고 말하는데, 이는 사람들이 지속적으로 하나님으로부터 멀리 떠났음을 암시한다. 창세기 11:1-9에 기록된 “바벨탑” 사건은 이 사실을 강조한다. 사람들이 세운 “탑”은 아마도 바빌로니아 신전들과 연관이 깊은 건축물인 바빌로니아의 지구라트와 유사한 것으로 보인다. 고대 바빌로니아 종교에서 지구라트(탑)는 신들이 하늘에서 땅으로 내려올 수 있는 계단의 역할을 했다. 일반적으로 바빌로니아인들은 지구라트 맨 아래층에 신이 거하는 신전을 지었고, 거기서 예배를 드렸다.[7] 따라서 창세기 11장에서 이 사람들은 하나님이 선택하시고 자신의 “이름”과 동일시하시는 장소인 성전에서 그분을 찾기보다는 자신들의 “이름”을 날리면서 자신들의 성전으로 하나님(또는 신)을 불러낼 수 있다고 생각한 것으로 보인다. 동산 성전에서 하나님의 임재를 잃어버린 사람들은 이제 자신들의 “신전”을 만들고 자신들이 정한 조건에 따라 자신들의 이름으로 하나님을 불러내고자 했다. 그 결과 하나님은 그들을 온 지면에 흩으셨다(창 11:9). 따라서 하나님과 그의 임재로부터 멀리 떠나는 일은 계속되고, 이러한 현상은 모든 인류의 악한 본성과 운명을 드러내고 예기하며, 이는 또한 하나님이 어떻게 그의 백성이 자신의 임재와 다시 만날 수 있는지를 보여주는 하나님의 위대한 구원 이야기를 위한 장(場)을 마련해준다.

---

7 바빌로니아의 지구라트와 그 기능에 관한 훌륭한 개요는 Walton, *Ancient Near Eastern Thought*[『고대 근동 사상과 구약성경』, CLC 역간], 119-23을 보라.

우리는 나중에 성경에서 그룹들이 날개를 지녔으며 동물과 인간의 모습이 합성된 존재라는 것을 배우게 된다. 동물과 인간의 모습이 합성된 낮은 계급의 신들은 고대 이스라엘 주변국에서 매우 흔하게 볼 수 있다. 일반적으로 그들은 두 다리(인간과 같이) 혹은 네 다리(보통 사자나 황소를 닮은)를 갖고 있다. 여기에 보이는 것은 고대 아시리아 제국의 도시인 아르슬란 타시의 두 날개를 지닌 존재들을 묘사한 장식용 상아 조각품이다.
© Baker Publishing Group and Dr. James C. Martin. Courtesy of the Musée du Louvre; Autorisation de photographer et de filmer. Louvre, Paris, France.

그룹들은 인간이 아닌 천사와 비슷한 존재들로서 흔히 날개를 갖고 있으며 다른 동물 혹은 인간의 특징들을 지닌 것으로 묘사된다. 이것은 아시리아 님루드의 상아로 된 패널로 비슷한 유형의 날개와 인간의 머리를 지닌 존재들을 묘사하고 있다. © Baker Publishing Group and Dr. James C. Martin. Courtesy of the British Museum, London, England.

창세기 3:24에서 하나님은 그룹들을 동산의 입구에 두어 생명 나무의 길을 지키게 한다. 이 아시리아의 벽 판화에서는 그룹들과 비슷한 날개를 지닌 낮은 계급의 거룩한 존재들이 신성한 나무들을 돌보고 있다. © Baker Publishing Group and Dr. James C. Martin. Courtesy of the British Museum, London, England.

3장

언약궤와 성막

내가 와서 네 가운데에 머물 것임이라(슥 2:10).

개요

이번 장에서는 출애굽기를 중점적으로 다룰 것이다. 우리는 상호 연관된 주제인 구원과 임재를 논의할 것이며 계속해서 불타는 떨기나무 가운데서 이루어진 하나님과 모세의 만남을 논의할 것이다. 이어서 우리는 하나님이 이스라엘 백성과 만나시고 그들과 언약 관계를 맺으신 시내산으로 이동할 것이다. 하나님은 바로 이 언약 관계의 일환으로 그들 가운데 임하신다. 따라서 하나님이 이스라엘 백성 가운데 거하시기 위해 만드신 새로운 집인 성막이 어떻게 건축되었는지를 다루는 부분이 출애굽기의 마지막 삼 분의 일을 차지한다. 우리는 하나님이 이 성막 건축을 위해 모세에게 주신 명령들을 탐구하고 하나님이 성막에 거하고자 오실 때까지의 이야기를 추적할 것이다.

출애굽기의 중심 주제: 구원과 임재

출애굽기에는 두 가지 핵심 주제가 있다. 첫째는 구원이라는 주제다. 하나님은 인간의 역사 속으로 들어오셔서 그의 백성을 이집트의 노예 생활로부터 구원하신다. "나는 너를 애굽에서 인도하여 낸 너의 하나님 여호와니라"(예. 출 20:2)라는 말씀이 구약성경 전반에 걸쳐 하나님이 자신을 묘사하는 주된 방법 중 하나가 될 것이다. 출애굽기에 기록된 이집트에서 이스라엘을 구원한 사건은 구약성경이 말하는 구원이 무엇인지를 보여주는 모형적인 사례다. 즉 구약성경의 출애굽 사건은 바로 신약성경의 그리스도의 죽음과 부활에 해당하는 사건이다.

또 다른 핵심 주제는 하나님이 그의 백성인 이스라엘과 만나 그들 가운데 거하시겠다는 약속을 통해 그들과 언약 관계를 맺는 것이다(출 25:8; 29:45-46). 이러한 "임재"라는 주제는 첫 번째 주제인 구원과도 밀접하게 연관되어 있다. 하나님은 이집트에서 이스라엘을 구해내신 후에(출 1-15장) 그들과 시내산에서 만나시고(출 19장) 그들과 관계를 맺으신다(출 20-24장). 이 관계는 하나님께서 바로 이 땅에 있는 이스라엘 백성의 장막 가까이, 그리고 각 개인의 장막 가운데 거하시겠다는 그분의 강한 의지 때문에 매우 특별한 것이다. 비록 이러한 하나님의 특별한 관계적인 임재는 아브라함과 같은 일부 족장이 이미 누렸던 것이긴 하지만, 아담과 하와가 에덴동산에서 하나님의 임재로부터 쫓겨나면서 전 인류가 잃어버린 것이다. 이제 하나님은 시내산에서 이 관계를 회복시키시고, 이스라엘 백성이 그를 예배하고 섬기며 실제로 가까이 계시는 그의 거룩한 임재를 통해 자신과 친밀한 관계를 누리도록 하신다. 이런 의미에서 시내산은 성전의 역할, 즉 하나님이 그의 백성과 관계를 맺기 위해 지상에 거하시는 장소의 역할을 한다. 그러나 하나님이 그의 백성 가운데 거하시고, 또 그들을 특별히 약속하신 땅으로 인도하시려면 그가 거하실 수 있는 장소, 즉 그가 내주하실 이동식 성전이 필요했다. 따라서 출애굽기 후반부(출애굽기 전체의 삼 분의 일에 해당하는!)는 이스라엘 백성이 언약의 땅을 향해 나아가는 여정에서 하나님이 그의 백성 가운데 거하실 장소, 즉 이동식 성전인 성막 건축에 관해 중점적으로 다룬다.

  그러나 위에서 언급한 바와 같이 하나님이 성막을 만남과 예배의 장소, 즉 그의 임재로 인해 복을 받고 능력을 힘입는 장소로 세우시는 모습은 구원이라는 주제와 밀접하게 연관되어 있다. 하나님은 그의 백성을 구원하시고 그들이 그의 임재 안에 살며 친밀한 교제 속에서 그분을 예배할 것을 요구하신다. 성막은 앞으로 하나님이 그의 백성과 만나게 될 장소다. 이것은 목적을 위한 수단일 뿐 목적 자체는 아니다. 성막의 목적은 하나님의 백성, 즉 하나님이 방금 구원해낸 이스라엘 백성이 그분과 관계를 맺고 그분의 임재를 경험하는 것이다.

출애굽기에서 하나님과 그의 백성 간의 직접적인 만남은 서로 연관된 세 단계에 걸쳐 이루어진다. 우선 모세는 불타는 떨기나무 가운데서 하나님을 만난다(출 3장). 그다음 새롭게 탄생한 이스라엘 민족은 시내산에서 하나님을 만난다(출 19, 24장). 그리고 마지막으로 하나님은 이스라엘이 하나님의 임재와 정기적으로 만날 수 있는 장소인 성막 건축을 감독하신다(출 25-40장). 이 세 장소, 즉 불타는 떨기나무와 시내산과 성막은 매우 강한 하나님의 임재가 머무는 거룩한 장소로 묘사된다. 각 장소에는 거룩함과 불과 영광과 권능이 주어진다. 하나님은 이 모든 장소에서 자신을 예배할 뿐만 아니라 자신을 섬길 것을 요구하신다(사실 하나님을 예배한다는 것은 하나님을 섬기는 것이며, 역으로도 마찬가지다). 그리고 각각의 경우 하나님은 자신의 영광과 거룩하심 때문에 사람들이 자신에게 나아오기 전에 특별히 정결할 것을 요구하신다. 따라서 이 세 장소(불타는 떨기나무, 시내산, 성막)는 모두 성전과 유사한 기능을 수행한다는 점에서 매우 비슷하다고 할 수 있다.

모세가 불타는 떨기나무 가운데서 하나님을 만나다

출애굽기 3장에서 모세는 불타는 떨기나무 가운데서 하나님을 만난다. 그리고 그의 인생은 완전히 바뀐다. 이 본문에는 출애굽기와 창세기에 나타나 있는 다른 "성전과 같은" 만남과 연관되어 있는 몇 가지 매우 흥미로운 내용이 들어 있다. 다시 뒤로 돌아가 하나님은 창세기 3:21-24에서 아담과 하와(인류 대표)를 동산 성전 동쪽으로 쫓아내시고 그룹들과 불칼을 두어 동산과 생명 나무로 돌아오는 길을 지키게 하셨다. 출애굽기 3:1에서 모세는 그의 가축 떼를 "광야 먼 곳으로" 몰고 간다. "먼 곳"으로 번역된 히브리어 단어는 "서쪽", "서쪽으로 향하는", "서편" 등을 의미할 수도 있다. 어쩌면 이것은 단순히 지리적인 일치일 수도 있지만, 창세기 3-11장에서 사람들이 "동쪽으로" 쫓겨 가는 것을 상징하는 내용이 반복된다는 점을 고려하면 나중에 하나님과의 만남으로 이어지는 이러한 "서쪽 방향"으로의 이동은 의미심장하다.[1] 이와 마찬가지로 모세는 "하나님의 산"에 이르러 떨기나무 불꽃 가운데서 "여호와의 사자"를 만나고 곧바로 불타는 떨기나무 가운데서 "여호와"를 만난다(3:2, 4). 분명 이것은 적어도 과거의 동산에서 하나님의 임재로부터 인간이 쫓겨나는 것을 어렴풋이 암시하며, 그렇게 쫓겨난 사건에 대한 반전이 이제 시작되었음을 희미하게나마 암시하는 듯하다.

비록 **과거의** 동산에 대한 암시는 희미할지 모르지만, **이후에** 등장할 시내산(그리고 성막)에 대한 암시는 훨씬 더 명확하다. 예를 들면 모세가 하나님과 만난 장소뿐만 아니라 이스라엘 백성이 시내산에서 하나님과 만난 장소를 묘사하는 데 "하나님의 산"이라는 동일한 지명이

불타는 떨기나무 앞의 모세, 도메니코 페티, 1615.
© Private Collection / Bridgeman Images.

---

[1] 성막의 "북, 남, 동, 서" 방향은 매우 중요하다. 이것이 성막 이야기에서 스무 번씩이나 언급된다는 사실에 주목하라(출 26:18, 20, 22, 27, 35[2회]; 27:9, 11, 12, 13; 36:23, 25, 27, 32; 38:9, 11, 12, 13; 40:22, 24). George, *Israel's Tabernacle as Social Space*, 79.

사용된다. 출애굽기 3:1-3에서 모세는 "하나님의 산"에서 하나님을 만난다. 출애굽기 3:12에서 하나님은 모세에게 그가 이스라엘 백성을 인도하여 낸 후 그들이 와서 "이 산에서" 자신을 예배할 것이라고 말씀하신다. 그 후 출애굽기 끝부분에서 모세가 다시 시내산에서 하나님을 만날 때 그 시내산은 "하나님의 산"으로 언급된다(출 18:5; 24:13).

또한 하나님의 현현은 불타는 떨기나무에서의 만남(출 3장)과 시내산에서의 만남(출 19장, 24장)에서 모두 불과 밀접하게 연계되어 있다. 출애굽기 3:2에서 "여호와의 사자"는 떨기나무 "불꽃" 가운데서 나타나신다. 출애굽기 19:18에서 하나님이 시내산에 불 가운데 강림하실 때 그 산은 연기로 가득해진다(출 24:17도 보라).

지속적으로 불타는 떨기나무도 무언가를 암시한다. 나는 앞에서 성막(그리고 성전)의 "성소"에 비치된 일곱 가지의 촛대(메노라)가 어쩌면 동산에 있던 "생명 나무"에 대한 시각적 표상일지도 모른다고 제안한 바 있다. 하지만 성막 안에 있는 메노라의 또 다른 매우 중요한 특징은 촛대의 여러 "가지" 위에 있는 일곱 개의 촛불이 계속해서 타오르고 있어야 한다는 점이다. 일부 학자는 촛대 위에서 계속 타오르는 촛불이 상징하는 바가 바로 하나님이 모세에게 나타나셨을 때 지속적으로 불타오르던 떨기나무와 유사하다고 제안한다.[2]

출애굽기 3:5에서 모세는 그가 서 있는 곳이 거룩한 곳이기 때문에 신발을 벗으라는 명령을 받는다. 떨기나무 가운데 계신 거룩한 임재를 에워싸고 있던 땅이 "거룩한 곳"으로 불렸다는 사실은 모세가 하나님을 만난 시내산 전체를 "거룩한 곳"으로 부른 것과 매우 유사하다(출 19:23). 시내산에서 하

---

2 Beale, *Temple and the Church's Mission*, 106.

나님께 나아가는 자들은 먼저 여러 정결 의식을 통해 자신들을 "정결케" 해야만 한다.

마지막으로 "떨기나무"라는 구체적인 용어 사용 자체도 사실은 흥미로운 언어유희일 수 있다. 히브리어 단어 "떨기나무"(*seneh*)는 "시내"(*sinay*)와 매우 유사한데, 이러한 유사점은 단순히 우연으로 보기 어렵다.³ 출애굽기 3:1-2에서 "떨기나무"(*seneh*)가 "하나님의 산" 기슭에서 불타오르듯이 시내산(*sinay*)에서는 "하나님의 산" 꼭대기 전체가 연기로 덮여 있다(출 19:18).

"네가 선 곳은 거룩한 땅이니 네 발에서 신을 벗으라"(출 3:5).

이스라엘 백성이 시내산에서 하나님을 만나다

출애굽기에서 하나님의 임재와의 두 번째 위대한 만남은 시내산에서 이루어졌는데, 이 만남은 완전히 새롭게 탄생하고 구원받은 이스라엘 민족 전체와 관련이 있다. 출애굽기 3:12에서 모세에게 이미 예언하신 대로 하나님은 이스라엘 백성을 이집트에서 구원해내신 후에 그들을 시내산으로 데리고 가신다(출 19장). 이토록 극적이면서도 심지어 무섭기까지 한 이스라엘 백성과 하나님의 만남은 매우 "성전과 같은" 방식으로 묘사된다. 즉 이스라엘 백성이 산에서 하나님과 만나는 방식은 제사장들이 성전에서 하나님을 만나는 방식과 매우 유사하다.

우선 하나님은 이스라엘 백성을 "제사장"이라고 부른다. "너희는 모든

---

3   Dozeman, *Exodus*, 124.

민족 중에서 내 소유가 되겠고, 너희가 내게 대하여 제사장 나라가 되며, 거룩한 백성이 되리라"(출 19:5-6). 성경에 나타난 민족 대다수가 따르던 일반적인 종교 관습은 사제들만이 신전에 들어가 신들을 섬기는 것이었다. 일반인들은 거의 혹은 전혀 신전에 들어가지 않았으며 신들은 일반인들과 거리를 유지했다. 그러나 성경에 나타난 참 하나님은 시내산에서 그의 백성과 관계를 맺으실 때 그들과 친밀한 관계를 원하셨고, 그들 모두가 "제사장"이라고 선언하셨다.

시내산의 정확한 위치는 알 수 없다. 시내 광야에는 하나님이 모세와 이스라엘 백성에게 나타나신 산일 가능성이 있는 여러 산봉우리가 있다. 이 사진에 보이는 것은 제벨 무사("모세의 산")로 불리는 봉우리이며 어떤 이들은 이 산을 시내산이라고 믿고 있다.

따라서 이스라엘 백성을 이집트에서 구해내신 아브라함과 이삭과 야곱의 하나님은 그의 백성 한 사람 한 사람에게 그의 임재 앞에 나아갈 수 있는 "제사장"의 특권을 주시는데, 이것은 고대 종교에서는 전례가 없는 전대미문의 일이었다. 물론 여전히 하나님의 임재에 더 가까이에 있는 보다 더 거룩한 장소에 들어갈 수 있는 특권을 지닌 "직업" 레위 제사장들도 존재할 것이지만, 이스라엘 백성 전체가 산 아래에 장막을 치고 하나님으로부터 언약 조항을 받았기 때문에 그들은 이미 "성전 영역"의 "거룩한" 선을 넘어선 것이다. 그들은 제사장으로 분류될 정도로 하나님의 임재와 이미 충분히 가까이 있는 것이다. 또한 하나님이 그들 가운데 장막을 치고 (말하자면) 그들 맞은편에 거하신다는 것은 어떤 의미에서는 그 민족 전체의 지위를 "제사장"으로 크게 격상시킨 것이다.

시내산에서 제사장으로 세움을 받은 이스라엘 민족과 공식적으로 임명된 레위 제사장들 사이의 또 다른 공통점은 온 백성에게 정결 의식이 요구된다는 것이다(출 19:10-15). 출애굽기 후반부에서는 레위 제사장들이 하나님을 섬기기 위해 성막으로 들어가기 전에 행해야 할 광범위하고도 중요한 정결 의식이 구체적으로 열거될 것이다.

시내산에서 하나님의 임재는 불과 구름과 밀접하게 연관되어 있으며(출 19:16-19; 24:15-18), 이 주제는 성막과 성전에 관한 이야기에서 계속 이어질 것이다. 천둥과 번개와 더불어 불은 하나님이 강하고 위험하신 분이심을 묘사하는 역할을 한다. 경외심과 두려움과 건전한 수준의 두려움 없이는 하나님께 가까이 나아갈 수 없다. 이와 관련하여 불과 번개는 하나님의 거룩함 및 영광과도 밀접한 관계가 있다. 하나님의 거룩함과 영광에는 마치 강렬한 불에 접근하면 타버리듯이 죄로 가득한 사람이 가까이 다가오지 못하도록 하는 특별한 무언가가 있다. 하나님은 시내산에서 이스라엘 백성과 만나실 때 자신이 세워놓은 경계를 허락 없이 침범하는 자들은 멸망에 이르게 될 것이라고 여러 차례 경고하신다(출 19:12-13, 21-24). 연기는 위험하고도 무서운 하나님의 영광으로부터 사람들을 보호하고 숨기는 가리개 혹은 휘장과 같은 역할을 수행한다(참조. 레 16:13).

시내산에서 이스라엘 백성과 하나님이 만난 것과 그들이 성막과 성전에서 하나님을 만난 것 사이에는 또 다른 유사점이 있는데, 그것이 바로 거룩한 영역이 세 등급으로 나누어진다는 것이다. 나중에 다시 논의하겠지만 성막과 성전은 모두 뜰과 성소와 지성소 등 세 종류의 거룩한 영역으로 나뉜다. 하나님의 임재에 가까이 근접할수록 거룩함의 강도는 더욱더 높아진다.

이에 상응하여 하나님의 임재에 더 가까이 나아갈수록 사람이 접근할 수 있는 권한은 더욱더 제한된다. 성막과 성전에서 첫 번째 등급의 거룩함을 지닌 뜰은 모든 이스라엘 백성에게 출입이 허용되었다. 그다음 첫 번째 방인 성소에는 오직 레위 제사장들만 출입이 허용되었다. 마지막으로 오직 단 한 명의 대제사장만이 두 번째 방인 지성소에 들어갈 수 있었다.

> "시내산에 연기가 자욱하니 여호와께서 불 가운데서 거기 강림하심이라"(출 19:18).

시내산의 상황도 이와 비슷하며 거룩한 영역이 세 등급의 거룩함과 출입 권한으로 나누어져 있는 것으로 보인다. 모든 백성이 산 아래까지 접근하여 하나님의 임재를 에워싸고 있는 불과 연기를 보는 것은 허용된다 (출 19:17). 19장에서 "백성"이라는 단어가 반복적으로 언급된다는 사실에 주목하라(19:7-25에 모두 열네 번). 선별된 일부(아론과 그의 두 아들과 칠십 장로)만이 산 위로 올라가, 일반인에게는 허락되지 않은 특별한 방식으로 하나님을 볼 수 있었다(24:1-11). 그러나 이러한 특별한 출입도 언약 체결의 시작을 의미하는 피의 제사를 드린 후에야 허용되었음을 주목하라(24:5-8). 마지막으로 후대의 대제사장과 마찬가지로 오직 모세만(여호수아가 한 번 그를 수행한 것으로 보임, 24:13) 가장 가까운 하나님의 임재 앞으로 여러 차례 부르심을 받는다(19:3, 8, 20; 24:2, 12).

하나님의 거룩한 이동식 거처(성막)를 짓다

하나님과 이스라엘 백성의 시내산 만남의 결말에서(출 19-24장) 그리고 하나님과의 언약이 체결된 이후(출 24장) 하나님은 모세에게 "내가 그들 중에 거할 성소[히브리어: *miqdash*, "거룩한 곳"]를 그들이 나를 위하여 짓되, 무릇 내가 네게 보이는 모양대로 장막[히브리어: *mishkan*, "거처"]을 짓고, 기구들도 그 모양을 따라 지을지니라"(출 25:8-9)라고 지시하신다. 출애굽기의 나머지 부분(25:10-40:38)은 주로 성막 건축을 다룬다. 이 단락은 다음과 같이 나눌 수 있다.

출애굽기 25-31장: 하나님이 모세에게 성막을 어떻게 지어야 하는지에 관한 정확한 지시를 내리신다.

출애굽기 32-34장: 아이러니하게도 성막 이야기는 이스라엘 백성의 금송아지 숭배 사건으로 말미암아 중단된다. 이로써 하나님과 맺었던 언약 관계는 위험에 처하게 되지만, 하나님은 모세의 중재를 받아들여 관계를 회복하신다.

출애굽기 35-40장: 모세는 성막을 어떻게 지어야 하는지 이스라엘 백성에게 지시 사항을 내리고, 그들은 자발적으로 기쁘게 성막을 짓는다. 그 후 하나님이 그들 가운데 거하고자 임하실 때 하나님의 영광이 성막에 가득 찬다.

성막과 에덴동산

출애굽기 25-31에 기록된 성막 건축을 위한 지시사항은 창세기 1-2장에 나타나 있는 창조 기사와 몇 가지 흥미로운 유사점이 있다. 창조 기사가 "하나님이 이르시되"를 반복하며 구성되어 있듯이(창 1:3, 6, 9, 14, 20, 24, 26) 성막 건축을 위한 지시에서도 "여호와께서 이르시되"라는 어구가 (일곱 번) 반복된다(출 25:1; 30:11, 17, 22, 34; 31:1, 12). 또한 동산에 관한 논의에서도 언급했듯이 두 기사 모두 금(창 2:11-12; 출 25:18)과 귀한 보석(창 2:12; 출 25:7) 그리고 그룹(창 3:24; 출 25:18)을 언급한다. 마지막으로 창조 기사가 끝날 무렵 일곱 째 날(안식일)에 하나님이 안식하신 것처럼 성막 건축을 위하여 하나님이 모세에게 주신 마지막 지시는 안식일을 거룩하게 지키라는 것이었다(출 31:12-18; Sailhamer, *Pentateuch as Narrative*, 298-99).

언약궤(출 25:10-22; 37:1-9)

하나님은 모세에게 성막 건축 자체보다는 성막에서 가장 중요하고 거룩한 물품인 언약궤에 대한 지시를 내리는 것으로 시작하신다(출 25:10-22). 사실 언약궤는 하나님의 임재의 실제적 초점이다. 이것은 지성소에 놓인 유일한 기구이기도 하다. 따라서 하나님은 성막 안에 놓일 물건과 그 제작 과정에 관해 설명하실 때 거룩함의 중심(언약궤)에서 시작하셔서 점점 바깥쪽으로 향하여 상(출 25:23-30)과 등잔대 순으로 옮겨가신다(출 25:31-40). 출애굽기 25장에서 하나님은 모세에게 이 기구들을 어떻게 제작해야 하는지에 관해 자세한 지시 사항을 주신다. 그리고 출 37:1-9에서는 하나님이 선택하시고 권한을 부여하신 이스라엘의 최고의 장인인 브살렐(출 35:30-35)이 하나님이 지시하신 대로 궤를 만든다. 이 본문은 구체적으로 브살렐을 가리키는 삼인칭 단수로 기록되어 있다. "브살렐이…궤를 만들었으니…순금으로 안팎을 싸고…부어 만들어…고리에 꿰어." 성막 안의 다른 기구들을 실제로 제작하는 과정을 설명할 때(상과 등잔대 등) 이 본문은 일반적으로 모든 이스라엘 장인을 가리키는 삼인칭 복수(그들)를 사용한다. 이것은 또한 궤를 만드는 데

들인 특별한 정성과 관심을 강조한 것이다.

하나님이 모세에게 말씀하신 것처럼 궤는 기본적으로 안팎을 모두 금으로 입힌 나무 상자(대략 길이 114센티미터, 너비 71센티미터, 높이 71센티미터)다. 궤에는 두 개의 금으로 된 고리가 양쪽에 있으며, 각 고리 안에는 금을 입힌 나무로 된 채가 끼워져 있다. 이 채는 궤를 운반할 때 쓰이는 도구이며, 영구적으로 고리 안에 남아 있어야 한다. 또한 이 궤 안에는 하나님이 직접 기록하신 십계명 돌판을 넣어 두어야 한다(출 25:10-16).

이어서 하나님은 궤의 맨 위에 "속죄소"라고 불리는 순금으로 된 덮개가 있어야 하고, 그 속죄소 위에는 안쪽을 향하고 있는 금으로 된 그룹 둘이 있어야 하며, 그들은 아래에 있는 속죄소를 내려다보고 날개를 위로 펴서 그 속죄소를 덮고 있어야 한다고 설명하신다(출 25:17-22). 하나님은 모세에게 "거기서 내가 너와 만나고 속죄소 위 곧 증거궤 위에 있는 두 그룹 사이에서 내가 이스라엘 자손을 위하여 네게 명령할 모든 일을 네게 이르리라"라고 말씀하신다(출 25:22).

궤에 대한 하나님의 설명은 신학적 의미로 가득 차 있다. 이 궤는 하나님의 임재의 강렬한 초점이기 때문에 거룩하며 대제사장 외에는 아무도 이를 만질 수 없다(오직 대제사장만이 일 년에 한 번씩 나아와 속죄소 위에 피를 뿌린다). 따라서 이 궤는 반드시 레위 제사장들이 궤를 옮기기 위해 사용하는 채를 이용하여 운반해야만 한다. 심지어 채마저도 제자리에 그대로 놓아두어 아무도 채가 끼워져 있는 금 고리를 만질 필요가 없도록 했다. 후대의 역사를 보면 다윗도 채를 사용하지 않고 레위 제사장들 없이 궤를 수레에 실어 운반하고자 했으며 그로 인해 운반을 돕

"거기서 내가 너와 만나고 속죄소 위 곧 증거궤 위에 있는 두 그룹 사이에서 내가 이스라엘 자손을 위하여 네게 명령할 모든 일을 네게 이르리라"(출 25:22).

던 한 사람이 죽게 되는 일이 벌어졌다(삼하 6:1-7; 대상 13:9-10; 참조 15:1-15). 심지어 다윗조차도 궤 안에 거하시는 하나님께 가까이 나아가기 위한 거룩함의 요구와 엄격한 지침을 무시할 수 없었다.

증거궤 위에 있는 두 그룹은 하나님의 거룩함과 궤의 위험천만한 성스러움을 한층 더 강조한다. 성경에서 그룹들(그리고 이와 유사한 존재들)은 주로 신전(그리고 왕궁)의 입구와 관련이 있다. 그들은 입구를 지키고 신들에게 접근하는 것을 막는다. 비록 금으로 만든 이 두 그룹이 진짜 그룹이 아니라 하나의 상징에 불과하지만, 그들은 이곳이 매우 신성한 곳임을 강조한다. 그러나 우리는 성경의 다른 본문에서 하나님의 임재를 설명할 때 그룹들(혹은 이와 관련된 존재인 스랍들)이 하나님의 보좌 주변에서 "시중을 드는 사람들"로 묘사된 것을 흔히 볼 수 있다(5장의 논의를 참조하라).

앞에서 살펴본 바와 같이 창세기 3:24에서 하나님이 그룹들과 불칼을 에덴동산 입구에 두어 사람들이 그곳으로 다시 들어오지 못하도록 지키게 하신 것을 상기하라. 이제 출애굽기 25:22에서 하나님은 이 그룹들에 관해 명확하게 이야기하신다. 즉 하나님은 바로 이 두 그룹 사이에서 인류의 대표자와 다시 한번 만나신다는 것이다. 이 두 그룹과 창세기 3:24에서 동산 입구를 지키던 그룹들 간의 연관성을 놓치지 말라. 우리가 창세기부터 출애굽기까지의 이야기를 하나의 연속적인 내러티브로 읽는다면(우리는 그렇게 할 필요가 있다) 그때 하나님의 임재로부터 쫓겨난 인류가 다시 그분께로 돌아가지 못하도록 입구를 지키던 실제 그룹들과, 하나님이 그의 백성 가운데 거하시는 관계적인 임재를 다시 회복하시면서 이제 다시 그분께로 나아오는 통로를 지키고 있는 상징적인 금 조각상 그룹들을 서로 연관 지을 수 있다. 이곳에서(증거궤 위와 그룹들 사이에서) 하나님은 이스라엘 백성과 그들 가운데 거하시는 하나님의 관계를 규정하는 나머지 율법을 모세에게 주실 것이다(출

25:22). 실제로 민수기 7:89은 이러한 "증거궤 위 속죄소 위의 두 그룹 사이에서" 모세에게 말씀하신 하나님과 모세의 만남을 서술한다.

이것은 마치 보좌 위에 앉아 계신 것처럼 그룹들 위에 앉아 계시는 하나님에 대한 시각적인 이미지를 연출한다. 비록 출애굽기와 민수기가 보좌의 이미지에 관해 언급하지는 않지만 후대의 성경 본문은 이러한 장면(그룹 위에 있는 그의 보좌에 앉아 계신 하나님)을 언급한다. 예를 들면 시편 99:1은 "여호와께서 다스리시니 만민이 떨 것이요, 여호와께서 그룹 사이에 좌정하시니 땅이 흔들릴 것이로다"라고 선포한다. 흥미롭게도 고고학자들은 이스라엘의 것이 아닌 다른 나라의 왕좌를 묘사하는 그림 여러 개를 발굴했는데, 그 그림에는 그룹 또는 스핑크스와 같은 존재들이 왕좌를 지탱하는 양쪽 측면에 붙어 있고, 왕은 그룹 위에, 그리고 그들 사이에 앉아 있다.

이것은 아시리아 왕 아슈르나시르팔 2세를 조각한 벽 판화인데, 그의 왕좌의 발등상을 주목하라. 또한 그룹과 유사한 낮은 계급의 날개를 지닌 거룩한 존재들이 왕과 그의 왕좌를 보호하기 위해 신하들 가운데 서 있는 것을 주목하라. © Kim Walton. The British Museum.

구약성경에 등장하는 이스라엘 주변 국가들의 왕좌에 관한 여러 묘사에서 발견할 수 있는 또 다른 흥미로운 특징은 바로 발등상이다. 대다수의 왕좌는 발등상이 왕좌와 하나로 결합되어 있다. 예를 들어 솔로몬의 왕좌는 왕좌에 부착된 금으로 된 발등상을 지니고 있다(대하 9:17-18). 그룹 위에 앉아 계신 하나님의 이미지에서 증거궤는 하나님의 발등상 역할을 하며 실제로 후대 성경 저자들은 이 증거궤를 하나님의 발등상으로 언급한다. 앞에서 인용한 바와 같이 시편 99:1은 하나님을 그룹 사이에 좌정해 계신 분으로 묘사하며, 시편 저자는 "너희는 여호와 우리 하나님을 높여 그의 발등상 앞에서 경배할지어다"(시 99:5)라고 선포하는데, 이는 분명히 그룹 아래에 있는 증거궤에 대한 언급이다. 이와 마찬가지로 역대상 28:2에서 다윗은 증거궤를 "우리 하나님의 발등상"이라고 부른다. 그럼에도 하나님의 보좌 아래에 있는 발등상의 이미지는 하나님의 보좌에 대한 묘사만큼이나 시적으로 유연하다. 따라서 하나님 보좌의 발등상은 성전 자체(시 132:7)와 예루살렘 성(애 2:1), 그리고 심지어 온 세상(사 66:1)으로 묘사되기도 한다.

증거궤 안에는 하나님이 이스라엘 가운데 거하시고 그들에게 복을 주시기 위한 조건, 즉 언약 체결을 상징하는 십계명이 들어 있다. 예배와 봉사의 개념을 비롯하여 하나님께 나아가고 그 앞에서 출입하는 방법은 반드시 그의 백성에게 계시하신 하나님의 말씀, 즉 십계명으로 상징되는 계시에 근거해야만 한다.[4]

---

4 고대 구약의 세계 전역에 나타난 일반적인 종교 개념 및 행위와 유사한 부분이 하나 더 있다. 흔히 이스라엘 주변국의 이방 신전에서 조약 또는 서약의 사본은 그 계약의 불가침의 본질을 강조하는 의미에서 영원히 신의 발밑에 둔다. 만약 궤가 하나님의 발등상의 역할을 한다면 십계명을 궤 안에 둔다는 것은 이러한 개념과 매우 유사한 것이다. Sherwin, "1 Chronicles," 3:276을 참조하라.

그룹과 유사한 날개를 지닌 존재들이 떠받들고 있는 왕좌 위에 앉아 있는 고대 비블로스의 아히람 왕을 묘사한 작품(기원전 10세기). © De Agostini Picture Library / G. Dagli Orti / Bridgeman Images.

앞에서 언급한 대로 증거궤는 기본적으로 어떤 상자다. 십계명 위에 있는 이 상자의 윗부분(즉 덮개)은 "속죄소"라고 불리는 금으로 된 특별한 조각품이다. 이 "덮개"에 해당하는 히브리어(*kapporet*)는 "덮다, 위에 뿌리다"라는 뜻을 지닌 단어에서 유래했다. 한편으로 이 단어는 이것이 이 상자의 "덮개"라는 단순한 의미를 반영한다. 따라서 이에 대한 좋은 번역은 단순히 "덮개" 혹은 "덮는 뚜껑"이 될 수 있다. 또 다른 한편으로 대제사장은 매년 속죄일에 지성소에 와서 속죄의 의미에서 바로 이 덮개 위에 피를 **뿌리도록** 되어 있다(레 16장). 따라서 "뿌리는 곳" 혹은 "속죄하는 곳"이라는 의미도 역시 유효하다. NIV는 이 한 단어를 "속죄의 덮개"(atonement cover)로 번역하는데, 이는 이 용어가 전달하는 두 가지 개념(속죄함과 덮음)을 모두 반영하고자 한 것이다. 다수의 다른 영역본은 이 히브리어 단어를 "자비의 자리"(mercy seat)

로 번역한다(NASB, NRSV, ESV, KJV, HCSB).[5] 하지만 이 단어와 연관하여 혹은 이 단어의 전후 문맥에는 "의자" 혹은 "앉는 자리"라는 의미의 개념은 전혀 없다. "자리"라는 영어 단어는 상당히 다양한 의미를 지니고 있는데, "'학문의 전당'(seat of learning)에서와 같이 어떤 활동의 중심" 혹은 "'문제의 진원지'(the seat of trouble)에서와 같이 어떤 상황이 야기된 곳" 등과 같은 뉘앙스를 포함한다.[6] 이것이 바로 "자비의 자리"라는 어구에서 "자리"가 갖는 뉘앙스다. 이것이 속죄로 인한 자비의 원천이자 중심인 것이다. 그렇지만 히브리어 단어는 "자비"보다는 "속죄"를 강조하고 있기 때문에 NIV가 "속죄의 덮개"라고 표현한 것은 좋은 번역이다. 어쨌든 율법과 자비를 통한 죄 사함은 증거궤 및 하나님의 임재와 밀접하게 연관되어 있다.

이러한 모든 풍부한 신학적 진리는 하나님께서 이 특별한 장소를 이스라엘과의 관계에 관한 나머지 조항을 제시하기 위해 모세와 만나는 장소로 정하신 말씀에서 집결된다(출 25:22). 거룩하시고 전능하시며 두렵고 위험천만하신 하나님이 사람들을 만날 때 그 만남의 장소는 하나님의 거룩하심, 그의 능력, 그의 계시의 말씀, 율법, 그의 언약적 신실하심, 속죄제사를 통한 그의 크신 자비와 죄 사함 등을 상징하는 것으로 가득하다. 또한 그룹들이 통로 쪽을 바라보지 않고 서로를 마주보며 증거궤를 향해 아래를 내려다보고 있다는 것도 흥미롭다. 만일 그룹들의 역할(상징적이든 아니든 간에)이 성전/왕궁의 보좌에 앉아 계신 하나님께로 향하는 통로를 지키는 것이라면 그들은 율법을 통해, 그리고 속죄의 "덮개"를 통해 하나님께로 나아가는 길을 가리키고 있는 것이다.

---

5   이 용어를 "자비의 자리"로 번역하는 관례는 최초기 영어 성경들로 거슬러 올라간다. 예. Matthew's Bible(1537), the Geneva Bible(1560), the KJV(1611).
6   *New Webster's Dictionary and Thesaurus of the English Language* (New York: Lexicon, 1987).

출애굽기 25:10-22에서 하나님은 모세에게 "내가 네게 줄 증거판"을 궤 속에 넣을 것을 지시하신다(21절). 이 본문에서 하나님은 궤 속에 다른 어떤 것도 넣으라고 말씀하지 않으신다. 여기서 하나님은 언약의 율법(십계명)을 기록한 판에 계속 초점을 맞추기를 원하시는 것처럼 보인다. 그러나 출애굽기 16:31-34에서 하나님은 언약의 율법을 새긴 판들과 더불어 이스라엘 백성이 이집트에서 약속의 땅으로 향하던 여정 가운데 하나님이 그들에게 먹이신 만나를 담은 항아리도 그 궤 안에 넣을 것을 아론에게 지시하신다. 그뿐만 아니라 민수기 17:10-11에서 하나님은 모세에게 움이 돋고 순이 나며 꽃이 피어 살구 열매가 열린 아론의 지팡이도 궤의 앞에 갖다 놓을 것을 지시하신다(참조. 히 9:3-4). 이 두 가지 물건(만나와 아론의 지팡이)은 하나님의 강력한 보호와 공급하심을 상징한다. 그러나 이 두 물건이 궤 안에 놓이게 된 문맥은 모두 이스라엘 백성의 "불평"을 강조한다. 이러한 문맥에서 볼 때 이 두 물건은 이스라엘 백성이 하나님께 불평하고 그를 신뢰하지 않을 때도 하나님은 그들을 어떻게 돌보시는지를 상기시킨다. 율법의 판과 같이 만나와 아론의 지팡이는 이스라엘을 위한 하나님의 은혜로운 공급을 강조하지만, 이 세 가지는 모두 미래에 이스라엘이 하나님께 순종하고 하나님이 그들에게 은혜로 주신 언약을 따라 살아가는 데 실패할 것을 미리 예고한다.

궤의 이름

궤의 이름을 고려할 때 먼저 영어는 "노아의 방주"(배)와 "성막/성전의 궤"(하나님의 임재가 거하시는 장소)에 모두 같은 단어인 "ark"를 사용하지만, 히브리어는 이 두 경우에 서로 다른 단어를 사용한다. 성막/성전의 "궤"로 번역된 히브리어 단어 "아론"('aron)은 기본적으로 "상자" 혹은 "큰 보관함"을 의미한다(예를 들면 'aron은 왕하 12:9-11에서 물건을 수집하는 상자로 사용되며 심지어 창 50:26에서는 관으로도 사용된다). 그럼에도 이 단어는 구약성경에서 아주 빈번하게(200회 이상) 지성소에 있는 "그 상자"(즉 그 궤)

를 가리키는 의미로 사용되어, 많은 경우 바로 그 특별한 의미로 이해되곤 한다. 비록 이 'aron("궤")이라는 단어 자체가 증거궤를 지칭하지만, 대다수의 경우는 "증거", "언약 율법" 혹은 "언약" 그리고 하나님의 여러 이름과 관련된 다른 여러 용어, 즉 야웨(히브리어: *Yahweh*), 하나님(히브리어: *Elohim*) 혹은 주(히브리어: *Adonai*)등과 함께 나타난다. 모두 합하면 궤를 가리키는 어구의 변형이 무려 스물두 개나 된다. 가장 일반적인 것은 다음과 같다. 궤(출 35:12), 언약 율법의 궤(NIV)/증거궤(NASB: 출 25:22), 언약궤(수 3:6, 8), 여호와의 언약궤(민 10:33; 신 10:8), 하나님의 언약궤(삼하 15:24), 너희 하나님 여호와의 언약궤(삼하 3:3), 온 땅의 주의 언약궤(수 3:11) 등이다. 가장 긴 명칭은 사무엘하 6:2의 "하나님의 궤…그룹들 사이에 좌정하신 만군의 여호와의 이름으로 불리는 하나님의 궤"다.

이와 마찬가지로 이스라엘 백성이 사십 년 동안 광야에서 방황한 후 약속의 땅으로 들어가기 직전에 하나님은 모세에게 "이 율법의 말씀"(*tôrāh* 또는 "가르침")을 기록할 것을 지시하시고, 또 모세는 이것을 레위인들(제사장들)에게 주어 지성소의 언약궤 옆에 놓도록 한다(신 31:24-29). 이 문서는 신명기의 내용 대부분 혹은 전부를 포함하며 이스라엘을 향한 하나님의 언약, 즉 이스라엘은 금방 포기하겠지만 하나님은 끝까지 신실하게 유지하실 언약에 대한 증인의 역할을 수행한다.

진설병이 놓인 상(출 25:23-30; 37:10-16)

모세에게 지성소에 놓을 증거궤의 제작 방법에 관해 말씀하신 후 하나님은 출애굽기 25:23-30에서 이제 지성소의 휘장 바로 너머에 있는 성소에 배치할 세 가지 기구 가운데 하나인 "상"에 관해 설명하신다(출 26:31-35). 이 상은 아카시아 나무를 사용하여 길이 91센티미터, 너비 46센티미터, 높이 69센티미터의 크기로 만들고 금으로 완전히 입혀야 한다. 이 상의 용도는 "진설병"을 놓기 위함이다. 레위기 24:5-9은 떡에 관한 자세한 내용 가운데 일부를 소개한다. 레위 제사장들은 이스라엘의 열두 지파를 상징하는 것으로 보이는 떡 열두 덩을 안식일마다 상에 놓아야 한다. 또한 상 위에 금으로 된 대접과 숟가락과 병과 "붓는 잔"을 놓아야 한다(출 25:29; 37:16). 지성소의 궤와 마찬가지로 상은 채를 이용하여 다루고 옮겨야 하는데, 이는 상의 거룩한 지위를 강조하는 것이다(출 25:26-28; 37:12-15).

상과 특별히 "진설병"이 갖는 신학적 의미는 분명하지 않으며 학자들 간에 이견이 분분하다. 흔히 이스라엘 주변 국가의 이교도 신전에서 사제들이 수행하는 역할은 신전 안에 거하는 신을 돌보는 것이다. 이것은 신에게 "음식을 드리는 것"을 포함하며, 구약 시대 전반에 걸쳐 이스라엘 밖에서 이루어진 신전 예식에서는 신전에 거하는 신에게 매일 음식을 공급하는 것이 사제의 일반적인 역할이었다. 그러나 이것은 구약성경에서 하나님이 그의 백성을 위해 모든 것을 공급하신다는 사상 및 약속과는 상당히 거리가 멀어 보인다. 하나님은 결코 심지어 상징적으로라도 자신을 위한 식량 공급으로 여겨질 만한 떡과 다른 음식(제물)을 성막(그리고 후대에는 성전)으로 가져오라고 말씀하신 적이 없다. 이러한 점을 고려하면 떡은 이스라엘 백성이 언약의 상대이신 하나님과 함께 나누는 식탁 교제를 상징한다. 바로 앞장에서 모세와 아론과 나답과 이스라엘의 칠십 장로들이 산에 올라가 하나님의 임재 앞에서 **음식을 먹었던 것**을 기억하라. 이것은 시내산에서 언약이 체결되었기 때문에 가능한 하나님과의 친밀한 교제를 의미한다.[7] 여기에는 매우 중요한 의미가 있다. 식탁 교제(즉 함께 음식을 나누는 것)는 우정 그리고/또는 언약 관계의 주요 특징이자 지표다. 따라서 진설병이 놓인 상은 아마도 하나님이 이스라엘을 다스리실 뿐만 아니라 그들과 교제를 나누기 위해 그들 가운데 거하시기로 작정하신 것을 의미하는 것으로 보인다.

---

7 Enns, *Exodus*, 513-14.

순금 등잔대 (출 25:31-40; 37:17-24)

또한 성소에는 진설병이 놓인 상 맞은편에 일곱 가지가 달린 등잔대를 놓아야 한다(히브리어: *menorah*). 출애굽기의 이야기는 등잔대의 크기, 즉 등잔대의 높이와 가지들의 너비에 대해 아무런 언급이 없다. 이 본문의 주안점은 꽃이 피어 있는 나무와 같은 등잔대의 외관이다. 출애굽기 25:31-36에서 이를 묘사하기 위해 사용된 용어는 모두 "식물에 관한" 용어다(줄기, 가지, 꽃 형상의 잔, 꽃받침, 꽃). 이 "나무"는 중앙에 있는 중심 줄기와 함께 거기서 뻗어 나온 여섯 개의 가지 혹은 줄기(히브리어는 같은 단어를 사용함)를 지녀야 한다. 이어서 이 본문은 꽃 형상의 잔, 꽃받침, 가지 위에 만개한 살구꽃 등을 분명하게 묘사한다. 결과적으로 여섯 가지는 각각 잔 모양의 꽃을 세 개씩 지녀야 한다(출 25:33). ESV와 NRSV는 이것을 "꽃받침"(calyx)으로 번역하는데, 이 단어는 피어 있는 꽃과 그것을 둘러싸고 보호하는 잎사귀를 포함하고 있는 잔 모양을 가리킨다. 그리고 중심 줄기는 이러한 꽃 네 개를 지녀야 하며(출 25:34) 결국 모두 합하면 스물두 개의 꽃이 된다. 이어서 출애굽기 25:35는 가지 밑에 추가적으로 있는 "꽃받침"을 묘사하고 있는데, 이것은 앞으로 피어날 꽃과 이미 만개한 꽃으로 뒤덮인 나무의 외관을 보여주는 것으로 보인다. 따라서 성막 안에 있는 나무와 유사한 모양을 하고 있는 원래의 메노라는 이스라엘 국가의 상징이며, 성막을 묘사한 그림에 자주 등장하는 일곱 가지로 된 나뭇가지

등잔대가 어떻게 덤불 혹은 나무와 닮았는지를 나타내는 한 예술가의 묘사.

모양의 전통적인 촛대(오늘날에도 여전히 메노라로 불림)와는 상당히 다르다.

우리가 유념해야 할 것은 이 성막의 등잔대가 초를 놓는 나뭇가지 모양의 촛대가 아니라는 점이다. 이것은 올리브 기름과 심지를 사용한 고대의 등잔을 놓는 등잔대다. 따라서 출애굽기 25:37에서 하나님은 모세에게 등잔 일곱 개를 만들어 나무같이 생긴 등잔대 위에 그것을 갖다 놓으라고 지시하신다. 성막 안에 있는 메노라를 예술적으로 그린 작품들은 종종 기름을 담는 등잔이 만개한 꽃 모양일 것으로 추측하여 만개한 꽃을 등잔의 두 배 크기로 묘사한다. 하지만 본문은 그렇게 말하지 않는다. 사실 가지, 잔과 같은 꽃, 꽃받침, 꽃은 모두 금으로 만들어졌고, 하나로 된 일체형 기구의 일부분이지만, 등잔은 분명 따로 분리되어 있고 그 위에 부가된 것으로 보인다.

이것 역시 현실적으로 타당해 보인다. 금은 화씨 1,948도(섭씨 1064도)에서 녹는데, 이는 올리브 기름을 연료로 사용하는 불이 타오르는 온도보다 **낮은** 것이다(현대의 기름 연료에 의한 불꽃은 화씨 3,000도[섭씨 1649도]에서 타오른다!). 다시 말하면 만일 등잔의 금이 기름을 연료로 하는 불꽃과 직접 접촉하면 금은 녹게 마련이다.

그렇다면 나무 모양의 등잔대에 부가되는 "등잔"은 아마도 돌이나 진흙으로 만들어졌을 것이며 금 등잔대 위에 특별히 제작된 곳에 놓였을 것이다. 민수기 8:1-3에서 아론이 일곱 등잔을 배치하는 방법에 관해 지시받은 것을 주목하라. 즉 그는 등잔을 돌려 놓아 그것이 내부를 향하도록 하라는 지시를 받는다. 이것은 심지를 놓는 홈의 방향일 것이다. 따라서 등잔은 등잔대에 영구적으로 고정되어 있지 않고 이동이나 조정이 가능했다.

출애굽기 25:31에서 하나님은 모세에게 "순수한" 금(정금)으로 등잔대를 만들라고 말씀하신다. "순수한"으로 번역된 히브리어 단어는 제사장들이 행하는 의식과 연관이 있다. 즉 "순수한" 것은 의식적으로 정결한 것이다. 그러나 이 단어는 구체적으로 금 안에 어떤 불순물도 남아 있지 않다는 의미에서 금의 금속공학적인 측면을 가리킬 수도 있다. 이 단어는 이외에도 "밝게 빛나는 것"을 의미하기도 한다. 따라서 "순수한 금"은 금의 밝게 빛나는 면을 강조한 것일 수도 있다. 이상의 "순수한 금"에 대한 세 가지 의미는 모두 가능하지만(의식적으로 정결한, 금속공학적으로 불순물이 없는, 색상이 밝게 빛나는), 금속공학적인 의미가 가장 개연성이 높다.[8] "순수한 금"이란 표현은 "순금"을 의미하지 않으며, 이 문제에 관해서는 곧이어 다룰 예정이다.

등잔대 제작 방법과 관련하여 하나님은 등잔대의 줄기와 잔과 꽃받침과 꽃을 "두들겨서" 만들라는 지시를 내릴 때 이 용어를 두 번 사용하신다(출 25:31, 36). 또한 하나님은 순금 한 달란트(약 34킬로그램)를 사용할 것을 분명히 말씀하신다. 따라서 등잔대는 주물 과정을 통해 제작된 순금 기구가 아니다. 금은 매우 무거우므로(세제곱피트당 1,205파운드) 34킬로그램의 금은 단지 약 1,770세제곱센티미터(약 1갤런의 우유 통 크기 정도)에 불과하다. 만약 등잔대가 순금으로 된 것이지만 무게가 단지 34킬로그램이라면 그 높이는 기껏해야 61센티미터 정도밖에 안 됐을 것이다.

다윗 왕 시대에 진흙으로 만든 일반적인 등잔. 우묵한 대접은 기름으로 채워지며 심지는 좁게 열려 있는 곳에 둔다. 성소 안에 있는 금으로 된 등잔대 위에는 아마도 기름과 불꽃을 잡아주는 진흙으로 만든 등잔이 금으로 된 가지 끝부분에 놓인다. © Baker Publishing Group and Dr. James C. Martin. Courtesy of the Eretz Israel Museum, Tel Aviv, Israel.

성막 건축을 위한 금세공 방법에는 두 가지 종류가 있다. 몇 가지 물품(궤의 상자 부분, 진설병이 놓인 상)

---

[8] Meyers, *Tabernacle and Menorah*, 27-31.

은 나무로 만들고 그 위에 금박을 씌운다. 사실 금이 지닌 매우 중요한 특성 중 하나는 순응성(malleability), 즉 금을 두드려 펴서 종잇장 같이 얇게 만들 수 있다는 것이다. 또 다른 금세공 방법은 금을 훨씬 더 두껍게(금박 정도는 아니지만 그래도 여전히 얇게) 두드려 편 다음, 속이 빈 물건을 만드는 것이다. 이러한 물건을 만들기 위해 나무로 된 틀을 사용하는데, 그 나무 틀은 그대로 남겨두지 않고 나중에 제거한다. 아마도 이것이 등잔대를 만드는 방법일 것이다.[9] 이 등잔대는 (기름을 비롯해 불타는 심지를 담은 등잔을 제외하고) 금으로 된 것이지만 속이 비어 있다. 금의 순응성을 감안한다 해도, 단지 34킬로그램의 금을 가지고 작업을 한다면 이 등잔대는 흔히 그림에서 볼 수 있는 152센티미터 혹은 183센티미터 높이가 될 개연성은 낮아 보인다. 우리가 확실히 알 수는 없지만 금속공학적 관점에서 볼 때 이 등잔대는 아마도 그 높이가 약 91-122센티미터일 것으로 보인다.

따라서 모두 금으로 만든 약 91-122센티미터 높이의 꽃받침과 꽃이 피어 있는 일곱 가지를 지닌 나무를 상상해보라. 이 나무 위에는 진흙 혹은 돌로 만든 대접 모양의 일곱 등잔이 있는데, 아마도 직경이 10센티미터에서 15센티미터 정도 되며, 그 안에는 최고급 올리브유가 채워져 있고, 심지를 고정하는 홈이 파여 있으며, 성소 내부를 향해 밝게 타오른다(민 8:1-3).

등잔대에 관해 하나님이 모세에게 말씀하신 것 중에 가장 흥미로운 내용은 출애굽기 25:40에 나타나 있다. "너는 삼가 이 산에서 네게 보인 양식대로 할지니라." 아마도 이것이 등잔대와 관련하여 중요한 내용이 생

> "너는 삼가 이 산에서 네게 보인 양식대로 할지니라"(출 25:40).

---

[9] Ibid., 31-34.

략된 이유일 것이다. 하나님은 이미 모세가 본 것을 언급하고 계신다. 따라서 그는 이미 등잔대의 크기와 모양에 관한 개념상의 이미지를 갖고 있다. 그는 단지 일부 세부 내용(가지가 몇 개인지, 꽃은 활짝 피어 있어야 하는지 등등)만을 필요로 한다. 하나님은 모세가 "산"에서 이미 이 "양식"을 보았다고 말씀하신다. 이것은 몇 가지 흥미로운 질문을 제기한다. 연대기순으로 볼 때 모세는 바로 얼마 전에 시내산에서 하나님을 만났다(출 19장). 따라서 이것은 바로 그때의 만남을 가리키는 것일지도 모른다. 아마도 하나님은 모세가 산 위에 있을 때 그에게 한 모형을 보여주셨을 것이다. 그런데 흥미로운 사실은 모세가 바로 이 산에서 이보다 먼저 하나님을 만난 적이 있다는 점이다. 출애굽기 3장에서 모세는 "불타는 떨기나무" 안에서 하나님을 만난다. 나무 모양의 등잔대에 놓인 일곱 개의 타오르는 등잔을 가진 성막의 메노라는 불타는 떨기나무 혹은 작은 나무를 상당히 닮았다. 따라서 하나님은 지금 바로 그 사건과 그 모형을 언급하실 수도 있다. 아무튼 등잔대의 외관—타오르는 등잔들이 놓인 나무 모양의 구조—은 과거에 일어난 불타는 떨기나무 사건을 연상시킨다.

그렇다면 성소의 등잔대가 지닌 의미와 중요성은 무엇인가? 첫째, 나무 모양의 외관은 중요하며 반드시 염두에 두어야 한다. 하나님의 임재 앞에서 신성한 혹은 거룩한 나무는 동산에 있던 생명 나무를 연상시킨다. 일곱 가지는 완성 혹은 완전함을 의미한다. 대다수 학자는 등잔대가 생명 나무를 상징하며 하나님의 임재와 생명의 연계성을 강조한다는 데 동의한다. 그러나 동시에 나무에서 타오르는 등잔은 출애굽기 3장의 불타는 떨기나무를 암시한다. 빛과 불과 거룩한 나무는 모두 하나님은 거룩하시며 그의 거룩한 임재 앞으로 나아가는 것은 위험천만한 일이라는 것을 의미한다. 나무는 생명을 상징한다. 왜냐하면 하나님은 생명을 주시는 위대하신 분이기 때문이다. 그러나 이와 동시에 타오르는 등잔들은 하나님의 거룩함이 지닌 위험성과 무엇이든 태워버리는 소멸성도 암시한다(불은 흔히 죄에 대한 하나님의 심판을 상징한다). 등잔이 지닌 "비추는" 기능 역시 간과할 수 없으며 이것이 다수의 학자가 보다 더 일반적으로 선호하는 의미다. 하나님은 빛이시다. 그리고 등잔대 역시 이 빛을 상징한다. 빛은 성경의 중심 주제다. 빛은 철학적으로 진리를 언급하거나 우리가 진리를 보도록 하는 신적 깨달음을 가리키는 데 사용될 수 있다. 이와 관련하여 구약성경에서는 빛이 종종 참된 정의 혹은 참된 의라는 개념과 연계되어 있다. 창세기 1장의 창조 기사에서 하나님은 맨 먼저 빛을 만드셨고, 이것은 특별히 그의 창조 행위와 그가 선물로 주신 생명과 관련하여 빛과 하나님의 강력한 임재 간의 성경적 연관성을 강조하는 것이다. 빛은 일반적으로 하나님의 임재의 영광과도 연관이 있다. 이와는 대조적으로 흑암은 주로 무지와 어리석음뿐 아니라 심판, 특히 하나님의 임재를 잃어버리고 그 결과 죽음에 처하게 되는 심판과 연관이 있다.

분향단(출 30:1-10; 37:25-29)

성소에는 세 가지 기구가 반드시 있어야 하는데, 그것이 바로 진설병이 놓인 상과 순금 등잔대와 분향단이다. 하나님이 성소에 두어야 할 두 가지 기구를 설명하시고 나서 곧바로 분향단에 관해 지시하신 것이 아니라 몇 장 뒤에서 제사장의 거룩한 옷과 위임식에 관해 설명하신 후에 이에 관해 지시하신 것은 흥미롭다. 따라서 이 기구들은 궤(25:10-22), 상(25:23-30), 등잔대(25:31-40), 성막(즉 천막으로 된 구조물과 덮개; 26:1-30), 휘장(26:31-37), 성막 뜰에 있는 번제단(27:1-8, 분향단과 다른, 그보다 훨씬 더 큰 단), 성막 뜰(즉 외부 울타리; 27:9-19) 등의 순서로 소개된다. 이로써 성막에서 가장 중요하고도 기본적인 기구가 모두 완전히 갖추어진 듯 보인다. 그다음 단락은 대제사장 아론에 관한 반복적인 언급으로 이어지며 그의 직무와 의복, 그리고 성막에서 일하는 제사장의 위임식에 초점을 맞춘다(27:20-30:10). 이 단락은 성소 안에서 제사장들이 해야 할 직무를 일괄적으로 다룬다. 다시 말하면 이 단락은 등잔대 위의 등불을 관리하는 방법에 관한 지시로 시작하여(27:20-21) 분향단 위의 향을 태우는 지시로 끝을 맺는다(30:7-10). 하나님은 이 향을 태우는 방법에 관한 마지막 지시를 하시기 직전에 분향단을 만드는 방법을 설명하신다. 하나님은 나중에 30:34-38에서 향을 만드는 방법을 설명하시면서 이에 덧붙여 성소의 분향단 이외의 장소에서 이 특별한 향의 사용을 금하신다.

이 분향단은 높이 91센티미터, 가로 46센티미터, 세로 46센티미터의 정사각 기둥 모양이어야 하며 아카시아 나무로 만들고 금으로 입혀야 한다. 상단의 네 모서리에 돌기를 세워야 하는데, 본문에서는 이를 "뿔"이라고 부른다(30:1-3). 이러한 유형의 제단을 "뿔이 달린 제단"이라고 부르는데, 구약성경 시대에는 상당히 흔한 일이었다. 분향단은 양 측면에 금 고리를 달고 금으로 입힌 아카시아 나무로 된 채를 고리에 끼워 그것을 운반하는 데 사용하도록 만들어야 한다. 분향단은 성소 안, 즉 지성소와 성소를 나누는 휘장 정면에 놓아야 한다.

이스라엘 헤브론 근처에서 발견된 분향대(기원전 8-9세기). Private Collection / Photo. © Zev Radovan / Bridgeman Images.

대제사장 아론은 아침과 저녁마다 등잔대의 등불을 켜기 위해 성소로 나아올 때 분향단에 향을 태워야 한다(30:7-8). 이러한 행위는 제사장들이 성소에 있을 동안에는 언제나 그곳이 연기와 향내로 가득 차 있어야 한다는 의미를 갖고 있다. 그뿐만 아니라 분향단과 그 제단에서 태우는 특별한 향은 매년 한 번 있는 속죄일에 대제사장이 드리는 속죄제에서 중요한 역할을 담당한다(출 30:10; 레 16:11-19).

향이 지닌 신학적 의미는 무엇인가? 레위기 16:12-13은 우리에게 이러한 질문에 대한 통찰을 제공한다. 아론은 지성소에 들어가기 전에 "향로를 가져다가 여호와 앞 제단 위에서 피운 불을 그곳에 채우고, 또 곱게 간 향기로운 향을 두 손에 채워 가지고 휘장 안에 들어가서 여호와 앞에서 분향하여 향연으로 증거궤 위 속죄소를 가리게 할지니, 그리하면 그가 죽지 아니할 것이[다]." 아론은 속죄일에 지성소에 들어가기 전 타오르는 향연으로 그곳을 채워야 한다. 이 연기는 언약궤 위에 좌정해 계신 하나님의 영광을 직접 접하는 것으로부터 그를 보호해주는 베일 혹은 보호막의 역할을 한다. 이스라엘 백성이 시내산에서 하나님을 만날 때 하나님이 구름(출 19:9)과 연기(출 19:18) 가운데 자신을 숨기신 것을 기억해보라. 이와 같이 성막이 완성된 후 하나님이 성막 안에 거하고자 강림하실 때에도 큰 구름이 그를 백성과 분리시킨다(출 40:34-38). 하나님의 영광과 거룩함은 사람들이 직접 마주하기에는 너

므깃도에서 발견된 이교도들의 분향단. 각 모서리마다 "뿔"이 솟아난 것이 성막 안의 분향단과 유사한 것에 주목하라. © Baker Publishing Group and Dr. James C. Martin. Courtesy of the Israel Museum (Rockefeller Museum). Collection of the Israel Museum, Jerusalem, and courtesy of the Israel Antiquities Authority, exhibited at the Rockefeller Museum, Jerusalem.

3장 언약궤와 성막

무나도 강하고 두려운 것이므로(출 33:20) 하나님은 보통 구름이나 연기 혹은 불 형태의 베일 또는 보호막을 허용하신다.

이것은 한 예술가에 의해 묘사된 성소인데, 이 그림은 분향단과 대제사장이 지성소로 들어가려는 장면을 보여준다. 그러나 내부 벽이 본래는 밝은 흰색이었을 것이며, 하얀 베로 된 천 위에 청색, 자색, 홍색으로 그룹들을 수놓은 것이었음을 주목하라. © Balage Balogh/Archaeology Illustrated.com.

하나님이 이스라엘 백성을 이집트에서 구해내시고 그들을 광야로 인도하실 때 그의 임재는 낮에는 구름기둥 가운데, 밤에는 불기둥 가운데 계셨다(출 13:21-22). 이와 마찬가지로 출애굽기 말미에는 하나님의 영광이 임하여 성막을 가득 채울 때 구름과 불이 다시 한번 나타난다. "낮에는 여호와의 구름이 성막 위에 있고 밤에는 불이 그 구름 가운데에 있음을 이스라엘의 온 족속이 그 모든 행진하는 길에서 그들의 눈으로 보았더라"(40:38). 어떤 사람이 성막에 계신 하나님께 가까이 나아가고자 성소 안으로 들어간다는 것은 분향단의 연기로 가득 차 있고 등잔대의 일곱 등잔불이 타오르는 방으로 들어가는 것이다. 따라서 연기와 불이 성소를 가득 채우고 있다는 것은 그곳으로 들어가는 사람이 아주 성스러운 장소로 들어가 하나님의 임재에 가까이 다가가는 것임을 분명히 보여준다.

> 성소가 연기와 불로 가득 차 있다는 것은 그곳으로 들어가는 사람이 바로 하나님의 임재에 가까이 나아가고 있음을 분명하게 알려주는 신호다.

성막 (출 26:1-30; 36:8-35)

하나님은 언약궤와 진설병이 놓인 상과 등잔대에 관해 설명하신 후 모세에게 이런 기구들을 놓을 두 개의 방으로 구성된 천막과 같은 성막을 제작할 것을 지시하신다(출 26:1-37). 성막은 기본적으로 길이 13.7미터에 너비 4.6미터의[10] 큰 천막이며 두개의 방, 즉 성소(9.2미터의 길이와 4.6미터의 폭)와 지성소(4.6미터의 폭과 4.6미터의 길이)로 나뉜다. 성막 내부의 높이 역시 4.6미터다. 따라서 지성소는 높이, 길이, 폭 모두 4.6미터의 정육면체다.

출애굽기 26:1-37은 성막을 구성하는 서로 다른 네 겹의 소재를 묘사한다. 제사장들이 (성소에서) 바라보고 대제사장이 (지성소에서) 바라보는 성막의 내부는 "가늘게 꼰 베 실과 청색 자색 홍색 실로 그룹을 정교하게 수놓은 열 폭의 휘장"으로 만들어야 한다(26:1). 베(linen)는 아마라는 식물에서 추출한 흰색의 값비싼 직물로, 주로 이집트에서 생산된다.

구약성경은 베를 언급할 때 서로 다른 네 가지 히브리어 단어를 사용하는데, 각 단어마다 다른 등급 혹은 품질의 베를 가리킨다. 따라서 예레미야 13:1-5을 예로 들면 하나님은 예레미야에게 "베 띠를 사서" 그것을 땅에 묻으라고 말씀하신다. 이 본문(렘 13:1)에서 베로 번역된 히브리어 단어는 보

---

[10] 이것은 전통적으로 대다수 학자가 인정하는 크기다. 그렇지만 이것은 출애굽기 26:1-37에서 설명하고 있는 여러 휘장과 덮개의 복잡한 크기에 대한 추론이므로 백 퍼센트 확실하다고 말할 수는 없다.

통 사람들이 입는 가장 값싼(그렇지만 그들에게는 여전히 비싼) 종류의 베를 가리킨다. 출애굽기 26:1(그리고 출애굽기 전체에서 성막과 관련된 본문)에서 사용된 단어는 다른 히브리어 단어다. 이 단어는 최상의 품질, 즉 가장 비싼 등급의 베를 가리킨다. 이러한 최상품의 베는 보통 왕실이나 아주 부유한 귀족들이 입는다. 이러한 최상급의 베가 지닌 한 가지 특징은 낮은 품질의 베보다 훨씬 더 완벽하게 표백되어 있어 훨씬 더 밝고 깨끗한 흰색으로 되어 있다는 것이다. 이 히브리어 단어는 성막의 내부 벽을 왕과 귀족만이 입는 직물인 매우 비싸고 눈부신 흰색 천으로 만들어야 한다는 것을 가리킨다. "가늘게 꼰"(26:1)이란 어구는 아마에서 추출해 베를 만드는 데 사용되는 높은 품질의 실을 가리킨다.

성막과 뜰을 묘사한 한 예술가의 작품.

또한 출애굽기 26:1에서 하나님은 모세에게 그 베로 된 천에 청색, 자색, 홍색으로 물들인 모직 실로 그룹의 형상을 짜 넣으라고(혹은 수놓으라고) 지시하신다. 오늘날과는 달리 고대 사회에서 색으로 물을 들인 실과 천은 쉽게 구할 수 있는 것이 아니었다. 염료는 재질이나 색상에 따라 구하기 매우 어렵고 값이 비쌌을 수도 있다. "청색, 자색, 홍색"으로 번역된 히브리어 세 단어는 색상을 가리키는 단어가 아니라 그러한 색상을 만들어내는 염료의 세 종류를 가리킨다. 첫 번째 용어는 청색 또는 보라색을 띤 자주색 염료, 두 번째는 붉은빛을 띤 자주색 염료, 그리고 세 번째 용어는 주홍 또는 진홍색의 염료를 가리킨다. 가장 비싼 것에서 싼 것의 순으로 나열된 귀금속(금, 은, 동) 목록과 마찬가지로 염료도 가장 비싼 것에서 싼 것의 순으로 나열된다. 맨 처음 소개된 염료는 지중해의 달팽이로 만든 엄청나게 비싼 것이며, 세 번째 염료는 참나무에 서식하는 벌레로 만든 것이다. 첫 두 종류의 염료는 너무 비싸기 때문에 이 염료는 성경 시대 전반에 걸쳐 왕실과 밀접한 관계가 있다. 이 염료로 모직 실을 염색한 후 베로 만든 얇은 흰색 천에 이 염색된 실을 짜 넣는다(아마도 수놓는다고 말하는 것이 더 정확한 용어일 것 같다). 따라서 성막 내부 벽의 휘장들은 청색을 띠는 자주색과 붉은색을 띠는 자주색, 그리고 진홍색 모직 실로 그룹을 수놓은 아름답고도 밝고 순수한 흰색의 베로 만든 얇은 천이다.[11] 이 순수한 흰색 베는 왕실 배경을 지칭할 뿐만 아니라 순결함과 거룩함을 상징한다. 염료로 물들인 실로 그룹을 수놓는다는 것은 왕의 보좌가 있는 방과 같은 배경(내부에서도 볼 수 있는 금으로 입힌 채와 널판과 함께)을 강조하는 것이다.

이 베로 만든 천은 금으로 만든 갈고리로 연결해야 한다. 따라서 성소와

---

11 Hemel, "Linen," 3:666-67; Propp, *Exodus* 19-40, 373-74.

지성소를 모두 포함하여 성막의 내부는 청색, 자색, 홍색으로 그룹의 형상을 수놓은 흰 천으로 되어 있다.

베로 된 벽의 외부를 덮는 두 번째 층은 염소 털로 만든 천막과 같은 덮개다. 이것은 이스라엘 백성이 사는 수천 개의 장막에 사용되는 재료와 비슷하다. 금 갈고리로 연결된 베로 만든 벽과 달리 염소 털로 만든 두 번째 층은 동으로 된 갈고리로 연결되어 있다. 이것 위에 또 하나의 덮개가 있는데 (세 번째 층), 이것은 붉은색 물을 들인 숫양의 가죽으로 만든 것이다. 그 위의 네 번째 층은 명확하게 번역하기 어려운 히브리어 단어를 사용한다. 이러한 불확실한 의미는 여러 영어 성경에서 이 덮개를 언급하기 위해 매우 다양한 단어를 사용한다는 사실에서 드러난다(26:14). 예를 들면 "내구성이 좋은 가죽"(NIV), "돌고래 가죽"(NASB), "최상품 염소 가죽"(NRSV), "해달의 가죽"(KJV), "해우(sea cow) 가죽"(HCSB), "염소 가죽"(ESV) 등이다. 이 덮개는 내구성은 물론, 비가 침투하지 못하게 하는 방수성에 주안점을 둔 것으로 보인다.

이러한 네 겹의 소재는 모두 아카시아 나무로 만들어 금으로 싼 기둥과 띠가 이를 떠받친다. 이 띠들을 끼워 넣을 수 있는 고리 역시 금으로 만든다. 수직의 기둥은 은으로 만든 받침 위에 세운다.

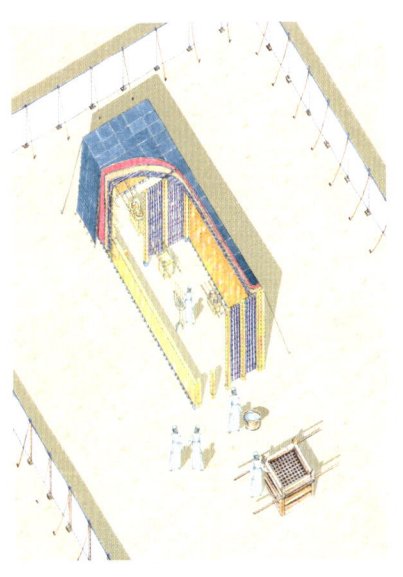

한 예술가가 성막 내부 구조의 모습을 표현한 것으로, 지성소의 언약궤, 성소의 분향단, 진설병이 놓인 상, 등잔대, 성막 앞뜰의 번제단과 물두멍이 보인다. 성막의 내부 벽은 밝은 흰색의 하얀 베로 만든 천 위에 청색, 자색, 홍색으로 그룹들을 수놓은 것임을 주목하라. Reconstruction. ⓒ Dr. Leen Ritmeyer.

휘장들(출 26:31-37; 36:35-38)

성소와 지성소는 4.6미터의 성막 전체를 가로지르는 특별한 "커튼"(NIV) 또는 "베일"(ESV)에 의해 나누어진다(출 26:31). 비록 여기서는 출애굽기 26:1에서 "휘장"으로 번역된 단어와는 다른 히브리어 단어가 사용되긴 하지만 직물의 소재(그룹을 수놓은 베로 된 천)는 동일하다. 다시 말하면 이 휘장은 가늘게 꼰 흰 베실로 짠 천에 청색, 자색 홍색 모직 실로 그룹을 수놓거나 짜 넣은 것이다. 이와 비슷한 천(휘장)이 성막 문을 가로질러 펼쳐져 있지만(26:36-37), 이 성막 문의 휘장은 청색, 자색, 홍색 실로 수놓은 베로 된 천으로 되어 있을 뿐, 그룹에 대한 언급은 없다. 다시 말하면 하나님이 임재하시는 지성소로 인도하는 휘장에는 수놓은 그룹이 있지만, 성소로 들어가는 문을 가리는 휘장에는 수놓은 그룹이 없다.

번제단(출 27:1-8; 38:1-7)

성막 앞뜰에는 번제단(출 27:1-8)과 물두멍(30:17-21)이라는 놋으로 만든 두 개의 큰 기구가 있다. 성막 안의 기구들은 금으로 혹은 금을 입혀 만든 반면, 성막 뜰에 있는 기구들은 놋으로 만들었음을 주목하라. 물론 놋 역시 매우 귀하고 비싼 것이지만 금만큼 비싸지는 않다. 따라서 뜰에서 성막을 향해 나아가면서 기구들이 놋에서 금으로 바뀌는 것은 하나님의 임재와 관련이 있는 거룩함과 영광의 상징적 의미를 더욱 극대화한다.

번제단은 가로 2.3미터에 세로 2.3미터의 정사각형이고, 높이는 1.4미터다. 이 번제단은 아카시아 나무로 만들어 놋을 씌운 것이며, 속이 파여 있어 상당히 가볍고 운반하기도 수월하다. 비록 세부적인 부분은 아주 명확하지는 않지만, 이 제단은 기본적으로 네 개의 벽과 벽 중간까지 오는 내부의 격자형 놋 그물로 구성되어 있다. 이로써 놋 그물 위에는 가로 2.3미터에 세로 2.3미터 그리고 높이 70센티미터 정도의 장작과 숯과 제물을 놓을 공간이 생긴다. 성소에 있는 이보다 훨씬 더 작은 분향단과 마찬가지로 이 제단도 네 모서리마다 "뿔"을 지니고 있다. 다시 말하면 각 모서리마다 벽의 일정 높이 위로 솟아 있는 돌출부가 있다는 것이다. 비록 성경은 이러한 제단 위의 "뿔"의 의미 혹은 목적을 설명하지는 않지만, 위에서 언급한 바와 같이 이러한 "뿔이 달린 제단"은 고대 세계에서 매우 흔한 것이었다. 구약성경에서 "뿔"이란 단어는 흔히 힘 혹은 능력을 상징하지만, 여기서 그러한 의미로 사용된 것으로 보이지는 않는다. 일부 학자들은 이것이 매우 실용적인 목적, 즉 제물로 바쳐진 동물을 제단 위에 고정시키기에 용이한 것이라고 말한다.

> "너는 조각목으로…제단을 만들되…놋으로 싸고"(출 27:1-2).

성막 뜰에 있는 이 놋 제단은 레위기 1-7장에서 설명하고 있는 거의 모든 제사와, 레위기 7:37에 요약되어 있는 번제, 소제, 속건제, 위임식, 화목제에 사용된다. 이러한 제사를 위한 제물로는 황소, 염소, 양, 산비둘기, 집비둘기, 다양한 곡식과 떡 등이 있다. 레위기에서는 여러 차례 짐승을 뜰 안에 있는 제단의 북쪽에서 도살하고 그 짐승의 피를 제단 아래에 뿌리고 나서 그 제단 위에서 짐승을 태우는 것에 관해 설명한다. 제사장은 이 제단 위의 불이 밤낮으로 계속해서 꺼지지 않도록 해야 한다(레 6:8-13).

물두멍(출 30:17-21; 38:8)

또한 하나님은 모세에게 번제단과 성막 사이에 있는 뜰에 놋으로 된 물두멍을 놓으라고 지시하신다. 이 물두멍은 제사장이 성막에 들어가기 전과 번제단 위에 제물을 드리기 전에 그들의 손과 발을 씻는 데 사용된다. 분향단과 마찬가지로 물두멍도 제사장의 일과 밀접하게 연관되어 있어 이것을 만들라는 지시는 성막과 뜰을 만들라는 지시(출 25-27장)보다는 제사장의 의복과 성결에 관한 지시(출 28-30장)와 함께 나타난다. 물두멍은 놋으로 제작해야 하고 놋 받침 위에 올려놓아야 한다는 지침 외에는 물두멍의 크기나 물두멍 제작을 위한 구체적인 지침이 따로 없다. 출애굽기 38:8은 이 놋으로 만든 물두멍이 성막 입구에서 봉사하는 여인들이 기증한 놋 거울로 제작된 것이라는 흥미로운 사실을 기록한다. 그 당시의 최상품 거울은 연마된 청동으로 만들었다. 이 본문은 비록 이 여인들이 어떻게 그곳에서 봉사하게 되었는지 혹은 각 개인의 거울로 어떻게 놋 물두멍을 만들었는지에 대한 내용을 구체적으로 밝히지는 않지만, 사람들이 대가 없이 자발적으로 기부한 물건들을 묘사하는 본문(출 25:1-2; 35:20-29; 36:2-7)으로 미루어보아 그들은 물두멍을 만들기 위해 자발적으로 자신들의 거울을 하나님께 헌물로 드린 것으로 보인다.

그러나 물두멍의 제작 목적은 제사장들을 깨끗게 하고 정결케 하기 위함이다. 그들은 번제단 위에 제물을 드리기 전이나 성소에 들어가기 전에 반드시 씻어야만 했다. 이것은 매우 중요한 요구 사항이며 이를 불순종하면 죽음이 뒤따른다. 이러한 구체적인 지침과 엄중한 경고는 하나님의 위험천만한 거룩하심을 강조할 뿐만 아니라 결과적으로 제사를 드리거나 하나님의 임재로 가까이 나아가기 전에 반드시 특별한 청결 및 정결 의식이 요구된다는 사실을 지속적으로 강조한다.

성막 뜰(출 27:9-19; 38:9-20)

성막은 높이 2.3미터의 세마포로 된 울타리 같은 휘장으로 둘러싸여 있는데, 이 휘장은 2.3미터 간격을 사이에 두고 세워진 기둥에 의해 지탱된다. 북쪽과 남쪽의 휘장 길이는 각각 45.8미터이며 동쪽과 서쪽의 휘장 길이는 22.9미터다. 따라서 성막 주변 둘레는 대략 가로 45.8미터에 세로 22.9미터 정도다. 미식축구 경기장이 가로 91.44미터에 세로 48.77미터이므로 성막 울타리는 미식축구 경기장의 약 사 분의 일에 해당한다. 본문은 기둥의 소재를 밝히고 있지 않지만, 기둥은 아마도 아카시아 나무로 만들었을 것이다. 기둥은 휘장으로 된 벽을 고정시키기 위해 은으로 된 가름대 및 갈고리와 함께 놋 받침 위에 세워야 한다. 놋으로 된 말뚝은 이 울타리 같은 휘장을 밑에서 한층 더 고정시켜주는 역할을 한다. 울타리의 동편에는 폭이 약 9미터 되는 입구가 있다. 이 문을 가로지르는 휘장은 청색, 자색, 홍색 실로 수를 놓았다는 점에서 나머지 울타리에 둘려 있는 휘장과 다르며 수놓은 것에 그룹이 없다는 점을 제외하면 성막 내부 벽 및 성막 입구의 휘장과 비슷하다.

한 예술가가 묘사한 공중에서 본 성막 뜰의 광경. Used by permission. Holman Illustrated Bible Dictionary, revised and expanded; B&H Publishing Group. © 2015; page 1526.

위에서 언급한 대로 뜰은 거룩함과 하나님께로 나아가는 세 단계 중 첫 번째 단계에 해당한다. 뜰에 사용된 귀금속은 놋과 은이다. 모든 이스라엘 백성은 뜰에 들어갈 수 있으며 바로 이곳이 그들이 제물을 가져오는 장소다. 그다음 단계는 제사장들만 들어갈 수 있는 성소인데, 이곳은 귀금속인 금이 사용되었다. 마지막으로 오직 대제사장만 일 년에 한 번 속죄일에 지성소에 들어가는데, 이곳도 오직 금으로만 장식되어 있다.

백성과 기증한 물건과 지시 사항 준수

출애굽기 25:2에서 하나님은 모세에게 "기쁜 마음으로 내는 자"들이 성막 건축을 위해 필요한 물품을 예물로 드린 것을 받으라고 지시하신다. 이것은 금, 은, 놋, 여러 종류의 옷감과 물건, 올리브 기름 등을 포함한다. 출애굽기 35:4-36:7에서는 마침내 모세가 사람들이 예물을 너무 많이 드렸기 때문에 더 이상 필요하지 않다고 말할 때까지 사람들이 어떻게 물품을 아낌없이 풍성하게 드렸는지를 상세하게 설명한다. 사실 출애굽기 38:21-31은 이스라엘 백성이 아낌없이 드린 엄청난 양의 물건을 나열한다. 이스라엘 백성은 아마도 이집트를 떠날 때 이집트인으로부터 이런 물건들을 취한 것으로 보인다(출 12:33-36). 출애굽기에 나타난 모든 성막 관련 이야기는 온 백성이 온 맘을 다해, 그리고 그들의 소유를 드려 성막 건축을 도왔다는 것을 확실히 보여준다.

 그뿐만 아니라 출애굽기 31:1-11에서 하나님은 특별히 브살렐을 선택하시고 그를 성막을 제작하는 장인들의 우두머리로 세우셨으며, "하나님의 영을 그에게 충만케 하여 지혜와 총명과 지식과 여러 가지 재주"를 그에게 주셨음을 모세에게 알리신다(3절). 그 후 하나님은 오홀리압이라는 사람을 브살렐의 최고 조수로 세우시고, 그를 포함하여 다른 숙련공들에게도 특별한 능력을 주신다. 또한 브살렐과 오홀리압은 필요한 공예 작업을 하는 여러 사람을 교육시킨다(35:30-36:1). 따라서 이스라엘 백성은 자신들의 소유를 자발적으로 드렸을 뿐만 아니라 자신들의 재능과 기술도 드렸으며, 성막 제작을 위해 필요한 기술을 소유한 사람들은 자원하여 자신들의 기술을 드렸다. 예를 들어 출애굽기 35:25은 "마음이 슬기로운 모든 여인은 손수 실을 빼고 그 뺀 [청색 자색 홍색 실과 가는 베] 실을 가져왔으며"라고 기록한다.

모세와 이스라엘 백성이 성막을 짓는 일을 할 때 출애굽기 본문은 그들이 하는 모든 일이 하나님이 그들에게 하라고 명하신 대로 한 것임을 거듭 강조한다. 출애굽기 39:32은 이것을 다음과 같이 요약한다. "이스라엘 자손이 이와 같이 성막 곧 회막의 모든 역사를 마치되 여호와께서 모세에게 명령하신 대로 다 행하고." 이와 같이 하나님의 명령 전체를 완벽하게 엄수한 사실은 성막 건축의 여러 단계에서 거듭 강조된다(출 39:1, 5, 7, 21, 25-26, 29, 31, 42-43; 40:19, 21, 23, 25, 27, 29, 32).

따라서 출애굽기의 이야기가 성막 건축을 묘사해나가면서 특별히 강조한 측면이 있다면 그것은 바로 이스라엘 백성이 하나님께서 그들에게 명령하신 대로 성막을 짓기 위해 자신들이 가진 소유와 재능을 자발적으로 드리는 마음이었다.

하나님의 영광이 성막에 충만하다

성막 건축의 목적은 하나님의 임재가 그의 백성 가운데 거하시고 그들과 함께 이동하기에 적합한 장소를 마련하는 것임을 기억하라. 출애굽기에 나타난 성막 이야기의 절정은 하나님이 실제로 그 성막에 거하시게 된 사건이다(출 40:34-38). 성막이 완성되자 구름 가운데 하나님의 영광이 성막에 내려오고, 그의 영광이 성막에 충만할 때 구름이 성막 전체를 덮었다. 출애굽기 40:38은 다음과 같이 선포하면서 출애굽기 전체를 마무리한다. "낮에는 여호와의 구름이 성막 위에 있고 밤에는 불이 그 구름 가운데 있음을 이스라엘의 온 족속이 그 모든 행진하는 길에서 그들의 눈으로 보았더라." 다시 한번 구름과 불(아마도 번개)이 하나님의 임재와 관련이 있다는 것과 하나님이 거하시는 지성소 앞의 성소에도 이와 유사한 분향단의 연기와 순금 등잔대의 타오르는 등불이 있다는 것을 기억하라.

성막에 거하시는 그리스도: 올바른 접근법과 잘못된 접근법

성막이 그리스도를 가리키고 그리스도 안에서 모든 것이 궁극적으로 성취되었다는 데는 의심의 여지가 없다. 그럼에도 한 가지 주의할 점이 있다. 그리스도와 옛 성막 사이에 핵심적인 스토리라인에 기초한 어떤 신학적 연관성이 존재한다고 해서 우리가 마음껏 상상의 나래를 펼쳐 성막의 세부적인 내용에까지 어떤 예언적인 의미를 부여하는 것은 결코 바람직하지 않다. 신약성경은 이 둘을 서로 이런 식으로 대비하지 않으며, 따라서 우리는 신약성경이 그리스도와 성막을 서로 연결하는 방식을 따라야 한다.

히브리서 8-9장은 옛 대제사장이 성막에서 제사를 드리는 것(출애굽기와 레위기에 설명되어 있는 것처럼)과 그리스도가 자신을 궁극적인 제물로 드리신 것을 서로 폭넓게 비교하는 내용을 담고 있다. 히브리서 8:1-5은 제사장들이 지상의 성막, 즉 인간에 의해 만들어졌고 단지 천상의 참된 성막

> "구름이 회막에 덮이고 여호와의 영광이 성막에 충만하매"(출 40:34).

의 그림자에 불과한 성막에서 섬겼다고 말한다. 그러나 그리스도는 자신을 궁극적인 제물로 드리고 나서 지성소로 들어가셨고 하나님의 보좌 우편에 앉으셨는데, 히브리서는 이 점을 반복적으로 강조한다(1:3; 8:1; 10:12; 12:12).

따라서 성막 안에 거하시는 그리스도를 탐구하기 위한 가장 기본적이고도 올바른 방법은 성막에 관한 모든 중요한 신학적 주제가 어떻게 그리스도 안에서 궁극적으로 성취되고 완성되는지를 관찰하는 것이다. 성막은 하나님의 임재가 그의 백성 가운데 거하시는 장소다. 즉 성막은 제사와 정결 예식을 통해 사람들이 그곳에서 하나님의 임재의 놀라운 복을 누리는 가운데 하나님을 만나고 예배하는 장소다. 하지만 시내산에서 주어진 "옛 언약"이라는 이 체계에는 한계가 있다. 옛 언약은 제사를 계속해서 끊임없이 드려야 한다. 정결 예식은 계속해서 반복되어야만 한다. 비록 하나님의 임재가 실제로 성막 안에 거하시긴 하지만, 그분께로 직접 나아갈 수 있는 특권은 대제사장에게만 국한되어 있으며 그가 지성소에서 하나님을 직접 만나는 일은 가득한 향연 속에서 오직 일 년에 한 번 속죄일에만 가능하다. 하나님의 임재 앞으로 나아가는 데 요구되는 성결에 도달한다는 것은 지속적인 도전이자 위험천만한 도전이다.

그리스도가 도입한 하나님의 임재를 만나는 방식은 모든 면에서 옛 성막의 방식보다 훨씬 더 뛰어나다. 그리스도가 단번에 드리신 완전한 제사는 더 이상 피 흘리는 제사가 필요 없게 만들었고, 이를 통해 그리스도는 그의 백성을 완전히 성결케 하시고 그들을 하나님 앞에서 전적으로 "거룩하다"고 선포하셨다. 이제 우리는 하나님 앞에서 거룩하게(또는 "성화") 되었기 때문에 점차적으로 높아지는 거룩함의 세 등급(뜰, 성소, 지성소)을 따라 하나님의 임재로부터 격리되었던 옛 이스라엘 백성과는 달리 우리에게는 그분 앞으로 직접 나아갈 수 있는 길이 열렸다. 오늘날 신자들은 그리스도 때문에 성막이 아닌 각 사람 안에 거하시는 성령을 모시고 산다. 따라서 그리스도의 희생과 그가 시작하신 새 언약은 오늘날 그리스도인이 예배와 봉사 속에서 하나님의 임재를 직접 경험할 수 있도록 해준다. 그는 우리 각 사람 안에 거하신다.

따라서 그리스도는 그의 더 나은 희생을 통해 보다 더 나은 정결함과, 보다 더 나은 성결함, 그리고 하나님의 임재 앞으로 나아가는 보다 더 나은 길을 열어주셨고, 그 결과 그는 우리에게 더 나은 예배와 교제, 만남 그리고 하나님과 함께하는 더 나은 삶을 허락해주신다. 이것들은 그리스도 안에서 성취된 성막의 중요하고도 기본적인 신학적 주제다. 성막은 그림자에 불과하고 그리스도는 실체다. 이것이 그리스도가 성막과 어떻게 연관되는지를 이해하는 가장 올바른 방법이다.

이와는 대조적으로 여러 작가와 강연자는 때로 자신들의 지나친 상상력을 동원하여 그리스도와 성막의 아주 미미한 세부 사항에서조차 **어떤** 유사성을 찾아내고자 노력한다. 예를 들자면 어떤 이들은 성막을 지지하는 기둥이 나무로 만들어졌다는 이유로 그것이 나무로 만든 십자가를 상징한다고 주장한다. 이와 마찬가지로 외부 휘장 벽을 고정하기 위한 놋 말뚝(KJV에서는 "핀"[pins])이 반은 땅에 묻히고 반은 보이게 한 것을 근거로 어떤 이들은 열 개의 말뚝이 그리스도의 죽음과 부활을 상징한다고 주장한다. 하지만 이렇게 심오하고 영적으로 보이는 유사성을 과연 우리 맘대로 마구 찾아내도 되는 것인가? 나무 기둥의 목적은 그저 단순히 성막을 지지하기 위한 것이며, 성막의 말뚝은 외부 벽을 고정하기 위한 것일 가능성이 훨씬 높다. 성막의 말뚝이나 나무 기둥 같은 성막의 세부적인 부분에서 그리스도와의 "심오한" 혹은 "영적인" 연결고리를 발견하려는 지나친 열심은 결국 그리스도인들을 보다 더 중심적이며 확실한 것—우리를 거룩하게 하고 하나님의 강력한 임재로 나아가게 하시는 완전한 희생제물이신 그리스도—으로부터 멀어지게 만든다.

4장

솔로몬의 성전

내가 참으로 주를 위하여 계실 성전을 건축하였사오니(왕상 8:13).

개요

이번 장에서는 솔로몬 왕이 세운 위대한 성전에 관해 논의할 것이다. 하지만 이 성전 이야기는 상당히 복잡하게 구성되어 있다. 왜냐하면 솔로몬이 매우 복잡한 인물이기 때문이다. 먼저 우리는 솔로몬을 겨냥하고 있는 듯 보이는 열왕기상의 신학적 비판을 검토할 것이다. 이어서 우리는 모세가 성막을 지은 방법과 솔로몬이 성전을 건축한 방법 사이의 극명한 차이를 살피는 데 얼마간의 시간을 할애할 것이다. 그다음 우리는 성전의 구조와 성전 관련 비품들을 설명하고, 또 이것들을 성막 안에 있는 이와 유사한 기구들과 비교할 것이다. 마지막으로 우리는 여러 왕이 솔로몬이 건축한 위대한 성전을 약탈하고 심지어 완전히 파괴해버린 이야기를 기록하고 있는 열왕기서 전반에 걸쳐 나타나 있는 성전의 비극적인 운명을 추적할 것이다.

솔로몬에 대한 성경의 묘사

열왕기상 1-11장에 기록된 솔로몬의 이야기에는 이 탁월한 왕에 대한 흥미롭고도 도전적인 찬사와 비판이 뒤섞여 나오는데, 특히 성경의 앞선 책들의 배경에서 읽으면 더더욱 그러하다는 것을 알 수 있다. 거의 각 장마다 그의 위대한 업적을 격찬하는 보고가 나오기 때문에 솔로몬에 대한 "찬사"는 손쉽게 눈에 띈다. 하지만 이에 대한 비판은 종종 간과되곤 하는데, 이러한 비판은 성경이 실제로 이 위대한 왕을 어떻게 조명하고 있는지를 이해하는 데 매우 중요하다. 또한 그것은 그가 지은 성전을 바라보는 우리의 관점을 결정 짓는 데도 중요한 역할을 할 것이다.

예를 들면 하나님은 이스라엘 백성이 약속의 땅으로 들어가기 전에 그들이 그 땅에서 그들 가운데 거하시며 그들에게 복 주시는 거룩하신 하나님과 함께 살기 위한 규범(즉 "율법")을 정하기 위해 그들에게 신명기를 주신 것이다. 신명기 17:14-20에서 하나님은 장차 이스라엘의 왕이 될 자에게 몇 가지 구체적이면서도 분명한 규정을 제시하신다.

1. 왕은 말(즉 병마), 특히 이집트에서 들여온 말을 많이 소유하지 말아야 한다(신 17:16).
2. 왕은 많은 아내를 두지 말아야 한다(신 17:17).
3. 왕은 은과 금을 많이 쌓아 두지 말아야 한다(신 17:17).
4. 왕은 율법(신명기)의 사본을 만들어 그것을 평생 동안 읽고 율법의 모든 말씀과 규례를 지켜 행해야 한다(신 17:18-19).

솔로몬의 이야기 말미(왕상 10:14-11:11)에 본문이 솔로몬이 첫 세 가지 규정을 노골적으로, 그리고 매우 심각하게 위반한 것을 강조하고 있다는 점은 상당히 충격적이다.

1. 솔로몬의 병거는 천사백 대였고 마병은 만이천 명이었는데 그 말의 대다수는 구체적으로 이집트에서 들여온 것이었다(왕상 10:26-29).
2. 솔로몬의 후궁은 칠백 명이었고 첩은 삼백 명이었다(왕상 11:3). 신명기 17:17의 "많은 아내"를 어떻게 해석하든지 간에 솔로몬의 천 명의 아내는 한계를 훨씬 뛰어넘은 것이다.
3. 솔로몬은 많은 은과 금을 쌓았다(왕상 10:14-22, 27).

네 번째 규정과 관련해서는 솔로몬이 율법(신명기)의 사본을 만들어 그것을 읽었다는 언급이 전혀 없다. 다시 말하면 열왕기상에 기록된 솔로몬의 이야기는 그가 계명을 지켰는지에 관해 침묵하고 있다. 한편 우리는 열왕기상 10-11장에 기록된 솔로몬의 이야기가 신명기 17장에서 왕에게 금한 세 가지(이집트의 말, 아내, 재물)를 모두 같은 단락에서 구체적으로 언급하고 있다는 점에 주목해야 한다. 이것은 결코 우연이 아니다. 이것은 오히려 열왕기상의 저자가 솔로몬 왕에게 구체적으로 주어진 신명기의 계명을 그가 어느 정도로 심각하게 위반했는지를 분명하게 지적하고 있는 것이다. 그러나 저자는 아이러니컬한 교묘함을 통해 솔로몬을 칭송하는 것처럼 보인다. 그는 "자, 어디 솔로몬이 얼마나 위대한지 한번 보라!"고 외치는 것 같다. 그리고 그는 곧바로 "솔로몬은 하나님이 신명기에서 말씀하신 왕이 지켜야 할 계명을 위반하는 데 있어 정말 탁월한 재능을 가졌다!"라고 덧붙인다.

또한 열왕기상 11:4-9에서는 솔로몬 왕에 대해 매우 부정적이면서도 최종적인 평가가 내려진다는 점에도 주목하라.

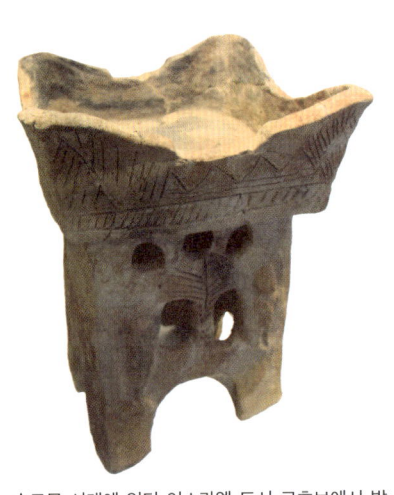

솔로몬 시대에 있던 이스라엘 도시 르호브에서 발견된 이방 여신 아세라를 위한 제단. © Baker Publishing Group and Dr. James C. Martin. Courtesy of the Israel Museum. Collection of the Israel Museum, Jerusalem, and courtesy of the Israel Antiquities Authority, exhibited at the Israel Museum, Jerusalem.

> 그의 여인들이 그의 마음을 돌려 다른 신들을 따르게 하였으므로…시돈 사람의 여신 아스다롯을 따르고 암몬 사람의 가증한 밀곰을 따름이라. 솔로몬이 여호와

의 눈앞에서 악을 행하여…모압의 가증한 그모스를 위하여…산당을 짓고…몰록을 위하여 그와 같이 하였으며, 그가 또 그의 이방 여인들을 위하여 다 그와 같이 한지라. 그들이 자기의 신들에게 분향하며 제사하였더라. 솔로몬이 마음을 돌려 이스라엘의 하나님 여호와를 떠나므로 여호와께서 그에게 진노하시니라. 여호와께서 일찍이 두 번이나 그에게 나타나시고.

우리는 솔로몬을 칭송하고 그의 위대한 업적에 찬사를 보내는 많은 장에 비추어 솔로몬의 이야기 말미에 그려지는 그에 대한 매우 부정적인 묘사를 과연 어떻게 이해해야 할까? 솔로몬은 과연 처음에 시작은 잘했지만, 그의 노후인 집권 말기에 가서 결국 하나님에게서 멀어진 것일까? 아니면 문제시되는 그의 신학적 특성이 그의 이야기 초반부터 나타나고 있는가? 또 아니면 이 내러티브가 긍정적인 묘사와 부정적인 묘사가 정신분열증적으로 혼합된 모습을 보여주는가?

만약 우리가 열왕기상 1-11장을 신명기(특히 왕에 대한 요구 사항을 제시하고 있는 신 17장)와 사무엘서(특히 사무엘이 왕의 제도가 가져다줄 부정적인 결과에 관해 이스라엘 백성에게 경고하는 삼상 8장)의 정황에서 읽는다면 우리는 솔로몬에 대한 매우 부정적인 묘사가 처음부터 나타나고 있음을 알 수 있다. 사실 열왕기상 1-11장에서 성경의 이야기는 솔로몬을 결코 칭송하지 않는다. 특히 본문을 맥락을 무시하고 피상적으로 읽으면 이 이야기는 마치 솔로몬과 그가 세운 왕국을 거듭해서 극찬하는 것처럼 보인다. 하지만 여기서 내레이터가 그의 독자(우

"솔로몬이 마음을 돌려 이스라엘의 하나님 여호와를 떠나므로 여호와께서 그에게 진노하시니라. 여호와께서 일찍이 두 번이나 그에게 나타나시고"(왕상 11:9).

리)와 아주 미묘한 문학 놀이를 하는 것처럼 보이는 단서가 여럿 포착된다. 표면적으로는 대놓고 분명하게 솔로몬을 칭송하는 것 같지만, 그는 무표정한 얼굴로 이야기를 전개해나가지 않으며, 자세히 들여다보면 그가 우리에게 어떤 눈짓을 보내고 있음을 알 수 있다. 본문은 표면상 솔로몬의 통치에 찬사를 보낸다. 본문의 세부 내용은 솔로몬이 이룩한 번영과 영화를 통해 독자들에게 감명을 주려는 의도를 갖고 있다. 하지만 또 다른 주제가 표면 아래 숨어 있는데, 이는 표면상 드러난 이야기가 간과하고 있는 여러 심각한 모순과 문제점을 조용히 그리고 역설적으로 지적한다.[1] 솔로몬은 그의 위대한 성전 및 왕궁을 중심으로 거대한 제국을 건설하면서 전 세계적으로 이름을 떨쳤다. 그러나 안타깝게도 그는 하나님을 향한 초심을 잃어버리고 급기야 하나님에게서 돌아섰으며, 그 결과 그는 성전에 거하시는 하나님의 임재의 핵심을 잃고 만다.

솔로몬 이야기의 중심—사실 많은 학자들은 이것이 솔로몬 이야기의 **절정**이라고 제안한다—에는 솔로몬의 성전 건축 이야기가 자리 잡고 있다(왕상 5-8장). 만일 열왕기상 1-11장에 나타난 솔로몬에 대한 묘사에 관해 내가 내린 결론이 타당하고, 성경의 내러티브 전반에 나타난 솔로몬에 관한 묘사가 상당히(그러면서도 미묘하게) 부정적이라면 우리는 성전 건축 이야기에서도 피상적인 찬사의 기저에 깔린 아이러니컬한 비판을 발견할 수 있을 것이다.

---

1 이 논지에 관한 추가적인 논의와 전개는 Hays, "To Praise Solomon or to Bury Him?"을 보라. 다소 의견 차이를 보이기도 하지만 전반적으로 나의 결론에 동의하는 연구는 Seibert, *Subversive Scribes*, 38-40; Pop, "Cultic Places in 1 Kings 1-11," 15-16; Jeon, "Pharaoh's Daughter," 15-40 등이다.

성전 건축 평가를 위한 배경으로서의 출애굽 이야기

열왕기상 저자는 성전 건축과 출애굽 이야기를 서로 명시적으로 연결한다. 예를 들면 저자는 열왕기상 6:1에서 "**이스라엘 자손이 애굽 땅에서 나온** 지 사백팔십 년이요, 솔로몬이 이스라엘 왕이 된 지 사 년 시브월 곧 둘째 달에 솔로몬이 여호와를 위하여 성전 건축하기를 시작하였더라"라고 기록한다. 더 나아가 열왕기상 6:1에 나타난 이러한 출애굽과의 구체적인 연관성은 출애굽 사건이 솔로몬 이야기 위에 드리워져 있는(그리고 왕상 12-14장에도 반영되어 있는) 보다 더 크고 만연해 있는 간본문적 그림자(intertextual shadow) 중의 하나임을 주목하라.[2] 성전 건축의

가나안 여신을 묘사한 이 작은 조각상은 아마도 바알의 배우자 아세라일 것이다. 이 여신은 솔로몬이 섬긴 시돈 사람들의 여신 아스다롯과 비슷하다(왕상 11:5). © Baker Publishing Group and Dr. James C. Martin. Courtesy of the Turkish Ministry of Antiquities and the Istanbul Archaeological Museums, Turkey.

---

2   열왕기상에 나타난 출애굽기 주제에 관한 연구는 다음과 같다. Frisch, "Exodus Motif"; Oblath, "Of Pharaohs and Kings"; Olley, "Pharaoh's Daughter, Solomon's Palace"; Jeon, "Pharaoh's Daughter," 29-32. 여러 주석가들도 이러한 연관성을 지적한다. 예를 들면 Nelson, *First and Second Kings*, 47은 "따라서 성전 건축은 하나님이 함께하신 이스라엘의 구원 역사의 한가운데에 있고 출애굽기에 나타난 최초의 구원 사건과 연계되어 있다.…히람은 제2의 브살렐로 묘사되어 있다(14절과 출 31:2-3을 비교하라). 일부 놋으로 제작된 기구들과 솔로몬이 금으로 제

구체적인 연대가 출애굽 사건과 연계되어 있을 뿐 아니라 출애굽 사건은 솔로몬의 이야기 전반에 걸쳐 자주 언급된다(예. "내가 내 백성 이스라엘을 애굽에서 인도하여 낸 날부터"; 왕상 8:16; 참조. 8:51, 53). 또한 출애굽과 관련이 있는 사건, 인물, 장소 등을 암시하는 수많은 용어가 솔로몬의 이야기 곳곳에 산재해 있다. 예를 들면 솔로몬의 이야기는 파라오와 그의 딸에 대해 자주 언급할 뿐만 아니라 강제 노역, 이집트의 병거, 홍해(히브리어: *Yom Suph*, "갈대의 바다") 등을 언급한다. 이러한 암시가 매우 노골적으로 나타나 있어 몇몇 학자는 내레이터가 실제로 솔로몬과 모세를 서로 비교하고 있다고 주장하기도 한다.[3] 따라서 솔로몬의 이야기가 빈번히 출애굽 사건을 직간접적으로 분명하게 암시하고 있어 솔로몬이 성전을 건축한 방식과 모세가 성막을 건축한 방식 간의 유사점과 현저한 차이점에 주목하는 것은 상당히 타당해 보인다.

모세와 솔로몬이 각각 성막과 성전을 지은 방식의 차이점

성막 건축 기사와 성전 건축 기사는 고대 근동 지방의 이스라엘 주변국들의 문헌에서 보편적으로 발견되는 기본 "신전 건축" 순서 혹은 양식을 따른다.

작한 기구들은 성막의 비품을 모방한 것이다."

[3] Parker, "Solomon as Philosopher King?," 81은 "솔로몬은 모세의 후계자로서 모세의 인생에 일어난 핵심 사건들을 재연한다. 그는 이스라엘 백성을 재판하고(참조. 출 18장과 왕상 3장), 관료 제도를 수립하며(참조. 민 2-3장과 왕상 4장), 법을 널리 보급하고(참조. 출 19-24장과 왕상 8장), 야웨를 위해 보좌를 짓고, 율법을 순종하는 자에게는 상을, 불순종하는 자에게는 벌을 약속한다(신 12-26장과 왕상 8장). 그러나 모세는 백성들을 이집트에서 이끌어 냈지만, 솔로몬은 이집트의 풍습과 관행을 받아들임으로써 상징적으로 이스라엘을 다시 이집트로 데리고 간다"(왕상 9-11장). 또한 Jeon, "Pharaoh's Daughter," 32; Frisch, "Exodus Motif," 14도 참조하라.

따라서 이 두 건축 기사의 기본적인 순서가 서로 유사하다는 점은 그리 놀랄 만한 일이 아니다.[4] 그러나 문학적 구조에서 드러나는 상호 유사점은 이 두 기사 간의 현저한 차이점을 한층 더 부각시킨다. 다음과 같은 세 가지 영역에서 매우 현저한 차이점이 나타난다.

1. 건축 기사에 나타난 하나님의 역할
2. 건축과 관련하여 이스라엘 백성의 역할과 자세와 참여
3. 건축에 참여한 주요 숙련공들의 정체와 훈련

그밖에도 핵심적인 것은 아니지만 여전히 중요한 몇 가지 차이점이 있다. 아카시아 나무(조각목) 대신 백향목을 사용한 것과 두 건축 프로젝트에서 서로 다른 건축 일정 계수 방식과 특정 달(월)을 언급한 것, 그리고 기타 관련 건축물에 관한 이슈가 그런 것인데, 우리는 이제 이를 좀 더 상세하게 탐구하고자 한다.

하나님의 역할

출애굽기에 기록된 성막 건축 이야기에서는 하나님이 직접 성막 건축을 추진하시고, 또 실제로 건축 이야기 전체를 **주도**하신다. 이것은 단지 암시되어 있는 것을 관찰한 것이 아니라 독자가 결코 놓칠 수 없게끔 이 이야기가 직접 강조한 것이다. 우선 하나님은 모세에게 성막과 이와 관련된 기구들을 어떻

---

4   Victor Hurowitz는 이것을 "전형적인 고대 근동 건축 기사"라고 부른다. 기본 형태는 다음과 같다. "(1) 건축 계획 결정과 신의 승인, (2) 건축을 위한 준비(재료, 장인 선정, 초석 놓기), (3) 건축 과정과 건물 및 비품에 대한 묘사, (4) 봉헌식 및 축하 행사, (5) 봉헌 기도, (6) 미래에 대한 신의 약속/계시/복과 저주." Hurowitz, *I Have Built You an Exalted House*, 109-10.

게 만들어야 하는지를 지시하실 때 일인칭 화법을 사용하신다. 실제로 출애굽기 25:1-31:17은 하나님이 모세에게 직접 말씀하시는 형태로 기록되어 있다. 이 내러티브 전체에 산재해 있는 다음과 같은 관련 어구와 구절의 목록을 한번 살펴보라.

여호와께서 모세에게 말씀하여 이르시되 "이스라엘 자손에게 명령하여 내게 예물을 가져오라" 하고(25:1-2).

내가 그들 중에 거할 성소를 그들이 나를 위하여 짓되, 무릇 내가 **네게 보이는 모양대로** 장막을 짓고 기구들도 그 모양을 따라 지을지니라(25:8-9).

너는 삼가 이 산에서 **네게 보인 양식대로** 할지니라(25:40).

너는 성막을 만들되 가늘게 꼰 베 실과…열 폭의 휘장을 만들지니(26:1).

그 성막을 덮는 막 곧 휘장을 염소 털로 만들되(26:7).

너는 조각목으로 성막을 위하여 널판을 만들어 세우되(26:15).

너는 조각목으로 띠를 만들지니(26:26).

너는 산에서 **보인 양식대로** 성막을 세울 지니라(26:30).

너는 조각목으로…만들되(27:1).

제단은 널판으로 속이 비게 만들되 산에서 **네게 보인 대로** 그들이 만들게 하라 (27:8).

내가 그 회막과 제단을 거룩하게 하며 아론과 그의 아들들도 거룩하게 하여 내게 제사장 직분을 행하게 하며 내가 이스라엘 자손 중에 거하여 그들의 하나님이 되리니, 그들은 내가 그들의 하나님 여호와로서 그들 중에 거하려고 그들을 애굽 땅에서 인도하여 낸 줄을 알리라. 나는 그들의 하나님 여호와니라(29:44-46).

여호와께서 모세에게 말씀하여 이르시되 "네가 이스라엘 자손의 수효를 조사할 때"(30:11-12).

여호와께서 모세에게 말씀하여 이르시되 "너는 물두멍을 놋으로 만들고"(30:17-18).

여호와께서 모세에게 또 말씀하여 이르시되 "너는 상등 향품을 가지되"(30:22-23).

여호와께서 모세에게 또 말씀하여 이르시되 "너는…향품을 가져다가"(30:34).

여호와께서 모세에게 말씀하여 이르시되 "내가…브살렐을 지명하여 부르고"(31:1-2).

지혜로운 마음이 있는 모든 자에게 내가 지혜를 주어 그들이 **내가 네게 명령한**

것을 다 만들게 할지니(31:6).

무릇 **내가 네게 명령한 대로** 그들이 만들지니라(31:11).

여호와께서 모세에게 말씀하여 이르시되 "너는 이스라엘 자손에게 말하여 이르기를"(31:12-13).

출애굽기 32-34장의 금송아지 숭배 사건은 성막 건축과 관련하여 하나님이 모세에게 지시하신 일을 크게 방해한다. 이 사건이 해결된 후 기사의 초점은 다시 성막 건축으로 되돌아온다. 하지만 문학 양식은 이제 조금 달라진다. 앞에서 이미 언급한 바와 같이 성막 이야기의 전반부, 즉 출애굽기 25-31장은 하나님이 직접 모세에게 말씀하시는 일인칭 화법으로 기록되어 있다. 즉 하나님 자신이 직접 모세에게 어떻게 성막을 만들어야 하는지를 지시하신다. 그러나 출애굽기 35장에서 시작되는 후반부에서는 이러한 패턴이 바뀐다. 출애굽기 35장에서 모세는 하나님으로부터 받은 지시 사항을 이스라엘 백성에게 전달하기 시작한다. 따라서 이제 이 모든 구체적인 명령을 전하고 감독하며 지시하는 사람은 모세이지만, 그는 여전히 이 명령을 아주 분명하게 하나님께로 귀속시킨다. 다시 한번 다음과 같은 본문을 살펴보자.

모세가 이스라엘 자손의 온 회중을 모으고 **그들에게 이르되**…(35:1).

모세가 이스라엘 자손의 온 회중에게 말하여 이르되 **"여호와께서 명령하신 일이 이러하니라"**(35:4).

마음에 자원하는 남녀는 누구나 **여호와께서 모세의 손을 빌어 명령하신 모든 것**을 만들기 위하여 물품을 드렸으니 이것이 이스라엘 자손이 여호와께 자원하여 드린 예물이니라(35:29).

모세가 이스라엘 자손에게 이르되 "볼지어다! **여호와께서…브살렐을 지명하여 부르시고**"(35:30).

브살렐과 오홀리압과 및 마음이 지혜로운 사람[은]…모두 **여호와께서 명령하신 대로** 할 것이니라(36:1).

출애굽기 37-38장은 숙련공, 특히 주도적인 역할을 담당하는 브살렐이란 이름의 이스라엘 사람에게 초점을 맞춘다. 이 기사는 삼인칭 단수(복수의 행동이 암시되어 있고, 대다수 영어 성경은 이를 복수로 번역한다)로 기록되어 있다. 그다음 출애굽기 39장은 건축 관련 기사를 마무리하면서 "여호와께서 모세에게 명령하신 대로"란 어구를 반복적으로 사용한다. 다음과 같은 구절에서 이러한 반복을 주목하라.

브살렐은 여호와께서 **모세에게 명령하신 모든 것**을 만들었고(38:22).

그들은 여호와께서 **모세에게 명령하신 대로**…아론을 위해 거룩한 옷을 만들었더라(39:1).

에봇 위에 에봇을 매는 띠를 에봇에 붙여 짰으니 여호와께서 **모세에게 명령하신 대로** 하였더라(39:5).

에봇 어깨받이에 달아…여호와께서 **모세에게 명령하신 대로** 하였더라(39:7).

청색 끈으로 흉배 고리와 에봇 고리에 꿰어…**여호와께서 모세에게 명령하신 대로** 하였더라(39:21).

방울과 석류를…번갈아 그 옷 가장자리로 돌아가며 달았으니 **여호와께서 모세에게 명령하신 대로** 하였더라(39:26).

가는 베 실과 청색 자색 홍색 실로 수놓아 띠를 만들었으니 **여호와께서 모세에게 명령하신 대로** 하였더라(38:29).

그 패를 청색 끈으로 관 전면에 달았으니 **여호와께서 모세에게 명령하신 대로** 하였더라(39:31).

이스라엘 자손이 이와 같이 성막 곧 회막의 모든 역사를 마치되 **여호와께서 모세에게 명령하신 대로** 다 행하고(39:32).

여호와께서 모세에게 명령하신 대로 이스라엘 자손이 모든 역사를 마치매, 모세가 그 마친 모든 것을 본즉 **여호와께서 명령하신 대로** 되었으므로 모세가 그들에게 축복하였더라(39:42-43).

제작한 성막을 실제로 세우는 과정을 다루는 출애굽기 40장에서는 하나님이 직접 말씀하시는 화법으로 되돌아가고(40:1) 모든 것을 하나님이 모세에게 명령하신 대로 행했다는 확언이 거듭 이어진다.

여호와께서 모세에게 말씀하여 이르시되 너는…성막 곧 회막을 세우고(40:1-2).

모세가 그같이 행하되 곧 **여호와께서 자기에게 명령하신 대로** 다 행하였더라 (40:16).

또 성막 위에 막을 펴고 그 위에 덮개를 덮으니 **여호와께서 모세에게 명령하신 대로** 되니라(40:19).

또 그 궤를 성막에 들여놓고…**여호와께서 모세에게 명령하신 대로** 되니라(40:21).

그는…떡을 진설하니 **여호와께서 모세에게 명령하신 대로** 되니라(40:22-23).

그는…등잔대를 놓아…**여호와께서 모세에게 명령하신 대로** 되니라(40:24-25).

그가…향기로운 향을 사르니 **여호와께서 모세에게 명령하신 대로** 되니라(40:26-27).

그는…번제단을 두고 번제와 소제를…드리니 **여호와께서 모세에게 명령하신 대로** 되니라(40:28-29).

그들이 회막에 들어갈 때와 제단에 가까이 갈 때에 씻었으니 **여호와께서 모세에게 명령하신 대로** 되니라(40:32).

출애굽기 25-31장과 35-40장에 나타난 성막 건축 기사 전체의 분명한 초점은 이스라엘 자손들이 하나님이 명시적으로 주신 명령대로 성막을 건축했다는 데 있다. 하나님은 성막 건축을 추진하시고, 그것을 짓는 방식을 명시적으로 지시하시며, 자신이 일러준 세부 사항에 전적으로 순종할 것을 요구하시고, 숙련공들에게는 그 일을 수행하는 데 필요한 기술을 부여하신다. 이 모든 것은 처음부터 끝까지 하나님이 구상하시고 계획하시고 감독하신 것이다.

이에 비해 열왕기상 5-8장의 성전 건축 기사는, 비록 기본적인 문학 구조를 동일하게 따르긴 하지만, 성막 건축 기사와는 현저하게 다르며 놀라우리만큼 대조를 이룬다. 여기서는 하나님이 전혀 관여하지 않으신다. 하나님은 성전 건축을 추진하지도 않으시고 설계 자료를 주시거나 건축 과정을 감독하지도 않으신다. 사실 여기서는 하나님과 그의 구두 명령이 아닌, 솔로몬 왕과 두로에서 온 두 명의 가나안 사람이 성전 건축 기사를 주도한다.

> 성전 건축 기사는 하나님과 그의 구두 명령이 아닌, 솔로몬 왕과 두로에서 온 두 가나안 사람이 주도한다.

그뿐만 아니라 출애굽기에서는 하나님이 모세에게 성막 건축에 필요한 예물을 백성들이 자원하여 가져오도록 지시하는 방식으로 계획을 추진하신다(25:1-7). 이어서 하나님은 성막 건축이 철저하게 **자신의** 설계대로 완성되어야 한다는 점을 명시하신다(25:8-9). 이와는 매우 대조적으로 열왕기상의 성전 건축 기사는 **가나안의** 한 도시인 두로의 왕 히람과의 정치·외교적 서신 교류로 시작한다(이스라엘 자손들은 가나안 땅을 정복하는 과정에서 가나안 사람들을 약속의 땅 밖으로 모두 몰아냄으로써 이스라엘이 가나안 종교의 영향을 받아 타락하지 않도록 해야 했음을 기억하라). 솔로몬은 히람에게 답장을 보내 하나님을 위한 성전 건축 계획을 그에게 알린다(왕상 5:5). 솔로몬은 하나님이 다윗에게 주신 약속(삼하 7장에 기록된)을 언급하고 자신이 바로 하나님이 성전을 세우시기 위해 택하신 인물이라는 점을 밝힘으로써 신적 권위를 주장한다. 그러나 솔로몬은 사무엘하 7장에 기록된 하나님의 동기와 말씀을 잘못 인용한다.[5] 혹자는 하나님이 실제로 성전을 짓기 위해 솔로몬을 선택하시고 이제 정말 성전 건축을 그에게 위임하셨다고 **추론**할 수 있지만, 이 중요한 기사 서두에 나타난 하나님의 침묵은, 특히 출애굽기의 성막 건축 기사 전반에 걸쳐 분명하면서도 반복적으로 나타나는 하나님의 말씀과 대조적인 모습을 보인다는 사실을 고려하면, 실로 시사하는 바가 크다.

앞에서 이미 논의한 바와 같이 출애굽기 25-31장은 하나님이 직접 일인칭 화법으로 말씀하시는 명령이 주를 이루고, 출애굽기 35-40장은 모세와 브살렐을 비롯해 백성들이 이 구체적이고 세밀한 하나님의 명령을 지키기 위해 어떻게 했는지를 반복해서 강조한다. 한편 이와는 매우 대조적으로 열왕기상 6장은 **솔로몬**과 그의 행동에 초점을 맞춘다. 다음과 같은 대표적인 예를 살펴보라.

솔로몬이 여호와를 위하여 **성전 건축하기를 시작하였더라**(6:1).

[**솔로몬**이] 성전을 위하여 창틀 있는 붙박이 창문을 내고(6:4).

솔로몬이 성전 건축하기를 마치고(6:14).

---

5 참조. Hays, "To Praise Solomon or to Bury Him?," 166-67. 솔로몬은 사무엘하 7장에서 하나님이 성전 건축을 위한 다윗의 제안을 거절하신 이유를 잘못 이해할 뿐만 아니라 하나님의 말씀을 인용하면서 "씨"를 "아들"로 교체한다. 어쩌면 솔로몬이 다윗이 "사방"을 향해 전쟁을 벌임으로 인해 성전을 지을 수 없었지만, 하나님이 솔로몬에게 "평안"(히브리어는 문자적으로 "안식/휴식")을 주셨기 때문에 그가 성전을 지을 수 있었다고 말하는 것이 더 중요할 수도 있다. 그러나 사무엘하 7:1은 하나님이 그의 모든 원수들을 무찔러 **평안히 살게 하셨고**(동일한 형태의 동일한 히브리어 용어), 이로 인해 다윗이 성전 건축에 관해 여쭙게 되었다고 말한다.

> [**솔로몬이**] 성전의 안벽…에 입히고(6:15).

> [**솔로몬이**] 널판으로 가로막아(6:16).

> [**솔로몬이**] 그 내소의 안은 정금으로 입혔고(6:20).

> [**솔로몬이**] 내소 안에 두 그룹을 만들었는데(6:23).

> **솔로몬이** 내소 가운데 그룹을 두었으니(6:27).

> [**솔로몬이**] 내외 성전 마루에는 금으로 입혔으며(6:30)

> [**솔로몬이**] 감람나무로 문을 만들었는데(6:31).

> [**솔로몬이**] 안뜰을 만들었더라(6:36).

열왕기상 6장에 나타난 하나님의 유일한 말씀은 이야기의 흐름을 끊으면서 율법에 순종할 것을 강조하는 경고의 말씀뿐이다.

> 네가 지금 이 성전을 건축하니 네가 만일 내 법도를 따르며 내 율례를 행하며 내 모든 계명을 지켜 그대로 행하면 내가 네 아버지 다윗에게 한 말을 네게 확실히 이룰 것이요, 내가 또한 이스라엘 자손 가운데 거하며 내 백성 이스라엘을 버리지 아니하리라 하셨더라(6:12-13).

따라서 하나님은 솔로몬이 건축한 사치스러운 성전을 노골적으로 인정하거나 칭찬하신 것이 아니라 주의를 촉구하는 경고를 하신 것이다. 하나님께 있어 성전 건물은 하나님이 솔로몬에게 정말 바라시는 신실함과 순종에 비하면 훨씬 덜 중요한 것이다. 그런데 놀랍게도 솔로몬은 여기서 하나님의 율례, 법도, 계명을 지키겠다는 약속으로 반응하지 않았다. 여하튼 이 기사는 솔로몬의 즉각적 반응을 그다음 구절인 6:14에 다음과 같이 기록한다. "솔로몬이 성전 건축하기를 마치고."[6] 사실 하나님은 솔로몬에게 언약을 지키고 그의 법도에 순종할 것을 요구하신 것이다. 그러나 솔로몬은 언약을 지키거나 하나님의 법도에 순종하지 않았다. 그 대신 그는 (이 기사가 보여주듯이) 성전을 건축한다.

또한 열왕기상 7:13-51에 기록된 중요한 성전 기구 제작에 관한 기사에서도 하나님의 개입과 관련하여 성전 기사와 성막 기사 간의 중요한 차이점이 분명하게 나타난다. 출애굽기 37-39장은 브살렐이 하나님의 영이 충만하여 "여호와께서 모세에게 명령하신 대로" 정확히 어떻게 성막의 기구들을 제작했는지를 강조한다. 하지만 열왕기상 7:13-51에서는 하나님의 명령 혹은 하나님의 숙련공 선택에 관한 언급이 전혀 없다. 솔로몬은 **가나안** 도시인 두로에서 히람이라는 명장을 고용한다. 이 단락은 히람이 주어인 동사가 지배적으로 나타난다. 몇 가지 예를 들자면 다음과 같다.

그[**히람**]는 놋기둥을 만들었으니(7:15).

---

[6] 이 이야기는 하나님의 순종 촉구에 대한 솔로몬의 반응이 궁극적으로 어떠했는지를 명확히 우리에게 일러주는 열왕기상 11:10-11까지 잠시 중단된다. "그가 여호와의 명령을 지키지 않았으므로 여호와께서 솔로몬에게 말씀하시되 '네게 이러한 일이 있었고 또 네가 내 언약과 내가 네게 명령한 법도를 지키지 아니하였으니 내가 반드시 이 나라를 네게서 빼앗아 네 신하에게 주리라'."

그가 또 바다를 부어 만들었으니(7:23).

그가 또 물두멍 열 개를 놋으로 만들었는데(7:38).

"여호와께서 모세에게 명령하신 대로"가 반복적으로 나타나는 성막 기사와는 대조적으로 성전 기사는 **"히람은**…솔로몬 왕에게 와서 그 모든 공사를 하니라"(7:14)로 시작해서 **"히람이** 솔로몬 왕을 위하여 여호와의 전의 모든 일을 마쳤으니"(7:40)로 끝맺는다.

솔로몬은 150,000명의 일꾼과 함께 적어도 30,000명의 이스라엘 백성을 징집한다. 이 아시리아의 양각 부조에는 톱, 곡괭이, 삽을 들고 있는 일꾼들이 보인다. © Kim Walton. Courtesy of the British Museum.

이스라엘 백성의 태도와 역할

성막 기사와 성전 기사에 나타난 백성들의 태도와 역할에서도 또다시 현저한 차이점이 나타난다. 성막 기사를 다룬 출애굽기에서는 내레이터가 반복적으로 이스라엘 백성이 성막을 만들기 위해 아무런 대가 없이 자원하여 일하고 성막 건축을 위해 필요한 예물을 자원하여 가져온 사실을 강조한다. 다음과 같은 본문을 살펴보라.

여호와께서 모세에게 말씀하여 이르시되 "이스라엘 자손에게 명령하여 내게 예물을 가져오라 하고 **기쁜 마음으로 내는 자**가 내게 바치는 모든 것을 너희는 받을지니라"(25:1-2).

마음에 원하는 자는 누구든지 그것을 가져다가 여호와께 드릴지니 곧 금과 은과 놋과(35:5).

마음이 감동된 모든 자와 자원하는 모든 자가 와서 회막을 짓기 위하여…여호와께 드렸으니(35:21).

곧 **마음에 원하는** 남녀가 와서…여러 가지 금품을 가져다가 사람마다 여호와께 금 예물을 드렸으며(35:22).

마음에 감동을 받아 슬기로운 모든 여인은 염소 털로 실을 뽑았으며(35:26).

마음에 자원하는 남녀는 누구나 여호와께서 모세의 손을 빌려 명령하신 모든 것을 만들기 위하여 물품을 드렸으니, 이것이 이스라엘 자손이 여호와께 자원하여 드린 예물이니라(35:29).

백성이 아침마다 **자원하는 예물**을 연하여 가져왔으므로(36:3).

성소의 모든 일을 하는 지혜로운 자들이 각기 하는 일을 중지하고 와서 모세에게 말하여 이르되 "**백성이 너무 많이 가져오므로** 여호와께서 명령하신 일에 쓰기에 남음이 있나이다"(36:4-5).

모세가 명령을 내리매…"남녀를 막론하고 성소에 드릴 예물을 다시 만들지 말라" 하매 백성이 가져오기를 그치니 있는 **재료가 모든 일을 하기에 넉넉하여 남음이 있었더라**(36:6-7).

출애굽기에 나타난 성막 건축 기사는 백성들이 자원하여 성막을 위해 예물을 가져왔고 성막을 위해 자원하여 일했다는 사실을 반복해서 강조한다. 이러한 사실은 본문에 강조되어 나타나 있고 이러한 강조점은 결코 간과할 수 없다.

그러나 놀랍게도 열왕기상 5장은 이와는 충격적인 대조를 이룬다. 솔로몬은 성전 건축을 위해 필요한 중노동을 시키려고 이스라엘 백성을 강제노동자로 **징용한다**. 다음과 같은 구절을 주목하라.

솔로몬 왕이 온 이스라엘 가운데서 역군을 불러일으키니 그 역군의 수가 삼만 명이라. 솔로몬이 그들을 한 달에 만 명씩 번갈아 레바논으로 보내매 그들이 한 달은 레바논에 있고 두 달은 집에 있으며 아도니람은 감독이 되었고(5:13-14).

솔로몬에게 또 **짐꾼이 칠만 명이요** 산에서 **돌을 뜨는 자가 팔만 명이며** 이 외에 그 사역을 감독하는 삼천 삼백 명이라. 그들이 일하는 백성을 거느렸더라(5:15-16).

이에 왕이 **명령**을 내려 크고 귀한 돌을 떠다가 다듬어서 성전의 기초석으로 놓게 하매 (5:17).

"이에 솔로몬 왕이 온 이스라엘 가운데서 역군을 불러일으키니 그 역군의 수가 삼만 명이라"(왕상 5:13).

니느웨의 산헤립 왕궁에 있던 양각 부조(기원전 700-692년)는 대규모 왕실 건축 사업에서 일하고 있는 강제노동자들을 묘사하고 있다. © Baker Publishing Group and Dr. James C. Martin. Courtesy of the British Museum, London, England.

열왕기상 5:13에서 솔로몬은 이스라엘 백성 삼만 명을 징용한다. 열왕기상 5:15에서는 국적을 밝히지 않은 150,000명의 노동자를 더 언급한다.[7] 솔로몬이 성전을 건축한 방식은 모세가 출애굽기 25-31, 35-40에서 성막을 세운 방식보다 파라오가 출애굽기 1-5장에서 그의 건축 프로젝트를 위해 이스라엘 백성을 가혹하게 노예로 삼은 것과 훨씬 더 닮았다.

이러한 맥락에서 성전 건축 프로젝트가 지닌 아이러니를 주목하라. 성막 건축과 마찬가지로 온 이스라엘이 예루살렘 성전에 모여 함께 예배를 드리는 일은 기쁜 일이자 민족을 하나로 통합하는 일이어야 한다. 그러나 아이러니하게도 성전 건축에(그리고 솔로몬의 왕궁에도) 강제노역이 수반되었고, 이것은 결국 솔로몬이 죽고 난 직후 무참한 내전을 야기하고 나라를 둘로 나뉘게 만든다(왕상 12:1-24). 따라서 성전을 건축한 방식은 실제로 북이스라엘의 열 지파가 따로 분리되는 결과를 가져왔고, 그들은 (더욱더 아이러니하게도) 예루살렘에 있는 성전을 거부하고, 그 대신 두 송아지 우상을 숭배하기 위한 장

---

[7] 열왕기상 5:13-16; 9:20-23은 솔로몬의 건축 사업을 위해 동원된 강제노역 노동자들을 언급한다. 두 본문은 약간의 차이를 보인다. "To Praise Solomon or to Bury Him?," 167에서 나는 이 차이를 다음과 같이 설명한다.

"이 본문에서 솔로몬은 한 달 일하고 두 달 쉬며 교대 근무를 하는 30,000명의 이스라엘 백성을 징집한다. 본문은 이 일꾼들이 분명히 이스라엘 사람이라고 밝힌다. 이외에도 솔로몬에게는 본문에서 국적을 밝히지 않은 석공들과 운반하는 일꾼들이 있었다. 그러나 열왕기상 9:22에서 내레이터는 솔로몬이 이스라엘 백성을 노예 노동자가 아닌 군인과 관리로 삼고 다른 타민족들을 노예 노동자로 징집했다고 말한다. 이 두 본문에서 사용된 용어는 약간 다르며(5:13에서는 mas, 9:22에서는 mas 'ebed), 여러 학자들은 그들 사이에 신분의 차이가 있었다고 주장한다. 이스라엘 백성은 삼 분의 일에 해당하는 시간만 일하면 되고, 따라서 그들은 결과적으로 강제노역 노동자이긴 했지만 영구적인 노예는 아니었다. 하지만 가나안 족속과 그 땅에 거주하는 다른 민족들은 강제적으로 영구적인 노예가 되어야만 했다."

두 본문 사이의 갈등을 어떻게 해결하든지 간에 5:13은 상당히 많은 이스라엘 백성이 성전에서 일하도록 강요받았음을 명확히 밝힌다. 더욱이 솔로몬이 죽은 후 열왕기상 12장에 기록된 강제노역에 대한 폭발적인 반응에 비추어 보면 이 강제노역은 결코 자발적이거나 유쾌한 것이 아닌 것으로 보인다.

소를 건축하는데, 이는 출애굽기 32장의 비참하면서도 결코 간과할 수 없는 신학적 반향을 또다시 보여준다(왕상 12:25-33).

주요한 숙련공들의 정체와 교육

성막 건축 기사와 성전 건축 기사는 모두 주요한 숙련공들과 그들의 작업을 설명하는 데 많은 지면을 할애한다. 그런데 이 두 기사는 이 주제와 관련해서도 매우 다른 특징을 나타낸다.

성막 기사의 장인들은 본문이 강조하는 세 가지 특징을 지니고 있다. (1) 그들은 자신들이 하는 작업을 주도하시는 하나님께로부터 선택을 받았다. (2) 그들은 이스라엘 백성 중에서 선출되었다. (3) 그들은 그들에게 맡겨진 예술적인 일을 수행하고 또 다른 기능공들에게도 가르칠 수 있는 능력을 하나님으로부터 부여받았다. 출애굽기의 성막 건축 기사에서는 이와 같은 세 가지 중요한 핵심을 다음과 같은 본문에서 발견할 수 있다.

> 너는 무릇 마음에 지혜 있는 모든 자 곧 **내가 지혜로운 영으로 채운 자들에게** 말하여 아론의 옷을 지어 그를 거룩하게 하여 내게 제사장 직분을 행하게 하라 (28:3).

> 여호와께서 모세에게 말씀하여 이르시되 "내가 유다 지파 훌의 자손요 우리의 아들인 브살렐을 지명하여 부르고 **하나님의 영을 그에게 충만하게 하여 지혜와 총명과 지식과 여러 가지 재주로** 정교한 일을 연구하며 금과 은과 놋으로 만들게 하며"(31:1-4).

> 내가 또 단 지파 아히사막의 아들 오홀리압을 세워 그와 함께하게 하며 지혜로

운 마음이 있는 모든 자에게 **내가 지혜를 주어 그들이 내가 네게 명령한 것을 다 만들게 할지니**, 곧 회막과 증거궤와 그 위의 속죄소와 회막의 모든 기구와(31:6-7).

무릇 너희 중 마음이 지혜로운 자는 와서 여호와께서 명령하신 것을 다 만들지니(35:10).

모세가 이스라엘 자손에게 이르되 "볼지어다! 여호와께서 유다 지파 훌의 손자요 우리의 아들인 브살렐을 지명하여 부르시고 **하나님의 영을 그에게 충만하게 하여 지혜와 총명과 지식으로** 여러 가지 일을 하게 하시되, 금과 은과 놋으로 제작하는 기술을 고안하게 하시며, 보석을 깎아 물리며, 나무를 새기는 여러 가지 정교한 일을 하게 하셨고, 또 그와 단 지파 아히사막의 아들 오홀리압을 감동시키사 **가르치게 하시며, 지혜로운 마음을 그들에게 충만하게 하사** 여러 가지 일을 하게 하시되 조각하는 일과 세공하는 일과…"(35:30-35).

"브살렐과 오홀리압과 및 마음이 지혜로운 사람 곧 **여호와께서 지혜와 총명을 부으사 성소에 쓸 모든 일을 할 줄 알게 하신 자들은** 모두 여호와께서 명령하신 대로 할 것이니라." 모세가 브살렐과 오홀리압과 및 마음이 지혜로운 사람 곧 **그 마음에 여호와께로부터 지혜를 얻고 와서 그 일을 하려고 마음에 원하는 모든 자를** 부르매(36:1-2).

일하는 사람 중에 마음이 지혜로운 모든 사람이 열 폭 휘장으로 성막을 지었으니(36:8).

브살렐이 조각목으로 궤를 만들었으니(37:1).

유다 지파 훌의 손자요 우리의 아들인 브살렐은 여호와께서 모세에게 명령하신 모든 것을 만들었고 단 지파 아히사막의 아들 오홀리압이 그와 함께하였으니 (38:22-23).

그러나 성전 건축 기사에 나타난 주요한 숙련공들은 놀랍고 충격스러울 정도로 이와 대조를 이룬다. 우선 여기서는 히람이라는 단 한 명의 숙련공만이 언급된다.[8] 비록 이 본문이 다른 숙련공들에 대해 침묵하고 있긴 하지만, 히람이 과연 다른 숙련공들을 대표하는 전형적인 인물이었는지는 의구심이 남는다. 우리는 출애굽기에 나타난 숙련공들과는 대조적으로 히람에 관해 다음과 같이 정리할 수 있다.

1. 히람은 하나님이 아닌 솔로몬의 선택을 받았다.
2. 그의 어머니는 납달리 지파의 과부이지만, 그의 아버지는 "두로 사람"(즉 가나안 사람)이다.
3. 그는 하나님의 영을 통해 능력을 받지 못했다.

사실 솔로몬은 히람의 경험과 명성을 근거로 그를 선택한다(그는 두로에서도 이방 신전들을 지었을까?). 또한 성막 기사에 나타난 숙련공들은 하나님이 모세에게 명령하신 대로 모든 것을 만들기 위해 일했지만, 열왕기상의 성전 내러티브에서 히람은 솔로몬을 위해 일했다. 관련 본문은 다음과 같다.

---

[8] 이 사람의 이름의 히브리어 철자는 두로 왕 히람과 동일하지만, 명백히 그들은 서로 다른 사람이다. 나는 NIV에서와 같이 히람(Huram)이라는 표현을 따를 것이다.

솔로몬 왕이 사람을 보내어 히람을 두로에서 데려오니 납달리 지파 과부의 아들이요 그의 아버지는 두로 사람이니 놋쇠 대장장이라. 이 히람은 모든 놋 일에 지혜와 총명과 재능을 구비한 자이더니 솔로몬 왕에게 와서 그 모든 공사를 하니라(7:13-14).

이와 같이 히람이 솔로몬 왕을 위하여 여호와의 전의 모든 일을 마쳤으니(7:40).

히람이 솔로몬 왕을 위하여 여호와의 성전의 이 모든 그릇을 빛난 놋으로 만드니라. 왕이 요단 평지에서 숙곳과 사르단 사이의 차진 흙에 그것을 부어 내었더라(7:45-46).

브살렐과 오홀리압과는 대조적으로 히람은 놋을 다루는 일만 한다. 다른 모든 예술적인 작업을 설명하는 성전 내러티브에서는 건축과 관련된 모든 동사의 주어가 솔로몬이다("솔로몬이 건축하고…솔로몬이 입히고…솔로몬이 나누고…솔로몬이 마련하고…솔로몬이 아로새기고" 등등; 왕상 6:14-36). 분명히 실제로는 수많은 숙련공이 이 일에 가담했고, 솔로몬의 역할은 이 프로젝트를 계획하고 총괄하는 것이었겠지만, 이 이야기 속에는 다른 일꾼에 대한 언급이 전혀 없다. 성막 기사에서는 하나님이 어떻게 주요한 숙련공들에게 능력을 부어 주셔서 그들이 백성 중 다른 일꾼들을 가르치고, 또 그 결과로 백성 전체가 자발적으로 성막 건축 및 장식에 참여했는지를 강조하는 반면, 성전 기사에서는 모든 예술적인 작업이 두로 사람 히람과 솔로몬 왕에 의해 진행된다. 물론 거기에는 당연히 거대한 돌을 채석하고 백향목을 운반한 150,000명 이상의 무명의 노예와 강제노동자도 있었다.

다른 차이점

성막 기사와 성전 기사 사이에는 주목할 만한 차이점이 더 있다. 우선 이 두 기사는 서로 다른 목재를 사용한다. 성막에는 아카시아 나무(조각목)가 사용됐지만, 성전에는 백향목이 사용된다. 언뜻 보기에는 중요해 보이지 않지만, 두 기사 모두 특정 목재가 재료로 사용되었다는 점을 특별히 강조한다. 따라서 출애굽기 25-30장과 35-38장의 성막 기사에서는 백향목에 대한 언급은 전혀 없고 "조각목"이 스물여섯 번이나 언급된다. 열왕기상 5-7장의 성전 기사에서는 조각목에 대한 언급은 전혀 없고 "백향목"이 열일곱 번 언급된다. 왜 광야에 있던 이스라엘 백성은 성막을 짓기 위해 아카시아 나무(건조한 지역에서 자라는)를 사용하고, 솔로몬은 (레바논에서 수입한) 더 비싼 백향목을 사용하여 성전을 지었는지에 대한 현실적인 운송상의 이유를 제시하는 것은 그리 어렵지 않다. 하지만 미묘한 신학적 평가를 내리기 위해 기사의 세부 내용을 깊이 살펴본다면, 문학적 혹은 신학적인 관점에서 현실적인 이유는 이 두 재료가 왜 반복해서 언급되고 강조되었는지(즉 조각목 26회 언급과 백향목 17회 언급)를 제대로 설명해주지 못한다.

그렇다면 성전 기사에서 백향목이 내포하고 있는 의미는 무엇인가? 이것은 이전에 사무엘하 7장에서 하나님과 다윗이 성전에 관해 나눈 대화와 관련이 있다. 다윗은 "볼지어다! 나는 백향목 궁에 살거늘 하나님의 궤는 휘장 가운데 있도다"라고 말한다(삼하 7:2). 하나님은 "내가 이스라엘 백성을 애굽에서 인도하여 내던 날부터 오늘까지 집에 살지 아니하고 장막과 성막 안에서 다녔나니, 이스라엘 자손과 더불어 다니는 모든 곳에서 내가 내 백성 이스라엘을 먹이라고 명령한 어느 지파들 가운데 하나에게 내가 말하기를 '너희가 어찌하여 나를 위하여 백향목 집을 건축하지 아니하였느냐'고 말하였느냐?"(삼하 7:6-7)라고 말씀하신다. 따라서 하나님은 사실 다윗에게 자신은 백향목으로 만든 집에 살기를 원치 않고, 성막에 거하시는 것에 만족하신다고 말씀하시는 것 같다.

솔로몬은 두로의 레바논의 백향목을 베어 그것을 예루살렘 근처의 항구까지 배로 운송할 수 있도록 두로 왕 히람과 협정을 맺는다. 아시리아의 이 양각 부조는 이와 비슷한 벌목과 해운 사업을 보여주고 있다. © Baker Publishing Group and Dr. James C. Martin. Courtesy of the Musée du Louvre; Autorisation de photographer et de filmer. Louvre, Paris, France.

더 나아가 "백향목"과 "레바논의 나무"(백향목은 그 지역에서 얻음)는 구약의 예언서에서 자랑, 자만, 교만 등을 상징적으로 표현하는 데 흔히 사용된다.[9] 그

---

9   Ryken, Wilhoit and Longman, *Dictionary of Biblical Imagery*, 499, 891.

뿐만 아니라 예언자들은 백향목이 파괴되고 백향목 널빤지가 불타는 것을 흔히 심판을 가리키는 이미지로 사용한다(참조. 특히 사 2:12-17; 37:24; 렘 22:6-7, 13-14; 겔 31:1-18; 습 2:14). 따라서 하나님께서 백향목으로 지은 집을 원하시리라는 생각을 일축하신 것은(삼하 7:7) 예언서 전체에서 백향목을 부정적인 비유로 사용한 것과 일치한다. 이러한 관점에서 볼 때 조각목이 백향목으로 바뀐 것은 적어도 부정적인 의미가 담겨 있다고 볼 수 있다.[10] 또한 열왕기상 9:11은 솔로몬이 백향목(그리고 다른 물자들)의 대가로 갈릴리 땅의 성읍 스무 곳을 두로 왕 히람에게 주었다는 것을 무심코 언급한다. 어떻게 이런 일이 일어날 수 있을까? 이스라엘 왕은 단지 목재와 널빤지 값을 지불하는 대가로 약속의 땅을 다시 가나안 족속에게 돌려주고 있는 것인가? 이것은 여호수아서에서 하나님이 명령하신 가나안 정복을 다시 되돌리는 것이다.

또 다른 중요한 차이점은 이 두 기사에서 대조적으로 나타나고 있는 시간에 대한 언급이다. 성막 기사와 성전 기사는 모두 각각 건축 기간이 얼마나 걸렸는지, 또 언제 성소가 각각 완성되었는지를 구체적으로 언급

"[솔로몬 왕이] 갈릴리 땅의 성읍 스무 곳을 히람에게 주었으니"(왕상 9:11).

한다. 성막 기사는 건축이 완성된 날짜를 출애굽 사건과 히브리식 월력(월을 서수로 언급함. 즉 첫째 달, 둘째 달 등등)을 사용하여 기록한다. 따라서 출애굽기

---

[10] 예를 들면 Walter Brueggemann(*1 & 2 Kings*, 79)은 다음과 같이 말한다. "이러한 불길한 전망은 예언서에서 '백향목'이 자율성과 무관심을 야기하는 풍요의 상징으로 여겨진다는 인식으로 인해 뒷받침된다.…두로 및 **백향목**과 관련하여 솔로몬은 이스라엘을 참된 야웨[이스라엘의 하나님] 신앙의 정체성에서 돌아서게 하는 자로 인식될 수도 있다. 두로와의 연대와 백향목에 대한 투자가 모두 성전의 문맥에서 나오므로 솔로몬의 성전은 기껏해야 모호한 업적 정도로 볼 필요가 있다. 성전은 분명히 야웨[이스라엘의 하나님]의 영광을 위한 것이지만, 이 본문은 또한 중요한 측면에서 성전이 야웨 신앙을 위험하게 왜곡시킨 것이기도 하다는 사실을 암시하는 것 같다."

40:17은 "둘째 해 첫째 달 곧 그달 초하루에 성막을 세우니라"라고 기록한다. 출애굽기 기사에서 이스라엘 백성은 셋째 달에 시내 광야에 도착한다(출 19:1). 따라서 모세가 산 위에서 보낸 40일을 고려하면 성막 건축 기간은 7개월에서 8개월 정도라는 계산이 나온다. 따라서 본문은 모세가 **즉시** 언약궤와 다른 기구들을 성막 안에 들여놓았고, 바로 그때 하나님의 영광이 성막을 가득 채웠음을 암시한다(출 40:20-35).

하지만 성전 기사에 대한 시간 언급은 몇 가지 흥미로운 차이점을 나타낸다. 먼저 성전 기사는 건축의 시작을 출애굽 및 **솔로몬의 통치 기간**과 연관시킨다. "**이스라엘 자손이 애굽 땅에서 나온 지** 사백팔십 년이요, 솔로몬이 이스라엘 왕이 된 지 사 년 **시브월**, 곧 둘째 달에 솔로몬이 여호와를 위하여 성전 건축하기를 시작하였더라"(왕상 6:1). 그런데 더 중요한 날짜라고 할 수 있는 성전 완공 날짜는 단지 솔로몬의 통치 기간과만 연계되어 언급된다. "열한째 해[즉 솔로몬의 통치 기간] **불월** 곧 여덟째 달에 그 설계와 식양대로 성전 건축이 다 끝났으니 솔로몬이 칠 년 동안 성전을 건축하였더라"(왕상 6:38). 그런데 성전을 봉헌할 때는 오직 달만 언급된다. "이스라엘 모든 사람이 다 **에다님월 곧 일곱째 달** 절기에 솔로몬 왕에게 모이고"(왕상 8:2). 성전 기사가 성전 건축 관련 날짜를 기록할 때 히브리식 월력을 사용하기보다는 **가나안** 월력을 사용하고 있다는 점은 주목할 만하다(왕상 6:1, 37-38; 8:2). **시브월**은 우리에게 알려진 다른 어떤 문헌(히브리어 문헌이든 다른 문헌이든)에도 나타나 있지 않는 반면, **불월**과 **에다님월**은 페니키아(즉 가나안) 문헌을 비롯하여 이곳 열왕기상에는 등장하지만 구약의 다른 본문에는 나타나지 않는 가나안식 명칭이다.[11] "둘째 달"(왕상 6:1)과 "여덟째 달"(왕상 6:38)이라는 부연

---

11 Vanderkam, "Calendar," 1:522.

설명은 분명히 히브리어 독자들의 이해를 돕기 위해 첨가된 것으로 보인다.[12] 열왕기상 저자는 왜 성전 건축과 완공 날짜를 가리키는 달을 기록할 때 가나안식 명칭을 사용했을까? 이것은 과연 주요한 숙련공이 가나안 사람이라는 사실과 연관이 있을까? 비록 성경이 이러한 질문에 답을 제시하지는 않지만, 성전 건축의 시공 날짜와 완공 날짜를 가나안식 월력을 사용하여 혼란스럽게 표기한 사실은 긍정적이기보다는 훨씬 더 부정적인 것으로 보인다. 그뿐만 아니라 성전이 여덟째 달에 완공된 데 반해(왕상 6:38) 봉헌식은 열한 달 후인 일곱째 달까지 거행하지 않았다는 것도 다소 이상해 보인다(왕상 8:2).

마지막으로 여러 작가들은 성전 기사가 거대하고 웅장한 왕의 궁전과 성전이 서로 완전히 연결되어 있다는 사실을 강조하고 있는 듯 보인다고 말한다. 또한 솔로몬이 성전 건축을 위해서는 7년을 투자한 반면, 자신의 거처와 왕궁(파라오의 딸을 위한 왕궁 포함)을 건축하는 데는 13년이나 투자했다는 사실은 이 기사의 내레이터가 솔로몬의 성전이 그의 거대한 왕실 건축 프로젝트의 일부에 불과했다는 사실을 분명히 밝히고자 했음을 시사한다(왕상 7:1-12). 성막 기사에는 이에 견줄 만한 내용이 전혀 없다. 출애굽기 기사에서는 하나님이 거하시는 곳이라는 표현에 걸맞게 성막이 주를 이룬다. 거기에는 모세의 거처나 재판관과 왕실(또는 후궁들!)을 위한 특별한 장막에 관한 언급이 전혀 없다. 하지만 성전은 상당히 다른 방식으로 소개된다. "솔로몬이 새로 지은 건물에서 성전이 지닌 기능과 중심성은 모세의 진영에서 성막이 지닌 기능과 중심성과 상당히 다르다."[13]

---

12 Cogan, *I Kings*, 237, 247.
13 Hays, "To Praise Solomon or to Bury Him?," 183.

솔로몬은 이집트 왕 파라오의 딸들과 결혼을 한다. 이 그림은 축하연에 참석한 이집트 여인들을 보여준다. 그들은 아마도 이집트의 왕족 혹은 높은 귀족일 것이다. © Baker Publishing Group and Dr. James C. Martin. Courtesy of the British Museum, London, England.

성전 건축과 성막 건축의 차이점: 요약과 결론

열왕기상 1-11장의 솔로몬의 기사가 출애굽 기사와 간본문적으로 서로 연결되어 있다는 사실은 부인할 수 없을 만큼 확실하다.[14] 이러한 사실은 저자가 독자에게 솔로몬이 성전을 지은 방식과 모세가 성막을 지은 방식을 서로 비교하도록 초대하고 있음을 시사한다. 이 두 내러티브를 나란히 놓고 읽으면 중요하고도 의미 있는 차이점이 다수 나타난다.[15]

---

14 출애굽 사건을 명백히 언급하는 열왕기상 6:1과 9:9 이외에도 이름을 밝히지 않은 "애굽의 왕 바로"(3:1; 9:16; 11:18-19), 파라오의 딸(3:1; 7:8; 9:16), 국고성(9:19), 병거와 말(4:26, 28; 9:19, 22; 10:26; 이집트에서 들여온 것임을 명확히 밝히는 10:28-29), 홍해(9:26)에 대한 언급을 주목하라. 열왕기상 1-11장에서 "애굽"이라는 단어는 모두 19회 등장한다.

15 분명히 가장 큰 유사점은 하나님의 영광이 임하셔서 성막과 성전을 모두 가득 채웠다는 것이다. 하지만 하나님이 성전에 거하기로 하신 것이 성전 건축에 관한 모든 것을 긍정적으로 받아들인다는 의미로 생각하는 것은 잘못이다. 사실 하나님의 영광이 성전을 가득 채운 후, 하나님은 솔로몬에게 나타나셔서 성전의 진정한 의미는 화려한 건물이 아니라 바로 하나님의 이름과 성전을 거룩하게 하시는 하나님의 행위임을 분명하게 밝히신다. 그 후 아이러니하게도 그리고 예언자적으로 하나님은 자신의 "봉헌" 연설 대부분을 이스라엘 백성이 하나님을 무시하고 불순종할 경우 백성들과 성전에 내릴 심판을 경고하는 데 할애하신다(왕상 8:10-11; 9:1-9).

성막 기사에서 하나님은 어떻게 건축물을 짓고 기구들을 비치해야 하는지를 자주 언급하시고 구체적으로 지시하신다. 이 내러티브는 성막이 하나님이 명령하신 대로 지어졌음을 강조한다. 그러나 성전 내러티브에서는 하나님이 침묵하시고 하나님의 명령이 아닌 솔로몬의 명령대로 성전이 지어진다.

성막 기사에서는 이스라엘 백성이 성막을 짓고 기구를 만들고 비치하는 일에 자원하여 드리고 자발적으로 일한다. 이와는 대조적으로 성전 건축은 세금과 조공으로 자금을 조달하고 이스라엘 자손은 강제노동자로 일하게 되는데, 이러한 탄압은 머지않아 나라를 둘로 분열시키는 내전을 초래한다.

성막 기사에서는 하나님이 이스라엘의 숙련공을 선택하시고 건축에 필요한 예술적인 일들을 수행하도록 그의 영을 통해 그들에게 능력을 부어주신다. 또한 하나님은 이렇게 선택받은 숙련공들이 다른 이스라엘 백성을 훈련하도록 능력을 부어주신다. 그러나 성전 기사에서는 솔로몬이 두로 사람 하나를 선택하는데, 비록 그가 여러 다양한 작업에 능숙한 숙련공이긴 하지만 하나님의 영을 통해 능력을 받거나 택함을 받은 것은 아니었다. 또한 이스라엘 백성을 훈련시켰다는 언급도 전혀 없다.

좀 더 미묘하고 사소한 차이점은 백향목과 조각목의 사용, 날짜 기록을 위한 가나안식 월력과 히브리식 월력 사용을 포함한 두 건축 프로젝트의 상이한 건축 일정 계수 방식, 성전/성막과 다른 건축물의 관계 등이다.

이러한 차이점은 단순히 우연이거나 무의미한 것이 아니라 서사적으로 의도된 것이며, 따라서 상당히 중요하다. 그다음 단계는 이러한 정보를 우리가 이해하고 있는 솔로몬 기사와 연관시키는 것이다. 이미 본장 앞부분에서 살펴본 바와 같이 열왕기상 저자는 거기서 솔로몬을 진정으로 칭송하고 있는 것이 아니라 실제로는 오히려 그를 비판하고 있는 것이다. 이러한 비판은 열왕기상 11장에서 확실한 결론이 내려질 때까지 미루어지기보다는 오히려 솔로몬 기사의 첫머리부터 시작해서 기사 전반에 걸쳐 계속 이어진다. 특히 다른 여러 왕과 왕실의 기준에 따라 판단하면 솔로몬 왕은 표면적으로는 위대하고 화려하지만, 신명기, 사무엘서, 출애굽기에 나타난 하나님의 기준에 따라 평가하면 겉으로 드러난 가시적인 "영광"은 금방 사라지고 만다. 왜냐하면 하나님에 대한 솔로몬의 노골적인 불순종은 우상숭배와 내전, 그리고 결국에는 약속의 땅을 잃게 만드는 지경으로 이끌어 가기 때문이다.

이러한 성막 기사와 성전 기사 간의 차이점은 솔로몬 기사에 대한 폭넓은 이해와 잘 들어맞는다. 표면상으로, 그리고 이 기사를 이방 나라의 왕과 이방 왕국의 정황에서 읽는 독자들에게 저자는 솔로몬의 성전이 얼마나 아름다웠는지를 묘사한다. 그러나 열왕기서를 기록한 저자의 주된 목표는 신학적이며, 그는 여기서 가장 중요한 이슈는 사치스러운 건물이 아니라 하나님께 대한 순종임을 독자들에게 지속적으로 상기시킨다. 이러한 관점에서 읽으면 우리는 열왕기서의 저자가 솔로몬에 대한 심각하고도 부정적인 비판을 이어나가기 위해 우리가 이미 살펴본 여러 차이점을 활용했다고 결론내릴 수 있다. 솔로몬이 지은 물리적인 성전(그의 가장 큰 업적)은 인간적인 관점에서는 화려하고 멋지게 보이지만, 신학적인 관점에서는 시작부터 수많은 부정적인 의미가 드리워져 있었다고 볼 수 있다. 솔로몬의 성전은 성막을 한 단계 발전시켜 이스라엘과 하나님의 관계를 한 걸음 신선시킨 것이 아니라 오히려 한 걸음 퇴보시켰다.

신명기에 나타난 하나님을 향한 신실함과 하나님의 율법에 대한 순종은 하나님과 이스라엘의 관계에서 가장 중요한 핵심이다. 그들 가운데 거하시는 하나님의 임재가 이를 요구한다. 만약 백성들(그리고 왕)이 하나님만을 예배하지 않는다면 사람이 볼 때 하나님의 처소가 제아무리 멋지더라도 하나님은 그들 가운데 거하시는 데 전혀 관심이 없다. 하나님은 우상숭배와 불성실함과 불순종하는 마음으로 가득 찬 성전에는 절대로 감동을 받지 않으신다.

> 솔로몬의 성전은 성막을 한 단계 발전시켜 이스라엘과 하나님의 관계를 한 걸음 진전시킨 것이 아니라 오히려 한 걸음 퇴보시켰다.

따라서 처음부터 성전은 불순종과 불성실함으로 얼룩져 있었던 것으로 보인다. 하나님은 성전에 거하시면서 그의 임재로 이스라엘에게 복을 주시려고 오시지만, 순종과 신실함이라는 명백한 조건하에 오신다(왕상 9:1-9). 그러나 불행하게도 솔로몬이나 이스라엘은 이 조건을 지키지 못했다. 이스라엘 백성은 솔로몬의 통치 기간에 우상숭배와 배교에 빠지기 시작했고(왕상 11:1-9), 이러한 타락은 충격적인 결과를 낳았으며, 궁극적으로 이스라엘에서 하나님을 내쫓는 결과를 초래했다(더 상세한 내용은 5장에서 논의될 것이다).

솔로몬의 성전과 비품

지금까지 우리는 솔로몬이 성전을 지은 방식에 관해 논의했는데, 이제는 성전의 세부적인 부분을 상세히 살펴보고자 한다. 솔로몬의 성전과 그 기구들에 관한 설명은 열왕기상 6-7장과 역대하 3-4장에 기록되어 있다. 성전은 전반적으로 성막과 같이 그 안에 세 가지 주요 장소인 지성소와 성소와 뜰을 포함한 설계로 건축되었다. 이와 마찬가지로 성전에서 사용하는 기구와 비품은 그룹들, 등잔대, 진설병이 놓인 상, 물두멍 등 성막에서 사용한 것과 흡사하다. 가장 큰 차이점은 성막에 있던 거의 모든 것이 크기나 수량 면에서 급격히 증가했다는 점이다. 그뿐만 아니라 본 건물에 몇 가지 새로운 특징(주랑, 곳간, 창문)을 추가한 것은 천막과 같은 유형의 성막과 차이를 보이며, 또한 이는 그 지역 전체에서 타민족들이 이방신을 숭배하기 위해 지은 신전이나 신전-왕궁의 표준 유형을 따른 것이다.

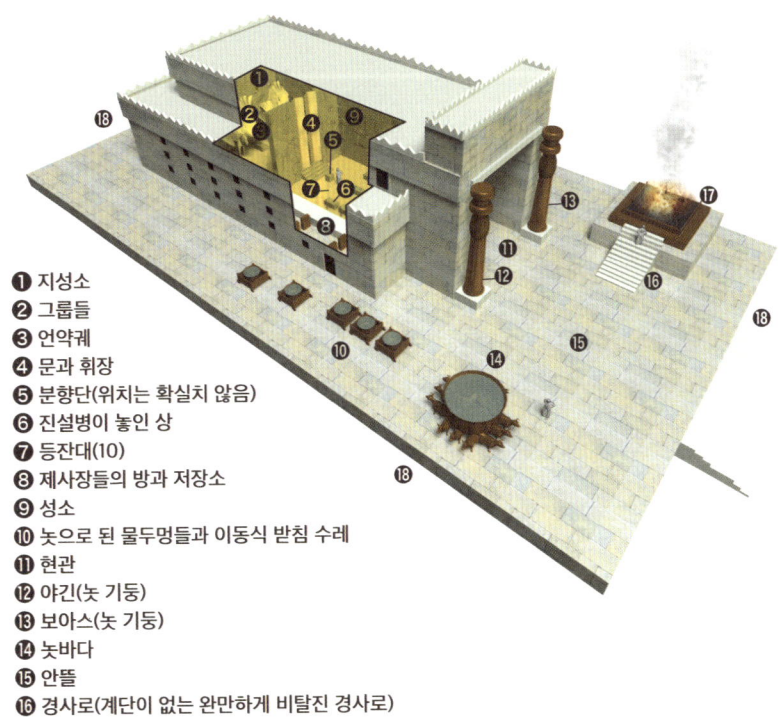

❶ 지성소
❷ 그룹들
❸ 언약궤
❹ 문과 휘장
❺ 분향단(위치는 확실치 않음)
❻ 진설병이 놓인 상
❼ 등잔대(10)
❽ 제사장들의 방과 저장소
❾ 성소
❿ 놋으로 된 물두멍들과 이동식 받침 수레
⓫ 현관
⓬ 야긴(놋 기둥)
⓭ 보아스(놋 기둥)
⓮ 놋바다
⓯ 안뜰
⓰ 경사로(계단이 없는 완만하게 비탈진 경사로)
⓱ 번제단
⓲ 바깥뜰

솔로몬 성전과 주변 뜰에 대한 한 예술가의 묘사. Solomon's Temple. Graphic by Karbel Multimedia. © 2008 Logos Bible Software. www.logos.com.

성전 외부 (왕상 6:2-10; 대하 3:3-4, 15-17)

3장에서 설명한 바와 같이 성막의 중심이 되는 천막 건물은 폭이 4.6미터에 길이가 13.7미터로 되어 있다. 솔로몬은 이것의 두 배가 되는, 폭이 9.2미터에 길이가 27.4미터인 성전을 짓는다. 따라서 성막의 지성소가 4.6미터×4.6미터인 반면, 성전의 지성소는 9.2미터×9.2미터다. 또한 솔로몬은 성전의 높이를 세 배로 늘렸다. 성막의 높이가 4.6미터인 반면, 성전의 높이는 13.7미터다.

또한 성전은 성막에는 없던, 4.6미터에 이르는 웅장한 현관을 포함한다. 이와 비슷한 현관은 그 지역에 있던 다수의 이방 신전의 고고학적 유적에서 발견되었다.[16] 성전의 입구와 현관을 압도하는 것은 거대한 놋으로 된 두 개의 기둥이다. 이것은 원주가 5.2미터에 높이가 8.2미터다. 따라서 이 기둥의 직경은 각각 1.75미터 정도일 것이다. 기둥의 맨 꼭대기에서 기둥머리를 화려하게 장식하는 주두는 2.29미터의 높이에 달한다. 솔로몬의 성전 건축 기사가 다른 성전의 특징보다 이 두 놋 기둥(왕상 7:13-22)을 설명하는 데 훨씬 더 많은 시간을 할애하고 있다는 사실에 주목하는 것은 아마도 의미있는 일일 것이다. 하지만 이 기둥은 어떤 신학적인 목적이나 예배와 관련이 없어 보인다. 이 기둥은 힘과 능력을 나타낼 만큼 크고 장엄하지만(왕상 7:21에 기록된 그 이름의 의미가 말해주듯이), 사실 성막에는 이와 유사한 웅장한 현관 입구가 없다. 뿐만 아니라 성전 건축 기사는 이 기둥들과 그 위에 있는 주두 건축물을 만든 인물이 (가나안의 도시인 두로에서 온) 히람이라는 사실을 매우 노골적으로 밝히고 있다. 이 기사는 매우 구체적으로 히람의 어머니가 이스라엘 자손의 과부이며 아버지는 가나안 두로 사람임을 밝힌다. 이스라엘 백성이 가

---

16 Monson, "1 Kings," 27; Bloch-Smith, "Who Is the King of Glory?," 19.

나안 사람들과 혼인하는 것이 엄격하게 금지되어 있었음을 기억하라.

현관은 어떤 사람이 하나님의 임재에 근접할수록 점진적으로 증가하는 거룩함의 세 단계 가운데 첫 번째 단계에 해당한다. 성막에서는 사람이 가까이 갈수록 더 거룩해지는 세 단계가 (1) 뜰, (2) 성소, (3) 지성소였음을 기억하라. 성전에서는 더 가까이 갈수록 더 거룩해지는 세 단계가 (1) 현관, (2) 성소, (3) 지성소인 것으로 보인다(비록 열왕기상의 이야기는 출애굽기의 기사에서 성막에 대해 사용한 것과는 다른 용어를 성전의 성소에 대해 사용하지만 말이다). 솔로몬의 성전 뜰은 거의 언급되지 않으며(아래를 보라), 더 거대한 왕궁의 일부다.

이밖에도 열왕기상 6:4은 솔로몬이 성전에 창문을 만들었다는 사실을 언급한다. 창문을 묘사하기 위해 사용된 히브리어 단어는 이 단어를 번역하기 위해 사용된 다양한 영어 단어가 보여주듯이(NIV: "성전 벽 높은 곳의 좁은 창문", ESV와 NRSV: "오목하게 들어간 틀에 끼운 창문", HCSB: "사각의 틀을 지닌 창문", KJV: "좁은 유리창") 다소 모호하다. "성전 벽 높은 곳"이라는 NIV의 번역은 단지 추측에 불과하다. 히브리 본문은 어디에 창문이 있는지 아무런 언급이 없다. 성전을 둘러싸고 3층으로 된 방들이 있었으므로(6:5-6; 아래를 참조하라), 그 방들 위에 창문이 있을 것으로 추측한 것이다. 어떤 학자는 시리아에서 발견된 이방 신전 유적을 토대로 이 "창문들"은 단순히 장식으로 벽에 새긴 것이며 벽을 관통하며 실제로 열리는 창문은 아니라고 제안한다.[17] 성전에서 호기심을 불러일으킬 만한 부분은 바로 창문이다. 창문은 과연 성소에 빛이 들게 하여 그곳에서 사역하는 제사장들이 사물을 더 잘 볼 수 있게 추가한 것일까? 솔로몬은 성소에 열 개의 등잔대를 두었다. 혹자는 이 등잔대가 충분히 환한 빛을 제공했을 것이라고 추정할 것이다. 벽에 있는 창문으로 인해 낮에는 성전

---

17 Monson, "1 Kings," 27-28.

내부의 방들이 성막과는 매우 다른 "모습"을 하게 되었을 것이다.

뿐만 아니라 솔로몬은 성전 양쪽 벽에 골방들이 달린 3층 다락을 만들었으며(왕상 6:5-6, 8-10), 이 골방은 물건을 넣어두는 창고나 생활공간으로 나뉜다.[18] 의심할 여지없이 성전 안에서는 매일 막대한 양의 물건(올리브기름, 향, 나무 등등)이 소비되었을 것이며, 따라서 큰 저장소가 필요했을 것이다. 비록 귀한 물건의 일부가 솔로몬의 거대한 연회장인 "레바논 나무 궁"에 보관되어 있다고 명시되어 있긴 하지만, 이 저장소는 성전의 귀한 물건(귀중한 금, 은, 동으로 된 식기)을 보관하기 위해 설계되었을 가능성도 있다. 각 층의 높이는 2.3미터이므로 3층 전체는 6.9미터에 달하며, 이것은 성전 전체 높이인 13.7미터의 절반 가량에 해당하는 것으로 추정된다. 성전의 남쪽 측면에 있는 계단은 2층으로, 그다음은 3층으로 올라가게 되어 있다(왕상 6:8).

"네가 지금 이 성전을 건축하니 네가 만일 내 법도를 따르며…행하면 내가 네 아버지 다윗에게 한 말을 네게 확실히 이룰 것이요, 내가 또한 이스라엘 자손 가운데에 거하며"(왕상 6:12-13).

이와는 대조적으로 성막 또는 심지어 성막 뜰에는 물건을 보관하기 위한 천막이나 방이 전혀 없었다. 분명히 성막에서 섬기는 제사장들도 향, 등잔용 올리브기름, 장작 등과 같은 물건을 저장해둘 수 있는 상당히 넓은 공간이 필요했을 것이다. 그러나 성막 기사는 저장소에 관해서는 침묵하고 있는데, 이는 이러한 저장소가 아마도 성막 뜰의 거룩한 특성 때문에 성막 뜰 밖에 있었을 가능성을 암시한다. 따라서 저장소를 성전 벽과 맞붙여 지은 것은 상당히 특이한 일이다.

한편 동시대의 수많은 이방 신전 발굴 보고서에 의하면 이방신을 모신

---

[18] Cogan, *I Kings*, 239; Sweeney, *I & II Kings*, 111.

사원에서 저장소가 발견되는 것은 상당히 흔한 일이다.[19] 따라서 성막 건축은 언약궤를 어떻게 만들지에 대한 설명으로 시작하는 반면, 성전 건축 기사는 현관, 창문, 3층짜리 저장소(비록 성막에는 없었지만, 그 지역 도처에 있는 이방 신전에서 흔히 볼 수 있었던 것)에 관한 설명으로 시작한다. 이것이 내포하고 있는 한 가지 함의는 성전의 외관이 구약의 성막보다는 이방 신전들과 훨씬 더 닮았다는 것이다. 바로 이 시점에서 솔로몬에게 만약 하나님이 백성들 가운데 거하시고 그들을 버리지 않으시려면 그가 율법을 지키고 하나님의 율례에 순종하며 살아야 함(왕상 6:11-13)을 상기시키면서 이 이야기에 친히 개입하심으로써 에스겔 8-11장에서 하나님이 성전을 떠나신 사건을 예시한다는 사실에 주목하는 것은 흥미로운 일이다(5장을 참조하라).

뜰(왕상 6:36; 7:9, 12; 대하 4:9-10)

앞에서 이미 언급한 바와 같이 성전 뜰에 관한 묘사는 간략하고 모호하다. 열왕기상 6:36은 솔로몬이 다듬은 돌 세 켜와 두꺼운 백향목 판자 한 켜로 "뜰"(NIV: "안뜰")을 지었다고 간략하게 언급한다. 이것은 성전 뜰을 둘러싼 벽의 재료(돌 세 켜와 백향목 한 켜)를 가리키는 것으로 보인다. 상세한 설명과 함께 입구 문의 면적을 상세하게 제시한 성막 주변의 울타리와는 달리, 열왕기상 6-7장에는 문이나 통로에 대한 언급이 전혀 없다. 물론 분명히 거기에는 적어도 한 개, 어쩌면 여러 개의 문이 있었을 것임에도 말이다. NIV는 열왕기상 6:36의 "뜰"에 해당하는 히브리어 단어를 "안뜰"로 번역한다. 이는 열왕기상 7:9과 7:12이 "큰 뜰"로 불리는 다른 뜰에 관해 설명하고 있기 때문이다.

    7:9과 7:12의 "큰 뜰"은 성전뿐만 아니라 솔로몬의 왕궁, 재판하는 주랑

---

19 Cogan, *I Kings*, 239.

(보좌의 주랑), 솔로몬의 후궁인 파라오의 딸의 궁 등을 에워싸고 있는 왕궁 전체를 포함하는 더 큰 뜰을 가리킨다. 이 두 뜰은 역대하 4:9에서도 언급되는데, 거기서 성전을 에워싸고 있는 뜰은 "제사장의 뜰"로, 바깥쪽에 있는 뜰은 "큰 뜰"(NIV)로 불린다.[20] 이 본문(대하 4:9)은 크기에 관해서는 아무런 언급이 없지만, 솔로몬이 이 뜰에 문을 만들고 그 문을 놋으로 입혔다고 기록한다. 이 두 뜰의 벽 재료는 동일하다(왕상 7:12). 즉 성전을 에워싸고 성전의 거룩한 경계선을 나타내는 벽과 왕궁 전체를 둘러싸고 있는 더 거대한 벽은 그 구성 재료에 있어 동일하다. 본문은 이러한 유사점을 강조하는 듯 보이며(왕상 7:12), 따라서 이는 성전 주변 안뜰의 특별한 거룩함과 신성함을 어느 정도 모호하게 만든다.

뿐만 아니라 바깥 뜰 및 왕궁의 크기와 규모는 성전이 더 큰 왕궁에 종속되어 있는 건물임을 나타낸다. 예를 들면 앞에서 언급한 바와 같이 성전의 길이는 27.4미터, 폭은 9.2미터, 높이는 13.7미터다(왕상 6:2). 그러나 그 큰 뜰 안에는 연회장으로 사용되었을 것으로 추정되는 "레바논 나무 궁"이라는 거대한 건물이 있다(왕상 7:2-5). 이 "궁"은 길이가 45.7미터, 너비가 22.85미터, 높이가 13.7미터이며(왕상 7:2), 따라서 성전보다 훨씬 더 큰 건물이다. 이 궁의 높이는 성전의 높이와 같다(13.7미터). 따라서 성전은 시각적으로 절대 그 지역을 지배할 수 없다. 뿐만 아니라 "레바논 나무 궁"의 전체 면적은 1,045제곱미터인 반면, 성전의 전체 면적은 250제곱미터에 불과

"솔로몬이 또 그가 장가든 파라오의 딸들을 위하여 집을 지었는데 이 주랑과 같더라"(왕상 7:8).

---

20 솔로몬이 건축한 성전에는 성전 뜰이 하나밖에 없어 보인다. 이것은 나중에 개조된 것으로 보인다. 왜냐하면 여러 성경 본문이 성전 "뜰"을 복수형으로 언급하고(사 1:12; 시 65:4; 84:2), 가끔씩 두 개의 성전 뜰이 있다는 것을 구체적으로 밝히기 때문이다(왕하 21:5; 23:12).

하다! 레바논 나무 궁에는 기둥이 늘어서 있는 통로와 현관이 있으며, 그 크기는 22.85미터×13.7미터로서 바닥 면적이 313제곱미터다. 부지 너비의 관점에서 보자면 레바논 나무 궁으로 들어가는 기둥들이 늘어선 **통로**는 성전보다 더 크다. 또한 앞에서 언급한 바와 같이 왕궁의 큰 뜰 안에는 재판하는 주랑, 솔로몬이 거하는 궁, 그의 수많은 후궁 가운데 가장 권세와 명망이 있는 파라오의 딸이 거하는 궁 등 다른 멋진 건물이 들어서 있다. 본문은 수백 명에 달하는 그의 다른 후궁들(과 자녀들)이 모두 어디에 있었는지 전혀 언급하지 않지만, 아마도 그 근처 어딘가에 그들의 거처도 있었을 것이다.

도표 3. 주요 건물과 뜰의 크기

건물	본문	크기	총건평/마루 면적
성전	왕상 6:2-3		
주요 건물		길이 27.4m x 너비 9.2m x 높이 13.7m	250m²
현관		길이 4.6m x 너비 9.2m(높이 없음)	42m²
레바논 나무 궁	왕상 7:2-6		
주요 건물		길이 45.7m x 너비 22.85m x 높이 13.7m	1,045m²
주랑이 늘어선 통로와 현관		길이 22.85m x 너비 13.7m(높이 없음)	313m²
합계		길이 67.5m x 너비 13.7m/2.85m 높이 13.7m	1,358m²
재판정	왕상 7:7	크기에 관한 언급 없음	
솔로몬이 거주하는 왕궁	왕상 7:8	크기에 관한 언급 없음	
파라오의 딸들이 거주하는 궁전	왕상 7:8	크기에 관한 언급 없음	

따라서 솔로몬 성전의 전반적인 외관과 "모양"은 뜰, 울타리, 주변 건물 등에 있어 성막과는 상당히 달랐다. 성막은 천막과 같은 웅장한 핵심 건축물 하나와 울타리로 둘러싸인 뜰 하나로 구성되어 있었다. 따라서 성막은 그 지역 전체를 압도했을 것이다. 근처에 성막과 경쟁할 만한 것이 전혀 없었다. 이와는 대조적으로 솔로몬의 성전은 훨씬 더 큰 왕궁의 작은 한 부분에 불과했다. 거기에는 거대한 왕궁을 에워싸고 있는 아주 큰 울타리가 있었다. 그 큰 왕궁 뜰 안에는 비슷한 건축 자재로 만든 다른 울타리로 둘러싸인 훨씬 더 작은 뜰이 있었으며 성전은 바로 그 안에 있었다. 그런데 또 그 큰 뜰 안에는 이집트 공주들이 거하는 궁을 포함하여 성전에 비할 만큼 대단히 웅장한 다수의 왕궁이 들어서 있었다. 따라서 시각적으로 솔로몬의 성전은 성막이 이스라엘 진영을 압도했던 것만큼 두드러져 보이거나 그 도시를 압도하지 못했다.

왕궁 뜰의 위치

왕궁과 성전을 에워싸는 뜰은 흔히 "성전산"(the Temple Mount)이라고 불리는 곳에 있다. 이곳은 오늘날 유명한 이슬람교 성지인 황금 돔(the Dome of the Rock)과 알 아크사 사원이 위치한 다윗성 북쪽에 있는 작은 언덕이다. 오늘날 대다수 학자는 원래의 성전이 있던 곳에 황금 돔이 있다고 믿고 있다. 고고학자들은 비록 거기서 솔로몬 성전의 잔해(초석 등)를 전혀 발견하지 못했지만(황금 돔이 그곳 위에 위치해 있기 때문에), 솔로몬 시대의 성전산 벽이 어디에 위치해 있었는지를 가늠할 수 있는 몇몇 잔해 혹은 흔적을 발견했다. 오래된 유대교 전승은 솔로몬 시대의 성전산은 228.6미터 × 228.6미터의 정사각형이었다고 전한다. 고고학자들은 현재 황금 돔 뜰에 있는 돌계단 아래에서 솔로몬의 성전산 서쪽 벽의 잔해로 추정되는 것을 발견했다. 이것은 현재 성전산 동쪽 벽으로부터 약 228.6미터 정도(후대의 더 큰 규빗 측량법을 이용하여) 떨어진 곳에 있다. 그리고 동쪽 벽의 위치가 바뀌지 않았다고 가정할 때(가파른 기드론 계곡 때문에), 고고학자들은 옛 벽이 약간 확대되거나 살짝 "휘어진" 두 곳을 발견했다. 이 두 지점 간의 거리는 대략 228.6미터다. 따라서 이 세 지점이 솔로몬 시대의 성전산의 세 모퉁이를 가리킬 가능성이 매우 높다. 이 228.6 미터×228.6미터 정사각형 안에서 우리는 현재의 황금 돔이 있는 바로 그 자리에 성전이 있었다고 추정할 수 있다.[21] 우리는 레바논 나무 궁의 크기는 알고 있지만, 성전과 관련하여 그것이 정확히 어디에 위치해 있었는지는 알 수 없다. 하지만 우리는 그것이 228.6미터 정사각형 내부 어딘가에 있었다는 것을 알고 있다. 우리는 또한 성전산 안에는 왕궁을 에워싼 돌담이 있어 바깥 뜰을 형성하고 있었고, 그다음에는 성전을 에워싸는 또 다른 돌담이 있어 더 작은 성전 뜰을 형성하고 있었다는 것을 알고 있다.

성전 뜰 안의 기구들

성막 뜰 안에는 매우 중요한 두 기구가 비치되어 있다. 그것이 바로 번제단(출 27:1-8)과 물두멍(출 30:17-21)이다. 우리는 열왕기상의 솔로몬 성전 건축 기사가 물두멍에 관해서는 보다 더 상세하게 설명하고 있는 반면(왕상 7:23-39), 이상하게 번제단에 관해서는 완전히 침묵하고 있음을 발견한다. 그런데 바로 이 번제단에서 날마다 수많은 희생제사가 드려졌다는 사실을 기억할 필요가 있다. 따라서 열왕기상 기사가 이 제단을 언급조차 하

> 열왕기상의 성전 건축 기사에서 두드러지게 나타나는 현상은 번제단에 관한 언급이 전혀 없다는 것이다.

---

21 참조. Ritmeyer and Ritmeyer, *Secrets of Jerusalem's Temple Mount*, 65-97; Shanks, *Jerusalem*, 62-70; Shanks, *Jerusalem's Temple Mount*, 115-19.

지 않는다는 것은 당혹스러우면서도 의미심장하다. 훨씬 후대에 기록된 역대하 기사는 놋으로 만든 새 제단에 대해 짤막한 한 구절을 덧붙이며(대하 4:1) 그 크기가 9.2미터×9.2미터×4.6미터라고 말하는데, 이것은 성막에 있던 놋 제단의 크기가 급격히 증가했음을 의미한다. 그러나 우리는 성전의 놋 제단에 관해서는 다른 어떤 정보도 갖고 있지 않다.

제단의 높이(4.6미터)는 이해하기 어렵다. 왜냐하면 출애굽기 20:24-26에서 하나님은 제단에 올라가기 위해 층계를 사용하는 것을 금하셨기 때문이다. 나중에 지은 제2성전의 경우와 마찬가지로 제사장들은 아마도 비탈진 긴 경사로를 이용하여 4.6미터 높이의 제단 꼭대기까지 올라갔을 것이다.

놋 제단에 관해 침묵하고 있는 것과는 아주 대조적으로 열왕기상 기사는 거대한 "바다"(Sea) 대야, 열두 마리 소의 모양을 하고 있는 지지대, 부수적인 받침 수레 열 개와 작은 물두멍 열 개에 관해서는 길고 상세하게 설명하고 있으며(왕상 7:23-39), 이것은 모두 두로에서 온 가나안 사람 히람이 만든 것이다. 바다는 놋으로 만든 대야로 그 깊이가 2.3미터이고 지름이 4.6미터이며 약 37,850리터의 물을 담을 수 있다.[22] 이 거대한 대야는 세 마리씩 각각 사방을 향하고 있는 놋으로 만든 열두 마리 소 위에 놓여 있다.

열왕기상 7장 기사는 이 물을 담는 대야의 기능에 관해 전혀 설명하지 않는다. 출애굽기 30:17-21(참조. 레 8:6)에서는 성막 뜰 안에 있는 물두멍이 분명히 제사장들이 성막에 들어가기 전에 거행하는 정결 예식을 위한 것임을 명시하고 있다. 성전 뜰 안에 있는 놋 바다 역시 아마도 이와 동일한 기능

---

[22] 열왕기상 7:26에서 사용하는 용량은 "이천 밧"이다. "밧"으로 번역된 히브리어 단어는, 비록 학자들도 그 의미에 관해 완전히 확실하지는 않지만, 약 19-23리터를 나타내는 측정 단위다. 참조. Monson, "1 Kings," 3:39. 따라서 이천 밧은 38,000-46,000리터 정도일 것이다. 실린더로 그 용량을 환산하면 지름이 4.6미터에 높이가 2.3미터일 경우 9,908갤런(37,505리터)이므로 10,000갤런(37,854리터)이라는 근사치는 상당히 정확하다고 볼 수 있다.

을 위한 것이며 물두멍을 대체한 것으로 보인다. 그러나 수조의 측면 깊이가 2.3미터인 데다가 그것이 열두 마리 소 위에 놓여 있다는 것을 보면 제사장들이 씻는 용도로 사용할 수 있도록 바다에 계단 또는 사다리가 있었을 것이 틀림없다.

그럼 왜 이것을 "바다"라고 불렀을까? 우리는 확실히 알 수 없다. 일부 학자는 "바다"라는 이름이 단순히 그 거대한 크기를 가리킨다고 제안한다. 다른 학자들은 이 용어가 더 깊은 "우주적인" 의미를 갖고 있으며, 어쩌면 흔히 바다로 상징되는 혼돈의 세력을 다스리시는 하나님의 주권을 나타낼 수도 있다고 생각한다(창 1장에서처럼). 이 지역의 비(非)이스라엘 신전에서 사용하는 물 대야는 종종 이러한 상징성을 지니고 있었다.[23] 다른 학자들은 이 단어가 창세기 1장을 암시하지만, 또 "바다"가 창조에 나타난 하나님의 능력을 강조하고 동산의 성전 개념과 연결되면서 창조를 상징한다는 데 동의한다. 또 다른 학자들은 이것이 출애굽기 14-15장, 즉 이스라엘 자손이 이집트인들로부터 구원을 받은 갈대 바다(Yam Suph)를 가리킨다고 제안한다.

또한 히람은 성전 뜰에 놋으로 된 받침 수레 열 개와 각각 약 900리터 용량의 놋 물두멍 열 개를 만들었다(왕상 7:27-39). 이 기구들은 아마도 다른 추가적인 정결 예식과 온종일 뜰에서 거의 쉴 새 없이 이어지는 동물 제사에 필요한 실제적인 세척 작업에도 사용되었을 것이다. 이와 유사한 놋 물두멍은 키프로스에서도 발견되었다.

---

[23] Monson, "1 Kings," 3:39.

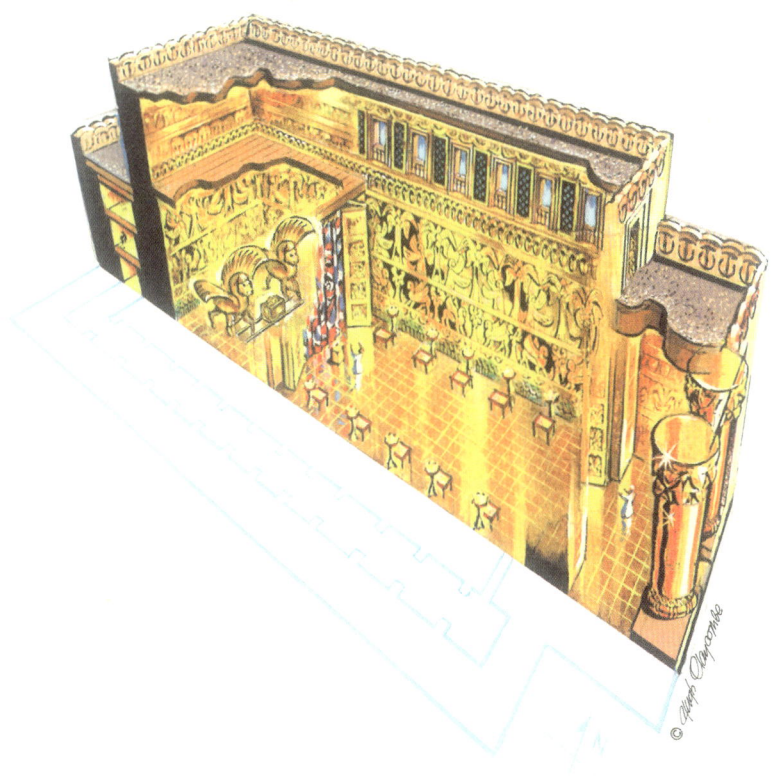

한 예술가의 솔로몬 성전 묘사

성전 내부(왕상 6:14-35; 대하 3:4-14)

성전 벽은 다듬은 돌로 만들어졌다(왕상 6:7). 솔로몬은 성전 바닥 전체를 잣나무 널판으로 깐다. 그리고 그는 건물 전체의 내부 벽(그리고 분명히 천장도)을 백향목 널판으로 입힌다(백향목의 부정적인 의미에 관해서는 앞의 논의를 참조하라). 그는 성전 벽에 그룹들과 종려나무와 활짝 핀 꽃을 새기고 그것을 금으로 입힌다. 그는 나무로 된 마루 역시 금으로 덮어 씌운다. 그는 성소(9.2미터×18.4미터)와 지성소(9.2미터×9.2미터) 사이에 백향목으로 된 칸막이 벽을 세우고 양면 모두 금으로 입힌다. 또한 열왕기상 6:2은 성전의 전체 높이를 13.7미터로 기록하지만, 6:20에서는 지성소의 높이가 겨우 9.2미터에 불과하다는 점을 주목하라. 그렇다면 부족한 4.5미터는 어디로 간 것일까? 지성소의 천장 위쪽에 4.5미터 높이의 빈 공간이 있을 수도 있고, 이보다 더 가능성이 있는 설명은 지성소가 성소의 바닥보다 4.5미터 높은 위치에 있어 작은 계단으로 연결되어 있다는 것이다. 이와 같이 계단이 있는 높은 지성소는 이 지역의 이방 신전들이 발견된 고고학적 유적지에서도 발견되었다.[24]

솔로몬은 감람나무로 된 거대한 두 그룹을 만들어 그것을 금으로 입히고 지성소 안에 입구를 바라보도록 배치한다. 지성소의 폭은 9.2미터이며 각 그룹이 지닌 날개의 길이는 4.6미터다. 따라서 두 그룹의 날개는 방 전체를 가로지르며 벽에 닿아 있고 중앙에서 서로 맞닿아 있다. 그들은 4.6미터 높이에 있으므로 결과적으로 모세 시대에 만든 언약궤 위에 만들어 놓은 훨씬 더 작은 두 그룹 위로 높이 솟아 있다. 언약궤는 겨우 폭이 71센티미터에 길이가 114센티미터에 불과하다는 것을 기억하라(이 거대한 두 그룹의 외관에 관한 논의는 5장의 그룹에 관한 단원을 참조하라). 앞서 2장에서 언급한 바와 같이 벽에 새긴 그룹과 나무와 꽃과 더불어 이 두 그룹은 동산 성전과의 직접적인 연관성을 시사한다. 다시 말하면 이 두 그룹은 동산 성전의 모습을 재현하는 역할을 한다.

출애굽기에서 언약궤 위에 있는 작은 두 그룹이 서로를 향해 서서 아래에 있는 궤를 바라보고 있는데(출 25:17-20), 이는 율법(언약궤 안에는 십계명이 들어 있다)과 (언약궤 위에 있는) 속죄소를 통해 하나님께 나아가야 함을 상징한다. 이와는 대조적으로 솔로몬의 두 거대한 그룹은 언약궤의 두 그룹 위로 치솟아 있어 이를 작아 보이게 만든다. 솔로몬의 그룹들도 구약 세계에서 그

---

24 Monson, "Temple of Solomon," 19; Shanks, *Jerusalem's Temple Mount*, 127.

지역 도처에 만연해 있던 비(非)이스라엘 신전과 왕궁의 입구를 지키던 그룹들(혹은 날개 달린 복잡한 존재들)처럼 입구를 향해 서서 성소로 들어오는 입구를 지킨다.

솔로몬의 성전에서 또 다른 흥미로운 점은 분향단의 위치가 바뀌었다는 것이다. 성막의 성소 안에는 등잔대, 진설병이 놓인 상, 분향단 등 세 기구가 있었다는 것을 기억하라. 이 분향단은 조각목으로 만들어 금을 입힌 것이다. 이것은 지성소로 들어가는 입구 바로 앞에 있는 성소에 놓여 있었으며(출 30:1-6), 제사장들이 성소에서 그들의 임무를 수행할 때 매일 아침과 저녁에 향을 피우는 데 사용되었다. 그리고 이 향에서 나오는 향연은 대제사장을 보호하고 가리는 연기가 되어 그가 속죄일(레 16장)에 지성소에 들어갈 수 있게 해주는 특별한 역할도 수행한다.

열왕기상 6:20은 솔로몬이 "백향목 제단"에 금을 입혔다고 말하고, 이어서 6:22에서는 이 제단이 "내소(즉 지성소)에 **속해 있다**"고 말한다. 비록 이 본문이 솔로몬의 성전에서 분향단의 위치를 아주 명확하게 밝히고 있지는 않지만, 분명한 것은 솔로몬이 성막의 분향단(조각목에 금을 입힌)을 백향목에 금을 입힌 새 분향단으로 교체했다는 것이다. 따라서 이는 그가 이 분향단의 장소를 지성소로 **이전했다**는 것을 암시하는 것으로 보인다.

성막의 경우 등잔대에 관해 상세한 설명이 주어졌던 것과는 달리 열왕기상의 성전 기사든 역대하의 성전 기사든 그 어느 기사도 성소에 있는 금 등잔대에 관해서는 아무런 설명이 없다. 두 성전 기사(왕상 7:49; 대하 4:7)가 언급하고 있는 것은 단지 솔로몬이 성소를 위해 **열 개**의 등잔대를 만들어 성소 양쪽에 다섯 개씩 놓았다는 것뿐이다. 따라서 우리는 이 등잔대의 모양과 형태를 단지 추측할 수밖에 없다. 이 등잔대는 성막에 있던 것과 같이 일곱 가지를 지닌 나무와 같은 모양일까? 이미 성막의 등잔대에 관한 논의에서 언급했듯이 이 등잔대들이 후대에 이스라엘의 상징이 된 일곱 가지가 달린 메노라 등잔대처럼 생겼을지는 의구심이 든다. 솔로몬 시대의 것으로 보이는 메노라 모양의 일곱 가지 등잔대가 발견된 적은 아직 없다. 한편 기둥이 단 하나인 등잔대와 심지가 일곱 개인 대접은 다수 발견되었는데, 아마도 솔로몬이 만든 등잔대도 이와 유사했을 것으로 보인다.[25] 하지만 이것은 단지 추측에 불과하며 우리는 이에 대해 확신할 수 없다.

또한 진설병이 놓인 상과 관련하여 열왕기상 7:48은 금으로 된 상 하나만을 언급하고 있는 반면, 역대하 4:8은 솔로몬이 열 개의 등잔대와 함께 금으로 만든 열 개의 상을 만들었다고 말한다. 하지만 크기에 관한 언급은 전혀 없다.

한 예술가가 지성소에 들어가는 제사장을 묘사한 작품. 열개의 등잔대의 모양과 분향단의 위치에 대한 그의 이해에 주목하라. © Balage Balogh/Archaeology Illustrated.com.

---

25 Shanks, *Jerusalem's Temple Mount*, 126.

성막의 경우에는 그룹들이 수놓아져 있는 휘장이 지성소와 성소를 분리한다. 역대하 3:14은 성전의 지성소와 성소를 나누는 휘장에 관해 언급한다. 한편 열왕기상 6:16은 솔로몬이 금을 입힌 백향목 벽으로 지성소를 분리시켰다고 말한다. 그리고 열왕기상 6:31은 솔로몬이 지성소로 들어가는 입구에 감람나무로 된 폭 1.8미터의 문을 만들어 금으로 입혔다고 말한다. 이 금을 입힌 문에는 그룹들뿐만 아니라 종려나무와 꽃들도 새겨져 있다. 열왕기상 6:16과 역대하 3:14을 종합하면 우리는 성소에서 지성소로 들어가는 입구에는 휘장뿐만 아니라 금을 입힌 나무로 된 문도 있었다는 결론에 도달하게 되지만, 열왕기상 6:16이 휘장 대신 나무로 된 문을 더 강조한다는 점은 이해하기 어렵다.

불순종과 솔로몬 성전의 멸망

앞서 이미 언급했듯이 솔로몬이 성전 건축을 마친 후 하나님의 임재가 지성소에 거하기 위해 강림하셨을 때 하나님의 영광은 성전을 가득 채웠다(왕상 8:10-11). 하지만 처음부터 모든 것이 제대로 되어 있지 않았다. 솔로몬이 과장된 미사여구를 구사하며 화려한 성전 봉헌식을 거행하긴 했지만(왕상 8장), 하나님은 이에 대해 훨씬 더 잠정적인 입장을 취하셨고, 그분의 임재는 신실함과 순종에 대한 준엄한 경고와 함께 임했다(왕상 9:1-9). 솔로몬의 이야기 끝부분에서 열왕기상 저자는 솔로몬에 대한 그의 부정적인 시각을 더 이상 미묘하게 감추지 않고, 솔로몬 왕이 범한 우상숭배와 이에 대한 하나님의 진노를 분명하게 지적한다. 열왕기상 9:1-9에 나타난 하나님의 준엄한 경고를 고려하면 솔로몬이 나라를 우상숭배로 이끌어 가는 모습은 장차 다가올 재앙을 예시한다.

실로 솔로몬의 영광은 열왕기상 11:14에서 빛을 잃기 시작하고, 이러한 분열 상태는 열왕기서 전반에 걸쳐 계속된다. 우선 내전은 아브라함의 자손을 두 왕국, 즉 유다와 이스라엘로 나눈다(왕상 12장). 이어서 북이스라엘은 아시리아의 침략을 받아 멸망한다(왕하 17장). 마지막으로 유다와 예루살렘은 바빌로니아에게 정복당해 멸망하고 백성들은 그 땅에서 쫓겨난다.

열왕기서는 기본적으로 우상숭배와 하나님께 대한 불성실함, 그리고 신명기에 나타난 그분의 요구사항에 대한 불성실함으로 인해 이스라엘이 몰락하고 멸망하는 과정을 기록한다. 이 이야기에 나타난 한 가지 슬픈 하위 주제는 바로 끊임없이 붕괴되고 약탈당하는 성전이다. 다시 말하면 솔로몬은 그의 성전을 웅장하게 지은 다음, 앞서 이미 설명한 대로 그 성전을 사치스럽게 장식한다(왕상 7:13-51). 아이러니하게도 열왕기서의 나머지 부분은 그 성전의 멸망을 그린다. 이집트 왕 시삭은 이 성전의 보물을 약탈해간다(왕상 14:25-26). 나중에 유다의 아사 왕은 이스라엘의 공격을 받자 시리아와 동맹을 맺고 이스라엘을 함께 공격하는 대가로 성전의 은과 금을 시리아에 지불한다(왕상 15:18-19). 아사 왕이 동족 북이스라엘의 침략을 저지하기 위해 성전 보물을 사용한 사실에서 드러난 극도의 아이러니에 주목하라. 그 후 열왕기하 16:8-9에서 유다 왕 아하스는 아시리아를 매수하고 그들이 시리아를 공격하도록 유도하기 위해 성전의 금과 은을 사용한다. 아하스는 아시리아를 달래기 위한 목적으로 성전 뜰에 있는 놋 제단을 옆으로 치워버리고 그것을 **아시리아식 제단**으로 교체한다(왕하 16:10-16). 또한 열 개의 물두멍을 성전 뜰에서 없애고 놋 바다를 받치는 거대한 놋 소들을 돌판으로 교체한다(왕하 16:17). 얼마 지나지 않아 아시리아가 예루살렘을 포위했을 때 히스기야 왕은 성전 문과 기둥에 입힌 금을 벗겨 이를 모두 아시리아 왕에게 준다(왕하

18:16). 우상숭배는 여전히 계속되고, 아시리아 군대는 바빌로니아가 마침내 쳐들어와 성전을 (예루살렘과 함께) 완전히 멸망시키기 직전에 성전에 있던 모든 귀중품을 가져간다. 그들이 가져간 물품의 목록은 열왕기하 25:13-17에 기록되어 있으며(렘 52:17-23도 참조하라), 이는 솔로몬이 그의 아름다운 성전에 이와 동일한 물품들을 자랑스럽게 가져다 놓은 과거의 영광스러운 모습을 조롱하는 것으로 읽힌다(왕상 7장).[26] 열왕기서는 하나님께 대한 신실한 순종 없이는 솔로몬의 호화로운 성전도 아무 쓸모가 없다는 것을 우리에게 일깨워준다.

열왕기상하와 역대하를 읽으면서 솔로몬이 지은 웅장한 성전을 통해 우리가 배울 수 있는 슬프면서도 심각한 또 다른 교훈은 심지어 솔로몬 시대에도 이 성전에서 하나님을 향한 참되고 올바른 예배가 드려진 적

> 아이러니하게도 열왕기상하의 나머지 부분은 성전의 멸망을 그린다.

이 별로 없다는 것이다. 분명히 그에게는 나팔과 향로를 가지고 노래와 더불어 예배를 인도하고 수많은 희생제사를 드렸던 많은 제사장과 레위인이 있었다. 하지만 솔로몬은 아스다롯과 몰록을 섬겼다(왕상 11:5). 그는 심지어 "예루살렘 동쪽 산", 곧 감람산에 그모스와 몰록을 위한 제단("산당")을 만들었다(왕상 11:7-8). 이 산당들은 성전산에서 볼 수 있었으며 거기서 몇 백 미터 정도 밖에 떨어져 있지 않았다.

200여 년이 지난 후에 히스기야 왕은 성전을 정화하고 진정한 예배를 회복하고자 노력한다. 지난 200여 년에 대한 그의 논평에 주목하라. "우리 조상들이 범죄하여 우리 하나님 여호와 보시기에 악을 행하여 하나님을 버리

---

26 Nelson, *First and Second Kings*, 47.

고 얼굴을 돌려 여호와의 성소를 등지고 또 낭실 문을 닫으며 등불을 끄고 성소에서 분향하지 아니하며 이스라엘의 하나님께 번제를 드리지 아니하므로"(대하 29:6-7).

따라서 히스기야, 요아스, 요시야 같은 몇몇 용기 있는 왕이 우상숭배를 척결하고 성전에서 드리는 참된 예배를 회복하고자 애쓰지만 대체로 실패로 끝이 난다. 이방 신들을 위한 제단은 여전히 감람산 근처에 남아 있고(왕상 11:5-8), 어린아이들은 성전 벽 바로 밖에 있는 힌놈의 골짜기에서 그모스와 몰록에게 희생제물로 드려지고(렘 7:30-31), 결국에는 이방 나라의 우상들이 성전 안까지 들어오게 된다(왕하 21:4-5). 열왕기서에 기록된 이야기는 고통스러울 정도로 분명하다. 솔로몬이 지은 화려한 성전 안에서 하나님께 드려지는 예배는 아주 일찍부터 타락했으며, 이 성전 안에서 하나님께 드려지는 참된 예배는 보편적이기보다는 극도로 예외적인 일이었다.

5장

성전을 떠나신 하나님

인자야, 이스라엘 족속이 행하는 일을 보느냐?
그들이…가증한 일을 행하여 나로 내 성소를 멀리 떠나게 하느니라(겔 8:6).

개요

에스겔서는 하나님의 임재와 성전에 관한 흥미롭고도 올바른 정보를 우리에게 제공한다. 사실상 에스겔 1-24장의 중심 주제는 성전에 계신 하나님의 임재 상실 및 이와 관련된 예루살렘의 심판이다. 에스겔 8-11장에서 예언자는 하나님이 실제로 성전을 떠나시는 것을 지켜본다. 이것은 이스라엘에게 매우 충격적인 사건이지만, 구약성경에 나타난 성전에 관한 우리의 이해와 하나님의 임재에 관한 우리의 신학적 이해에 있어 매우 중요하다. 그러나 예언자는 에스겔서 마지막 부분(40-48장)에서 앞으로 미래에 그의 백성 가운데 거하실 하나님의 임재와 함께 다시 회복된 새 성전을 묘사한다. 또한 에스겔서는 그룹들에 관하여 성경 그 어느 곳에서도 찾아볼 수 없는 매우 상세한 설명을 제공하는데, 이는 우리 연구에도 도움을 준다. 우리는 그룹들을 우리 연구에서 수차례 접했지만(동산의 입구에서, 성막의 언약궤 윗부분에서, 성전의 언약궤 위에서, 그리고 성전과 성막의 벽과 휘장에 새기고 수놓은 곳에서), 그 어떤 묘사도 이를 에스겔서처럼 생생하게 보여주지는 못했다.

    본장에서 우리는 에스겔이 처음 본 환상, 즉 그룹들에 둘러싸여 움직이는 보좌 위에 영광 중에 좌정해 계신 하나님의 환상을 탐구할 것이다. 이어서 우리는 예언자가 실제로 하나님이 그룹들을 데리고 성전을 떠나시는 것을 목격하는 에스겔 8-11장을 탐구할 것이다. 우리는 그룹들이 에스겔서에서, 그리고 성전과 성막에서 어떤 모습을 하고 있었는지를 살펴볼 것이다. 마지막으로 우리는 하나님이 지성소에서 떠나시고 바빌로니아에 의해 성전이 멸망하는 사건에 비추어 언약궤에 무슨 일이 일어났는지를 규명하고자 노력할 것이다. 우리는 에스겔이 본 미래의 성전 환상에 관한 논의를 8장까지 미룰 것이며, 거기서 우리는 "제3성전"의 가능성을 검토할 것이다.

에스겔이 본 움직이는 하나님의 보좌 환상(겔 1장)

에스겔서는 솔로몬이 죽은 지 400년이 조금 안 된 시기에 일어난 일을 다룬다. 예언자들은 예루살렘과 유다 전역에서 일어난 우상숭배와 불의에 대항하여 설교했지만 모두 헛수고였다. 드디어 예루살렘에 대한 심판이 시작된다. 기원전 598년에 바빌로니아가 침략하고 예루살렘은 금방 항복하고 만다. 바빌로니아는 젊은 제사장인 에스겔을 포함하여 만 명의 포로를 바빌로니아로 데려간다. 5년 후 기원전 593년에 하나님은 에스겔을 그의 예언자로 삼기 위해 부르신다(겔 1:1-3:27). 에스겔이 전한 메시지의 핵심은 하나님의 영광과 하나님의 임재, 즉 에스겔 1장에 나타난 하나님과 그의 예언자 에스겔의 만남에서 하나님이 그에게 극적으로 드러내 보여주신 현실과 연관이 있다.

하나님의 임재는 그가 이전에 나타나신 것과 비슷한 방식(불타는 떨기나무에서 모세에게, 시내산과 광야에서 이스라엘 백성에게, 성막에 들어갈 때, 성전에 들어갈 때)으로 밝은 빛, 번쩍이는 번개, 구름, 불 등과 함께 에스겔을 향해

> "이는 여호와의 영광의 형상의 모양이라"(겔 1:28).

내려온다(겔 1장). 그 후 에스겔은 그가 본 것을 묘사하려고 최선을 다한다. 우선 그는 어느 방향으로든지 갈 수 있는 바퀴 달린 사륜차 구조의 마차(전차) 같은 것을 본다. 마차 위의 높은 곳에는 수정 같은 궁창이 펼쳐져 있고, 그 궁창 위에는 하나님이 보좌 위에 앉아 계신다. 네 "생물"은 전차-보좌 주위를 날며 이 전차에 수직 비행 능력을 부여하는 듯 보이며, 각 생물마다 얼굴과 날개를 네 개씩 갖고 있다. 이 시점에서 에스겔은 그들이 그룹임을 깨닫지 못하는 듯 보이며, 그들을 단순히 "생물"이라고 부른다. 나중에 그들이 성전

에서 나오는 것을 볼 때 비로소 그는 그들이 그룹이라는 것을 깨닫고 그들을 알아본다(겔 10:20).

에스겔은 이 네 생물이 사람의 기본 형상을 하고 있지만(1:5), 사실은 타는 "숯불 혹은 횃불"과 같다고 말한다(1:13). 그들은 각각 네 날개와 송아지 같은 발을 갖고 있으며, 번쩍이는 번개처럼 빠르게 움직인다(1:14). 솔로몬이 성전의 지성소 안에 둔 금으로 만든 그룹처럼 각 그룹의 날개는 다른 그룹의 날개와 서로 맞닿아 있다(겔 1:9; 왕상 6:27). 또한 에스겔이 본 이 생물은 네 개의 얼굴, 즉 사람의 얼굴, 사자의 얼굴, 황소의 얼굴, 독수리(혹은 맹금)의 얼굴을 갖고 있다. 네 얼굴과 네 날개는 생물이 방향을 전환할 필요 없이 어느 방향으로든 날 수 있게 해준다. 각 그룹은 전차-보좌의 바퀴 하나와 연관이 있으며, 바퀴와 연동되어 움직인다. 실제로 에스겔은 "생물의 영이 그 바퀴들 가운데에 있음이더라"라고 말한다(1:21).

이 생물들은 하나님의 현현에 거룩함과 경이로움을 더한다. 에스겔은 실제로 보좌 위에 앉아 계신 이를 묘사한 후 "이는 여호와의 영광의 형상의 모양이라"고 요약해서 말한다.

이 전차-보좌가 지닌 독특한 점은 그것이 완벽하게 움직인다는 것이다. 즉 이 전차는 위로, 아래로, 뒤로, 앞으로, 혹은 어떤 방향으로든지 회전할 필요 없이 즉시 나아갈 수 있다. 핵심은 하나님의 영광과 임재, 그리고 그의 높은 보좌에서 만물을 다스리시는 그의 주권적 통치가 예루살렘의 성전에만 국한되어 있지 않고, 하나님이 기뻐하시는 곳이라면 어느 곳이든지, 설령 그곳이 에스겔이 거주하는 바빌로니아라 할지라도 완벽하게 움직여 이동할 수 있다는 것이다.

예루살렘과 성전을 떠나신 하나님(겔 8-11장)

에스겔 1장에서 하나님은 에스겔에게 나타나신 지 약 1년이 지난 후에 환상 가운데 그를 예루살렘으로 데리고 가셔서 성전 안에서, 즉 다름 아닌 하나님의 임재 앞에서 제사장들과 여인들과 예루살렘의 장로들이 자행하고 있는, 상상하기도 힘든 우상숭배의 모습 네 장면을 그에게 보여주신다.

1. 하나님은 에스겔을 성전 안뜰로 데려가셔서 그가 북쪽을 바라보게 하신다. 성전 안뜰을 향해 나 있는 북쪽 문에는 우상이 서 있다. 에스겔은 그것을 "질투의 우상"이라고 부른다. 이 우상은 성전 경내에서, 성전 바깥뜰 안에서, 그리고 안뜰에서 볼 수 있는 곳에 있다.

2. 하나님은 에스겔에게 담의 구멍을 가리키시며 그 구멍을 파라고 지시하신다. 그러자 거기에는 문 하나와 불빛이 희미한 방 하나가 나타난다. 이것은 아마도 성전의 외부 벽을 공유하고 있는, 성전 바깥벽에 맞붙여 지은 3층 건축물의 일부일 것이다. 비록 이곳은 지성소나 성소는 아니지만 어쨌든 성전의 일부다. 에스겔은 벽 안에서 이방신 숭배의 상징인 부정한 동물들과 우상의 형상들을 본다. 그리고 거기에는 (심지어 제사장도 아닌!) 칠십 장로들이 이 형상들을 숭배하고 있다(8:9-13).

3. 이어서 하나님은 에스겔이 첫 번째 환상에서 본 우상 북쪽에 있는 성전 바깥뜰 밖으로 그를 데리고 가신다(8:14). 성전 경내로 들어가는 북쪽 문에서 에스겔은 "담무스를 위하여 애곡하는" 이스라엘 여인들을 본다. 담무스는 겨울에 죽고 봄에 다시 살아나는 식물과 관련이 있는 메소포타미아의 신이다. 메소포타미아에서 이루어지는 담무스를 위한 예배 의식의 일환으로 겨울에 그의 죽음을 "애곡"하는 것이

있다. 이 장면이 지닌 의미는 누가 거기에 참여했느냐에 있다. 예루살렘의 남자들뿐만 아니라 여자들도 똑같이 배교 행위에 빠진 것이다.

4. 네 번째 우상숭배 장면은 바로 성전 입구의 현관에서 벌어진다(8:16). 에스겔은 놋 제단과 두 거대한 놋 기둥이 받치고 있는 현관 사이에서 스물다섯 명의 남자가 성전(하나님의 임재가 거하시는 곳)을 등지고 태양신 샤마쉬를 숭배하려고 절하는 모습을 본다. 이것은 이중적으로 하나님을 모욕하는 행위다. 군주가 계신 바로 그 왕궁에서 그에게 등을 돌리는 것은 극도로 무례하고 모욕적인 행위인 것이다. 따라서 성전 안에서 지성소에 계신 하나님의 임재에 등을 돌린다는 것은 하나님의 명예에 대한 모욕인 것이다. 이와 마찬가지로 하나님의 성전으로 들어가는 바로 그 현관에서 이방인들이 섬기는 태양신을 숭배한다는 것은 상상조차 할 수 없는 하나님에 대한 모욕이며, 이보다 더 심각하게 십계명의 제1계명을 위반할 수 있는 행위는 없다.

하나님은 에스겔에게 첫 번째 우상숭배 장면(성전 뜰로 들어가는 바로 그 북쪽 문에 있는 우상)을 보이신 후에 "이스라엘 족속이 행하는 일을 보느냐? 그들이 여기에서 크게 가증한 일을 행하여 나로 내 성소를 멀리 떠나게 하느니라"(겔 8:6)라고 말씀하신다. 그리고 나서 하나님은 바로 자신 앞에서 벌어지는 노골적인 세 가지 우상숭배 장면을 에스겔에게 보여주신다. 이어서 에스겔 9장에서 하나님은 예루살렘 거민들을 향하여 심판을 선포하기 시작하신다. 에스겔 10장에서 예언자는 앞서 1장에서 본 것과 동일한 하나님의 환상을 본다. 다시 말하면 하나님은 각각 네 날개와 네 얼굴을 지닌 네 그룹이 동행하는, 네 개의 바퀴가 달린 전차 같은 마차의 보좌에 앉아 계신다. 에스겔은 이것이 그가 1년 전에 본 "생물들"과 같은 것임을 깨닫는다(겔 1장). 이

제 그들이 하나님과 전차-보좌와 동행하면서 성전에서 나오자 에스겔은 그들이 그룹인 것을 깨닫고 그들을 그 용어로 지칭한다.

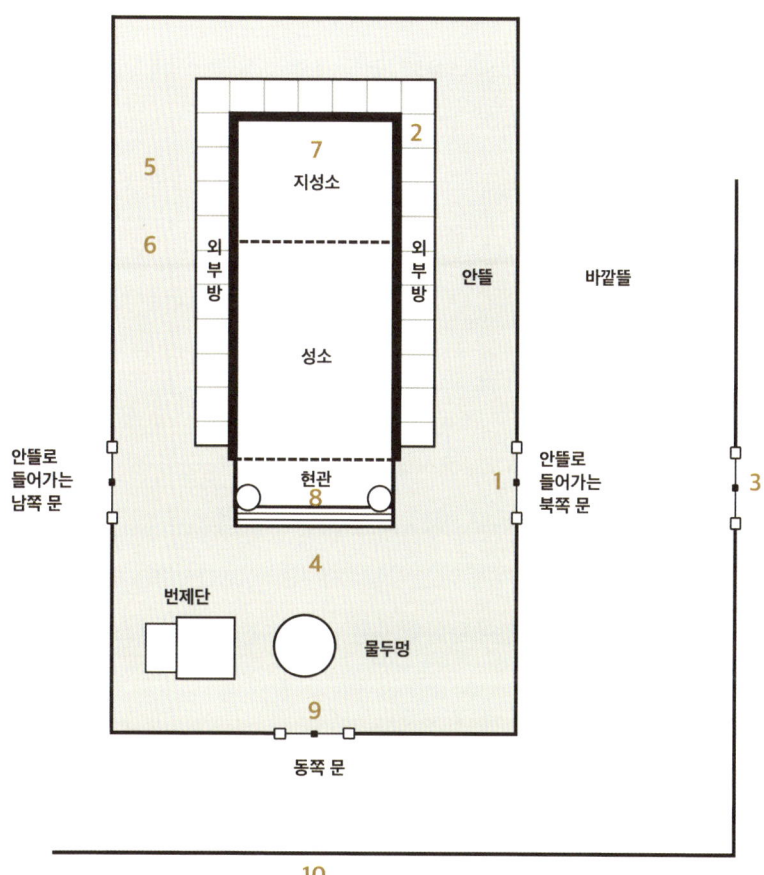

에스겔 8-11장에 나타난 사건: 하나님께서 성전을 떠나시다

1. 안뜰로 들어가는 북쪽 문에서 에스겔은 "질투를 일어나게 하는 우상"을 본다(겔 8:3).
2. 하나님의 영이 에스겔을 데리고 담의 구멍을 통해 성전 외부 방 가운데 하나로 들어가 그곳에서 벽에 부정한 동물들과 우상들을 묘사한 것과 칠십 장로들(제사장이 아닌)이 이 우상들을 숭배하는 것을 본다(겔 8:7-11).
3. 바깥뜰로 들어가는 북쪽 문에서 에스겔은 여인들이 메소포타미아 신, 담무스를 숭배하는 것을 본다(겔 8:14).
4. 성전으로 들어가는 문, 즉 현관과 제단 사이에서 스물다섯 명의 남자가 지성소를 등지고 동쪽의 태양에게 절

5장 성전을 떠나신 하나님 **147**

하고 있는 모습을 본다(겔 8:16).
5. 에스겔은 성전의 남쪽에 서서 하나님이 나오시기를 기다리는 것처럼 보이는 움직이는 그룹들을 본다(겔 10:3).
6. "구름은 안뜰에 가득하며"(겔 10:3).
7. "여호와의 영광이 그룹에서 올라와 성전 문지방에 이르니"(겔 10:4). 에스겔은 하나님의 영광이 지성소에 있는 금으로 된 그룹들 위에서 떠나 현관에 있는 성전 입구로 향하는 것을 본다.
8. 하나님이 현관에 있는 문지방에 이르렀을 때 "구름이 성전에 가득하며 여호와의 영화로운 광채가 뜰에 가득하였고"(겔 10:4).
9. 하나님의 영광이 (성전 바깥에서 기다리던) 그룹들 위에 머무른다. 그 후 하나님과 그룹들은 땅에서 올라와 동쪽 문으로 향한다(겔 10:18-19).
10. 에스겔은 그룹들과 여호와의 영광이 동쪽 문을 떠나 동쪽 산(감람산)으로 향하는 것을 본다(겔 11:22-23).

> "이스라엘 족속이 행하는 일을 보느냐? 그들이 여기에서 크게 가증한 일을 행하여 나로 내 성소를 멀리 **떠나게 하느니라**"(겔 8:6).

에스겔은 이제 하나님이 성전에서 천천히 (하나님은 떠나기 싫은 것인가?) 그리고 점차적으로 떠나시는 모습을 묘사한다. 불과 큰 구름을 동반한 "여호와의 영광"이 그룹들의 날개 소리와 함께 먼저 올라와 성전의 "문지방"에 이른다(9:3; 10:4). 문지방은 문틀을 지탱하는 수평 바닥 지지대로, 출입문 전체를 가로지른다. 아마도 이 출입문은 성전의 성소로 들어가는 현관을 지나 다음 현관 너머에 있는 문일 것이다. 이곳에서 하나님은 그의 몇몇 수행원에게 말씀하시며 예루살렘에서 우상숭배를 하는 이스라엘 백성에게 내릴 심판을 선포하신다. 곧이어 그룹들과 함께 "여호와의 영광"이 성전 문지방을 떠나 성전 뜰로 인도하는 동쪽 문에 이른다(10:18-19). 거기서 하나님은 아마도 법정을 책임지는 스물다섯 명의 장로에게 추가로 내려질 심판을 선포하신다(11:1-13). 그다음 그룹들과 "그 위에 덮인 이스라엘의 하나님의 영광"이 성전산과 예루살렘을 완전히 빠져나가(11:22-23) 성읍의 동쪽 산(감람산) 위에 머무른다. 그리고 나서 에스겔은 바빌로니아로 다시 돌아온다(11:24).

하나님이 이스라엘과 맺은 언약 관계의 중심에는 다음과 같은 삼중 진술이 있음을 기억하라. 나는 너희의 하나님이 될 것이고, 너희는 내 백성이 될 것이며, 나는 너희 가운데 거할 것이다. 이스라엘과 맺은 언약 관계의 중심에는 그들 가운데 거하시는 하나님의 임재가 있다(처음에는 성막에, 그 이후에는 성전에). 이스라엘 백성이 하나님께 드리는 예배를 그만두고 수년 동안 우상숭배에 빠져

에스겔서에서 백성들이 예루살렘 성전 안에서 숭배하던 신 가운데 하나인 태양신 샤마시에 대한 기원전 약 860-850년의 묘사. © Baker Publishing Group and Dr. James C. Martin. Courtesy of the British Museum, London, England.

하나님이 보내신 예언자들의 경고를 무시하자 하나님은 마침내 성전을 떠나셨고 더 이상 그들 가운데 거하지 않으신다. 그들은 더 이상 하나님의 임재가 가져다주는 복이나 강력한 보호를 누릴 수 없다. 그 결과 그들은 이제 곧 예루살렘을 멸망시키고 성전을 완전히 약탈할 바빌로니아 군대의 침략에 취약한 상황에 처하게 될 것이다.

이어지는 장들에서 더 상세하게 다루겠지만, 이와 같이 하나님이 성전을 떠나신 것은 하나님과 이스라엘의 관계에서 매우 심각한 사건이며 이스라엘에게는 엄청난 재앙이라는 사실에 주목할 필요가 있다. 이스라엘에게 가장 놀라운 복 가운데 하나가 바로 하나님이 그들 가운데 거하신다는 것이다. 그런데 이스라엘 백성은 마치 그것이 아무것도 아닌 것처럼 내버리고 말았다. 이렇게 하나님이 떠나신 것은 매우 의미심장한 일이며 앞으로 하나님과 그의 백성의 관계에 큰 변화가 있을 것임을 알리는 신호가 된다. 그의 임재, 곧 하나님의 영광은 포로기 이후에 성전으로 다시 돌아오지 않는다. 사실 하나님의 임재는 예수가 신약성경에서 성전 문을 통해 들어오실 때까지 성전으로 다시 돌아오지 않는다.

그룹들과 스랍들과 "생물들": 하나님의 신적 수행원들

에스겔서는 성경에 기록된 그룹들에 관한 묘사 중 가장 상세한 설명을 제공해주기 때문에 우리는 여기서 잠시 성경에 나타난 그룹이란 주제를 좀 더 깊이 살펴보는 것이 좋을 것 같다. 앞에서 언급한 바와 같이 하나님은 창세기 3:24에서 인류가 다시 동산으로 들어오지 못하도록 동산 성전 입구에 그룹들을 두신다. 우리는 그들의 모습이 어떠한지 전혀 모르며, 본문은 독자들이 이미 그들이 누구이며, 무엇을 하는지 알고 있는 것을 전제하는 듯하다. 출애굽기에서 하나님은 모세에게 성막 건축을 지시하실 때 금으로 만든 그룹들을 속죄소 덮개의 일부로 제작할 뿐 아니라 지성소와 성소를 나누는 중앙의 휘장에도 그룹의 형상을 수놓을 것을 지시하신다. 이번에도 본문은 그룹들이 어느 방향을 바라보고 있는지, 그리고 그들의 날개가 어떻게 구성되어야 하는지에 관한 언급을 제외하곤 그들에 대한 묘사는 전혀 없다. 아마도 하나님은 그룹들에 관해 출애굽기에 나타나 있지 않은 내용을 이미 모세와 그의 최고 장인에게 주셨거나, 아니면 그들은 이미 그룹들을 어떻게 묘사해야 할지를 잘 알고 있었을 것이다.

성경 속의 인물들은 아주 특별한 몇몇 경우에 한해 보좌에 앉으신 하나님 혹은 성전(지상 혹은 천상의 성전)에 계신 하나님의 모습을 살짝 엿보는 기회를 얻는다. 이사야는 아마도 예루살렘 성전 위에 높이 늘린 보좌에 앉으신 하나님을 본다. 왜냐하면 그의 옷자락이 성전을 가득 채우고 있기 때문이다(사 6:1). 위에서 언급한 바와 같이 바빌로니아에서 포로로 있을 때 에스겔은 바퀴 달린 전차 같이 움직이는 보좌에 앉아 계신 하나님을 만난다(겔 1:1-28). 나중에 에스겔은 환상 가운데 예루살렘으로 이끌려가고 성전에서 하나님이 떠나시는 모습을 목격한다. 다시 한번 강조하지만 바퀴 달린 움직이는 전차 같은 보좌는 환상의 일부다(겔 10:1-22; 11:22-23). 마지막으로 요한계시록 전반에 걸쳐 요한 역시 때로는 천상의 성전에서 "어린양"인 예수 그리스도와 함께 그의 보좌에 앉아 계신 하나님에 대한 여러 환상을 본다(계 4:1-6:17; 7:9-17; 14:1-3; 15:5-8; 19:4-10; 21:1-22:5).

이 세 만남에서 모두(이사야, 에스겔, 요한) 인간과 동물이 결합된 모습의 날개를 지닌 천사와 같은 수행원들은 보좌 위에 계신 하나님의 임재와 동행한다. 에스겔은 이 존재들을 처음 보았을 때(겔 1:1-28) 단순히 그들을 "생물들"(히브리어: hayôt)이라고 부르는데, 이 용어는 구약성경 전체에서 일반적으로 동물, 특히 야생 동물을 가리킨다. 그들은 살아 있는 존재이지만 인간은 아니다. 아마도 "하요트"(hayôt, "야생 동물들", "생물들")가 에스겔이 이 괴상한 외모를 지닌 존재를 보고 떠올린 최고의 단어였을 것이다. 에스겔 8-11장에서 하나님은 에스겔이 자신이 성전을 떠나는 모습을 목격하도록 그를 예루살렘으로 데려가시고, 에스겔은 거기서 이와 동일한 존재들을 또다시 보게 된다. 하나님이 성전 안에서 밖으로 나오실 때 이 존재들은 하나님을 수행한다. 하나님이 성전 안에서 밖으로 나오실 때 그와 함께 있는 이 상황에서 에스겔은 이제 그들이 그룹들임을 인식하고, 이 그룹들이 그가 처음 환상에서 본 것과 동일한 존재라는 사실을 두 차례나 독자들에게 알린다(겔 10:15, 20). 이 이야기는 에스겔 1장에서 예언자가 단지 겉모습만 보고 "생물들"이 그룹들임을 인식할 수 없었다는 점을 암시한다. 그는 지성소 안에 있는 그룹들의 모형조차 한 번도 보지 못했거나, 그 조각상들도 완벽한 모형이 아닐 수도 있다. 따라서 에스겔은 겉모습이 아닌, 그들의 기능과 지성소 안에 계신 하나님의 임재와의 연관성에 근거하여 이 생물들이 그룹임을 인식한다. 에스겔 9:3에서 예언자가 "이스라엘의 하나님의 영광이 그룹들 위에서 올라가 성전 문지방에 이르더니"라고 말하는 것을 주목하라. 여기서 언급한 그룹은 지성소에 있는 금으로 만든 그룹이다. 즉 그들은 단순히 천상의 그룹들을 상징적으로 나타낸다. 그러나 10:1에서 하나님이 지성소에서 나오실 때 그는 이제 순식간에 청금석(청색의 귀한 보석)으로 된 보좌에 앉아 계신다. 이 보좌는 에스겔이 이전에 본 것과 같고 실제로 살아 있는 천상의 그룹들이 수행하는 초자연적이고 불가사의한 바퀴 달린 전차 위에 있다.

"케루빔"(*cherubim*, 그룹들)이란 단어는 히브리어 "케룹"(*cherub*)의 복수형이다. 학자들은 이 단어의 어원학적인 의미에 대해 전적으로 확신하지는 못하지만, 그 의미는 아마도 "문지기" 혹은 "중재자"를 의미하는 것으로 보인다. 이 단어는 구약성경에서 91회 사용되었다. 우리는 에스겔의 환상에서, 그리고 앞서 창세기 3:24에서 에덴동산 입구에 배치된 실제 그룹들을 보았다. 출애굽기 25-26장과 36-37장에서 하나님은 모세에게 금으로 된 그룹들의 조각상을 만들어 그것을 언약궤 덮개와 하나가 되게 하라고 말씀하신다. 우리는 이러한 모형들이 천상의 하나님의 보좌 주변을 둘러싸고 있는 천상의 실제 그룹들을 대표하고 상징하는 것으로 추측할 수 있다. 후대 역사에서 솔로몬 왕은 홀로 서 있는 훨씬 더 큰 두 개의 그룹 조각상을 만들어 언약궤의 양쪽에 배치한다. 이것들 역시 실제 그룹들을 대표하고 상징하기 위한 모형이었다.

> 그룹이라는 단어는 "문지기" 혹은 "중재자"를 의미하는 것으로 보인다.

구약성경 저자들은 흔히 하나님을 그룹들 위에 앉아 계신 분으로 묘사한다(민 7:89; 삼하 6:2; 시 80:1 등등). 이러한 묘사 배후에 있는 시각적 이미지는 아마도 금으로 된 그룹들 위에 있는 보좌에 앉아 성막 혹은 성전에 거하시는 하나님일 것이다. 그러나 또한 이러한 모습은 천상의 보좌 위에 앉아 계신 하나님, 즉 천상의 그룹들 위에 앉아 계신 하나님의 이미지를 포함할 수도 있다. 이 두 이미지는 모두 하나님에 대한 진실을 전달할 뿐 아니라 이러한 두 가지 이미지를 모두 염두에 두고 있었을 것이다.

이사야가 본 환상에서는 하나님이 성전 위의 보좌에 앉아 계시고, 그의 옷자락은 실제로 성전을 가득 채운다(사 6:1). 구약성경에 나타난 일반적인 모습은 지성소에 있는 그룹들이 처음에는 언약궤의 덮개로, 나중에는 홀로 서 있는 더 큰 그룹들로 하나님의 보좌 하단을 형성한다. 즉 하나님은 그들 위에, 그리고 그들 사이에 있는 보좌에 앉아 통치하신다. 몇몇 본문에 담겨 있는 함의는 지성소의 그룹들이 하나님께서 앉아 계신 보좌의 발판을 형성한다는 것이다. 따라서 이사야가 하나님의 수행원으로서 하나님의 주위를 날아다니며 그의 거룩함을 선포하는 천상의 존재를 묘사하기 위해 스랍(seraphim)이라는 다른 용어를 사용한다는 점에 주목할 필요가 있다. 그룹들과 같이 스랍들 역시 복수형 어미를 갖고 있다. 단수는 "스랍"(seraph)이며 문자적으로는 "불타는 것"이란 의미를 갖고 있다. 따라서 이사야가 자신이 본 환상에서 하나님 주변을 날아다니는 생물들을 "불타는 것들"로 묘사한 것은 불, 연기, 숯과 밀접하게 연관되어 있는 존재에게 걸맞은 명칭이다(사 6:4-7). 이 생물들은 얼굴, 손, 발을 갖고 있지만, 이 스랍들은 에스겔서의 그룹들과는 달리 네 개가 아닌 여섯 개의 날개를 지녔으며, 다른 동물(소, 독수리 등) 또는 많은 눈에 관한 언급은 없다.

요한계시록에서 요한은 에스겔서의 그룹들과 그 모습이나 기능 면에서 비슷하고 하나님의 보좌 주변에 있는 네 생물을 자주 본다. 요한은 그들을 "생물들"이라고 부르는데, 이것은 그리스어 70인역에서 히브리어로 기록된 에스겔 1장을 번역할 때 사용된 것과 동일한 용어다. 비록 완전히 똑같이 묘사하지는 않지만, 동일한 존재임엔 틀림없어 보인다. 또한 요한계시록의 "생물들"은 아마도 에스겔 1장의 "생물들"과 동일한 것으로 보인다. 에스겔은 나중에 이들을 그룹들이라고 부른다. 하지만 이사야 6장의 스랍들은 약간 다른 것 같다. 그들이 하나님의 보좌 주변에서 수행원의 역할을 하는 것으로 보아 보좌 수행원의 역할을 하는 그룹들과 어느 정도 유사한 점이 있다.

이 세 그룹에 속하는 존재들은 모두 날개를 갖고 있는데, 에스겔서에서는 각각 네 개의 날개를 갖고 있고, 이사야서와 요한계시록에서는 여섯 개의 날개를 갖고 있다. 또한 에스겔서와 요한계시록에서는 구체적으로 네 생물(그룹)이 등장하는 반면, 이사야서는 스랍의 수를 밝히지 않는다. 에스겔서에서는 그룹들이 기본적으로 인간의 모습을 하고 있다. 이사야서는 스랍들의 기본적인 모습에 관해 전혀 언급하지 않는다.[1] 요한계시록 4:7에서 요한은 생물들을 다음과 같이 묘사한다. "그 첫째 생물은 사자 같고, 그 둘째 생물은 송아지 같고, 그 셋째 생물은 얼굴이 사람 같고, 그 넷째 생물은 날아가는 독수리 같은데." 에스겔 1장에서 네 그룹은 각각 네 얼굴을 갖고 있다(사람, 사자, 소, 독수리). 에스겔 10장에서 예언자는 다시 한번 각 그룹의 네 얼굴을 언급하는데, 이번에는 그들이 사람의 얼굴, 사자의 얼굴, 독수리의 얼굴, 그룹의 얼굴을 갖고 있다고 말한다(여기서는 "그룹"이 "소"를 대체한다; 14절). 에스겔 41:18에서 예언자가 미래의 성전에 관한 환상을 설명하면서 종려나무와 그룹을 번갈아가며 성전의 내전과 외전의 벽에 새겨 넣었다는 사실을 기록한다. 이 환상에서 그룹들은 단지 두 개의 얼굴, 즉 사람과 사자의 얼굴을 갖고 있는데, 단지 두개의 얼굴만 보이는 이유는 아마도 벽에 새겨진 그림의 이차원적인 한계 때문일 것이다.

---

1 스랍(*Seraph*, "불타는 것")이라는 단어는 뱀과 함께 여러 차례 사용되었고(민 21:6-8; 신 8:15), 또 어떤 경우에는 심지어 "불뱀"을 의미하기 때문에(사 14:29; 30:6; 여기서는 "날아다니는 불뱀"을 나타내기 위해 "날다"라는 단어와 함께 결합됨) 일부 학자들은 사 6:2의 스랍들은 본질상 불뱀, 즉 날개 달린 용을 닮은 불뱀이라고 주장한다. 다른 학자들은 스랍이라는 단어는 뱀의 독을 비유적으로 지칭한다고 주장한다.

에스겔서(10:12)와 요한계시록(4:6-8)에서 그룹들은 수많은 눈으로 덮여 있다. 일부 학자들은 이러한 본문에서 **눈**이라는 단어는 사실 비유적으로 보석을 가리킨다고 제안하지만, 그룹들은 실제로 모든 것을 다 볼 수 있는 하나님의 보좌 수행원의 특성을 상징하는 수많은 눈으로 덮여 있을 개연성이 더 높다.

또 다른 중요한 유사점은 생물들 혹은 그룹들의 기능 및 스랍들의 기능과 관련이 있다. 요한계시록 4:8에서 생물들 혹은 그룹들은 하나님과 어린양을 예배하며 "거룩하다, 거룩하다, 거룩하다!"라고 외친다. 이와 마찬가지로 이사야 6장에서 스랍들은 하나님의 보좌 위를 날며 "거룩하다, 거룩하다, 거룩하다! 만군의 여호와여"라는 동일한 찬양을 부른다. 따라서 요한계시록의 보좌 수행원과 이사야서의 보좌 수행원의 역할은 매우 유사하다. 그뿐만 아니라 이 세 가지 환상 모두에 나타난 보좌 수행원들은 하나님의 명령을 그대로 수행한다. 이사야의 환상에서 스랍 가운데 하나는 제단에서 불타는 숯을 부젓가락으로 집어 예언자의 입에 대면서 그의 악이 제거되었고 그의 죄가 사하여졌다고 선언한다(6:6-7). 에스겔서에서도 수행원들(그룹들)은 불타는 숯을 만지는데, 이번에는 숯이 그룹들과 바퀴들, 그리고 전차-보좌 사이의 불에서 나온다. 에스겔의 환상 속에서 불타는 숯은 예루살렘을 향한 심판을 상징한다. 그룹 가운데 하나가 이 숯을 "가는 베 옷을 입은 사람"에게 주고, 이 사람은 이 숯을 심판 가운데 있는 예루살렘 위에 뿌린다(10:2, 6-8). 요한계시록에서는 보좌 수행원인 생물 혹은 그룹이 지상에서 이루어질 하나님의 심판을 시작하는 데 중요한 역할을 한다. 요한계시록 6장에서 그들은 일곱 인 심판의 일환으로서 말을 탄 네 사람을 불러낸다(6:1-7). 요한계시록 15장에서는 생물 혹

> "이스라엘의 목자여! 귀를 기울이소서. 그룹 사이에 좌정하신 이여!"(시 80:1)

은 그룹 가운데 하나가 일곱 천사에게 하나님의 진노를 담은 일곱 개의 금 대접을 건넨다(15:7-8). 에덴동산 입구에 배치된 두 그룹은 번개처럼 번쩍이는 칼로 무장하고 있었음을 기억하라(이 또한 그룹들과 불이 서로 연관되어 있는 비슷한 심판이라고 할 수 있다).

이스라엘 주변국의 신전과 왕궁에 있던 그룹과 같은 생물

오늘날 그룹에 관한 에스겔의 묘사(인간의 몸, 날개, 다양한 동물의 얼굴, 사람의 손, 송아지 같은 발)를 읽으면 우리는 대체로 이 존재들이 지닌 괴상한 모습에 놀란다. 우리는 밤에 꾸는 악몽을 제외하고는 일상에서 이와 같은 생물을 전혀 접하지 않는다. 그러나 구약 세계에서는 주변 지역(이집트, 메소포타미아, 두로 등) 전반에 걸쳐 신전이나 왕궁에서 반신적(semi-divine) 혹은 하급 신의 지위를 지닌, 날개 달린 합성 동물들을 흔히 볼 수 있었다. 이 생물들은 다양한 형태로 나타난다. 그들은 주로 사자 혹은 황소의 몸에 날개와 사람의 머리(보통은 남자, 때로는 왕)를 지니고 있고, 때로는 사자 또는 황소의 발 혹은 맹금류의 발톱을 지닐 수도 있다. 머리는 매, 숫양, 사자, 염소, 뱀/용, 혹은 여자의 머리일 수도 있다. 가끔 이러한 반신적 존재들은 날개 달린 사람의 모습을 하고 있는데, 때로는 사람의 머리를, 또 때로는

스핑크스/그룹을 닮은 이 생물은 사자의 몸, 여인의 머리, 인간의 손, 그리고 날개를 지니고 있다(기원전 1300-1200년 므깃도에서). © Baker Publishing Group and Dr. James C. Martin. Courtesy of The Oriental Institute Museum, University of Chicago.

맹금류의 머리를 지니고 있다. 이 날개 달린 생물들은 대체로 두 개의 날개를 갖고 있지만, 일부는 네 개의 날개를 지니기도 한다.[2] 우리가 성경에서 보는 것처럼 서로 다른 네 개의 얼굴을 지닌 생물을 묘사한 사례는 지금까지 발견되지 않았다. 학자들과 저술가들은 이 존재들을 스핑크스, 그룹, 그리핀, 괴물, 보호 요정, 악마 등 매우 다양한 단어로 지칭한다(많은 경우 일관성 없이).

성경의 그룹들처럼 이 생물들은 흔히 신전의 입구에서 수호자의 역할을 하는 것으로 보인다. 그들은 또한 성경의 그룹들과는 달리 왕궁의 입구도 "지킨다." 그들은 또한 개인을 보호하는 "요정과 같은" 역할을 하는 듯 보인다. 우리가 지금 여기서 이 논의를 도입하는 이유는 고고학자들이 돌벽에 새기거나 상아로 된 왕좌와 펜던트에 합체되어 있는 이러한 그림들을 이스라엘 주변 지역에서 수백 점이나 발견했기 때문이다.

그룹을 닮은 이 아시리아의 하위 계급의 신은 사자의 몸, 숫양의 머리, 그리고 날개를 지니고 있다.
© Baker Publishing Group and Dr. James C. Martin. Courtesy of the Musée du Louvre; Autorisation de photographer et de Þlmer. Louvre, Paris, France.

이것은 구약 세계, 즉 이스라엘의 여러 주변국을 비롯하여 아마도 이스라엘 내의 종교 문화에서 사자 혹은 황소의 몸과 인간 혹은 새의 머리를 지닌, 날개 달린 합성 동물의 형상이 보기 드문 것이 아님을 우리에게 암시한다. 그뿐

---

2   Keel and Uehlinger, *Gods, Goddesses*, 196.

만 아니라 학자들과 예술가들은 성경 속의 그룹들이 어떻게 생겼는지 묘사하고자 할 때 종종 동시대의 이스라엘 주변국에서 고고학자들에 의해 수백 점이나 발견된, 날개 달린 합성 생물들을 참고 자료의 시발점으로 삼는다.

그룹을 닮은 이 아시리아의 하위 계급의 신은 인간의 형태를 지니고 있지만 새의 머리와 날개를 지니고 있다. ⓒ Baker Publishing Group and Dr. James C. Martin. Courtesy of the British Museum, London, England.

이처럼 인간의 머리에 날개가 달린 황소는 흔히 앗시리아의 신전이나 왕궁의 입구를 지켰다. ⓒ Baker Publishing Group and Dr. James C. Martin. Courtesy of the British Museum, London, England.

도표4. 성경에 나타난 그룹들

본문	요약	이름	유형	묘사	장소	기능
창 3:24	하나님은 아담과 하와를 쫓아내신 후 살아 있는 그룹들을 에덴동산의 동쪽에 두어 생명 나무의 길을 지키게 하신다.	그룹	실제로 살아 있는 존재	묘사는 없지만, 불 칼(어쩌면 번개)과 연관이 있다.	에덴동산의 입구	생명 나무의 길을 지키는 것
출 25:18-22; 37:6-9; 히 9:5	하나님은 모세에게 성막 언약 성소에 있는 언약궤 위의 지성소에 금으로 된 속죄소와 함께되도록 그룹들을 만들라고 지시하신다.	그룹	작은 금상	서로 마주 보고 날개를 위로 펴서 속죄소를 덮고 있다. 속죄소의 크기는 대략 114cm x 71cm이기 때문에 두 그룹은 이 면적 안에서 있어야 한다.	지성소 내 언약궤의 속죄소 위	하나님의 거룩한 임재에 들어가는 통로를 지키는 상징적 수호자가 되는 것
출 26:1-31; 36:8, 35	하나님은 모세에게 성막의 지성소와 성소를 분리하는 휘장에 그룹들을 수놓으라고 지시하신다.	그룹	수를 놓거나 짜서 묘사한다.	묘사는 없지만, 언약궤 위에 있는 것과 같은 모습을 하고 있다고 정된다.	지성소와 성소를 분리하는 휘장 위	하나님의 거룩한 임재에 들어가는 통로를 지키는 상징적 수호자가 되는 것
민 7:89; 삼상 4:4; 삼하 6:2; 왕하 19:15; 대상 13:6; 시 80:1;99:1; 사 37:16	언약궤 위의 속죄소와 하나님이 두 그룹 사이에 좌정하신 것을 위해 앉아 계신 하나님을 언급한다.	그룹	작은 금상을 가리키는 것으로 보이지만, 천상의 그룹들을 가리키거나 혹은 둘 다를 가리킬 수도 있다.	묘사는 없지만, 그룹들은 하나님이 좌정하시는 보좌가 되는 것을 의미한다.	지성소 내 언약궤의 속죄소 위	하나님의 거룩한 임재에 들어가는 통로를 지키는 상징적 수호자가 되는 것

5장 성전을 떠나신 하나님

본문	요약	이름	유형	묘사	장소	기능
삼하 22:11; 대상 28:18; 시 18:10	하나님은 그룹과 관련된 수레를 타고 하늘로 날아가신다.	그룹	비유적인 언급	묘사는 없지만, 그룹은 그룹들이 날개를 사용하여 날며 공중을 날아다니는 수레처럼 하나님의 보좌를 싣고 다닌다.	지성소 내 언약궤의 속죄소 위	그룹들의 날개에 나타난 그들의 이동성을 강조하고 있다. 그룹은 여전히 하나님의 거룩한 임재에 들어가는 통로를 지키는 성경적 수호자다.
왕상 6:23-28; 8:6-7; 대하 3:10-13; 5:7-8	솔로몬은 성전의 지성소 내 언약궤의 양쪽 옆에 세우기 위해 올리브 나무로 서 있는 금 그룹들을 만든다.	그룹	큰 금상	두 그룹은 감람나무에 금을 입혀 만들었다. 각각 높이가 4.6미터에 날개 길이가 4.6미터다. 그룹은 지성소의 입구를 바라보고 서 있다.	지성소 내 언약궤 앞에 입구를 향하여	하나님의 거룩한 임재에 들어가는 통로를 지키는 성경적 수호자가 되는 것.
왕상 6:29-35	솔로몬은 성전의 벽에 그룹들을 새겨 넣었다.	그룹	조각된 묘사	묘사는 없지만, 홀로 서 있는 새로 두 개의 그룹과 같은 모습을 하고 있는 것으로 추정되며, 종려나무와 꽃들도 함께 새겨져 있다.	지성소와 성소를 포함한 성전의 벽 전체	하나님의 거룩한 임재에 들어가는 통로를 지키는 성경적 수호자가 되는 것. 종려나무와 꽃을 포함시킨 것은 그룹들과 에덴동산의 연관성을 암시할 수도 있다.
왕상 7:29, 36	솔로몬은 놋으로 만든 분청수레 열 개 위에 사자와 함께 그룹들을 새겨 넣었다.	그룹	동판화	묘사는 없지만, 독립해서 서 있는 새로 만든 두 개의 그룹과 같은 모습을 하고 있을 것으로 추정되며, 사자들과 소들도 함께 새겨져 있다.	뜰에 있는 놋으로 만든 받침 수레 열 개 위에 있으며, 다섯 개는 성전의 북쪽에, 나머지 다섯 개는 성전의 남쪽에 위치한다.	불확실함

본문	요약	이름	유형	묘사	장소	기능
대하 3:14	솔로몬은 지성소와 성소를 분리하는 휘장에 그룹들을 수놓았다.	그룹	수를 놓아 나타낸 모사한다.	묘사는 없지만, 홀로 서 있는 새로 만든 두 개의 그룹과 같은 모습을 하고 있는 것으로 추정된다.	지성소와 성소를 분리하는 휘장	하나님의 거룩한 임재에 들어가는 통로를 지키는 상징적 수호자가 되는 것.
겔 1:4-28	(바벨로니아에서) 에스겔은 하나님이 네 생물에 둘러싸여 있는 그의 전차 보좌에 앉아 계신 환상을 본다.	생물	실제로 살아 있는 존재들(환상예시)	불 가운데서 나타난 그들의 모습은 기본적인 인간의 형태를 갖추고 있지만, 네 얼굴(인간, 사자, 소, 독수리)과 손, 네 날개, 그리고 송아지와 같은 다리를 지니고 있다.	하나님의 전차 보좌의 각 바퀴에	하나님 보좌의 수호자이며 수행원
겔 9:3; 10:1-22	에스겔은 하나님이 예루살렘 성전을 떠나실 때 그가 네 생물이 둘러싸고 있는 그의 전차 보좌에 앉아 계신 환상을 본다.	그룹(에스겔 1장의 생물과 5, 20이 나타난 것은 동일하다).	실제로 살아 있는 존재들(환상예시)	기본적인 인간의 형태이지만 네 얼굴(인간, 사자, 그룹, 독수리)과 손, 네 날개를 지녔으며, 온몸이 눈으로 덮여 있다.	하나님의 전차 보좌의 각 바퀴에	하나님 보좌의 수호자이며 수행원. 그들은 또한 바퀴 주변의 불 속에서 숯불을 가져다가 그것을 어떤 사람에게 주는데, 이것은 예루살렘을 심판하기 위함으로 보인다.
사 6:1-7	이사야는 하나님 보좌에 앉아 계시고 그 위에 스랍들이 날며 하나님의 거룩함을 선포하는 것을 본다.	스랍(불타는 것들)	실제로 살아 있는 존재들(어떠한 환상성도 없다)	매우 간략한 묘사: 손과 여섯 날개	하나님의 보좌 위	하나님의 거룩함과 영광을 선포하기 위하여. 그들은 또한 불 속에서 숯불을 가져다가 이사야를 정결하게 하려고 그것을 그의 입에 댄다.
계 4:6-11; 5:6-14; 6:1-7; 7:11; 14:3; 15:7; 19:4	요한은 생물들로 둘러싸여 하늘의 보좌에 앉아 계신 하나님을 본다.	생물	실제로 살아 있는 존재들(어떠한 환상성도 없다)	생물마다 다른 얼굴(사자, 소, 인간, 독수리)과 여섯 날개를 갖고 있으며 많은 눈으로 덮여 있다.	하늘에 있는 하나님의 보좌 주변	하나님의 거룩함과 영광을 선포하기 위하여, 어린 양을 예배하기 위하여, 와서 인을 떼는 것을 보라고 요한에게 요청하기 위하여, 임금 진노의 대접을 주기 위하여.

5장 성전을 떠나신 하나님   **161**

성막과 성전에 있던 그룹들은 어떤 모습이었을까?

위에서 언급하고 도표에서 소개한 바와 같이 실제 그룹들(환상에서든 아니든)을 묘사하는 성경 본문과 그룹들을 예술적으로 묘사하는 본문을 서로 구별하는 것은 중요하다. 에스겔이 본 그룹들은, 심지어 환상 가운데 본 것이라고 하더라도, 그들에 대한 실제적인 묘사인 것으로 보이는 반면, 솔로몬이 지성소 안에 만들어 세워 놓으라고 지시한 그룹들은 단지 예술적인 표현, 즉 하나님의 수행원 역할을 하는 실제 그룹들을 상징할 뿐이다.

시리아 알레포 근처에서 발견된 아인다라 신전은 솔로몬 성전과 동일한 기본 설계를 갖추고 있다. 이 사진에 보이는 것은 여러 생물들이 지키고 있는 입구의 잔해들이다. 그들 중 일부는 사자들이지만, 사자의 몸에 사람의 머리와 날개를 지니고 있는 마치 그룹들과 비슷한 생물들도 묘사되어 있다. © Erik Hermans (2008) (photographer), "Statue of winged deity at Ain Dara, Syria," Ancient World Image Bank (New York: Institute for the Study of the Ancient World, 2009–) <http://www.flickr.com/photos/isawnyu/5613580338/>, used under terms of a Creative Commons Attribution license (CC_BY_2.0).

오늘날 학자들과 현대 예술가들이 성막과 성전에 있던 그룹들의 모습이 어떠했는지 묘사하고자 할 때 그들은 몇 가지 어려운 결정을 해야만 한다. 성막과 성전에 있던 그룹들이 고대 세계 곳곳에서 신전 및 왕궁에 묘사되어 있거나 개인 유물에 새겨진, 날개 달린 수호자 또는 스핑크스와 같은 합성 생물과 닮았을까? 만일 그렇다면 날개 달린 사자의 몸을 지닌 스핑크스를 따라야 할까, 아니면 날개 달린 황소의 몸을 지닌 스핑크스를 따라야 할까? 아니면 날개는 있지만 사람의 형상을 지닌 합성 모델이 더 나을까? 그렇다면 머리는 사람의 머리여야 할까, 아니면 다른 모양이어야 할까? 한편 이러한 모델들은 이스라엘 주변국의 이방 종교에서 유래한 반신적 생물에 기초한 것이다(비록 이스라엘도 이와 같은 우상숭배에 빠지긴 했지만 말이다). 과연 이러한 이방 종교의 모델이 성전과 성막의 지성소에 있던 그룹들의 모형이었을까?

무엇보다도 성경에서 실제 그룹을 저자가 직접 묘사한 본문은 요한계시록(그리고 어쩌면 이사야 6장)과 더불어 오직 에스겔 1장과 10장뿐이다. 따라서 만약 하나님의 보좌 주변에 있던 그룹들이 실제로 어떤 모습이었는지 혹은 에덴동산 입구에 있던 그룹들이 실제로 어떤 모습이었는지를 묻는다면, 이들이 제아무리 괴상해 보이더라도 우리가 내놓을 수 있는 최고의 답은 에스겔의 묘사다.

하나님은 성막 건축과 관련하여 모세에게 성막 짓는 방법과 언약궤와 그 궤 위의 금으로 된 덮개와 합체된 그룹들을 포함한, 모든 성막 관련 기구에 관해 명시적이며 상세한 지시를 내리신다. 이와 같은 맥락에서 출애굽기 본문은 하나님의 영이 모세가 고용한 이스라엘의 장인들을 가르치고 그들에게 능력을 부어주셨다는 사실을 분명하게 밝힌다. 따라서 성막 안의 그룹들은 하나님이 원하셨던 외관대로 제작되었을 개연성이 높다. 하나님은 성막 안의 그룹들이 천상의 실제 그룹들의 완벽한 모형이길 바라셨을 수도 있지만, 우리는 이를 기정사실로 받아들일 수는 없다. 어쩌면 이것은 성막 자체가 단지 천상에 있는 실체의 그림자에 불과한 것처럼 그룹 역시 천상에 있는 실체를 시각적으로 표현한 상징 혹은 심지어 그림자일 수도 있다.

"보좌 주위에 네 생물이 있는데 앞뒤에 눈들이 가득하더라"(계 4:6).

그러나 솔로몬이 성전에 홀로 서 있는 두 개의 거대한 그룹을 만들 때의 상황은 다르다. 그는 하나님으로부터 직접 지시를 받은 것 같지 않다. 더 나아가 솔로몬은 하나님의 영이 충만한 이스라엘 장인들 대신에 두로에서 온 가나안 사람(페니키아인)을 장인들의 우두머리로 고용한다. 따라서 솔로몬이 만들어 지성소에 놓은 그룹들은 가나안(페니키아)의 유물에서 전형적으로 발견되는 스핑크스를 닮은 수행원과 같은 존재를 따라 만들었을 개연성이 높다.

그룹이 지닌 의미에 대한 요약

성경에 나타난 그룹들은 서로 연관된 기능을 여럿 갖고 있는 것으로 보인다. 무엇보다 그룹들은 "불경한" 인간 세계와 하나님을 둘러싼 거룩한 공간 간의 경계를 나누는 역할을 한다. 또한 그들은 하나님께 나아가는 길목을 지키는 수호자의 역할을 한다. 더 나아가 그들은 하나님의 보좌와 관련이 있고, 따라서 하나님의 명령을 실행하는 종, 곧 그의 수행원으로서의 역할을 담당하기도 한다. 그런 의미에서 그들은 때로 하나님의 정의를 실현하는 중간 행정관의 역할을 담당하기도 한다.

다양한 동물이 결합된 그룹들의 모습은 잘 알려진 각 동물의 특정한 능력, 즉 황소의 힘, 사자의 힘과 위험성, 인간의 지혜, 맹금류의 공중 이동성과 속력 등을 상징한다.

언약궤가 어떻게 되었든지 간에?

언약궤는 성막과 성전에서 분명히 가장 중요한 물품이다. 왜냐하면 언약궤는 하나님의 거룩하고 놀라운 임재가 이스라엘 백성 가운데 거하시는 공간적 장소를 나타내기 때문이다. 그런데 이상하게도 성경은 이 언약궤가 후대에 어떻게 되었는지에 관해 아무런 언급이 없다.

솔로몬은 성전을 완공하자(기원전 960년) 언약궤를 지성소에 갖다 놓는다(왕상 8:1-9). 언약궤는 예레미야 시대에도 여전히 그 자리에 있었다. 왜냐하면 예레미야가 이를 언급하기 때문이다. 사역 초기에(기원전 627년) 예레미야는 언약궤가 사

라파엘로가 그린 에스겔의 환상(기원후 1518년). 그는 날개 달린 네 생물을 묘사하고 있지만, 각 생물은 오직 두 개의 날개와 한 개의 머리를 갖고 있다. 그 외에도 그는 어떤 이유에서든 푸토(르네상스 시대의 장식적인 조각으로 큐피드 등 발가벗은 어린이의 상-역자주)를 닮은 큐피드의 모습도 추가한다.
© Palazzo Pitti, Florence, Italy / Bridgeman Images.

라질 날이 올 것이라고 말한다. 더 나아가 예레미야는 사람들이 그것을 그리워하거나 또는 다른 것으로 교체하지도 않을 것이라고 담대하게 말한다(렘 3:16). 예루살렘과 유다 거민들이 예레미야의 말을 거부하고 계속해서 이방 신들을 숭배하자 바빌로니아는 예루살렘을 정복하고 성전을 약탈한 후에 이를 무너뜨린다. 예레미야 52:17-23과 열왕기하 25:13-17은 바빌로니아가 어떻게 성전을 약탈하고 금, 은, 동으로 된 값진 물품들을 가져갔는지를 설명한다. 그럼에도 언약궤에 대한 언급은 전혀 없다.

5장 성전을 떠나신 하나님

날개 달린 통통한 아기 그룹들은 어떻게 생겨난 것일까?

그리스-로마 신화에 등장하는 욕망, 에로틱한 사랑, 매력, 애정의 신은 그리스인들에게는 에로스(Eros)로, 로마인들에게는 큐피드(Cupid)로 알려져 있다. 큐피드는 종종 아모르(Amor)로도 알려져 있다. 초기 그리스 신화에서 에로스는 날개가 달린 호리호리한 청년으로 묘사되었지만, 후대로 갈수록 점점 더 날개가 달린 통통한 소년으로 발전한다. 그는 흔히 활과 화살을 들고 있는 모습으로 묘사되곤 하는데, 그가 쏜 화살을 맞은 사람은 누구나 억제할 수 없는 사랑과 욕망으로 가득 차게 된다.

이와 비슷한 외모를 지닌 다른 그리스-로마 신화의 인물은 푸토(*putto*)다. 푸토는 날개 달린 유아 혹은 아기로 묘사되며, 기원후 2세기에는 어린이들의 무덤을 장식하는 데 자주 등장했다.

르네상스 시대, 특히 1400년대와 1500년대에는 서양 화가들이 예전의 그리스-로마 신화의 주제들을 자신들의 예술 작품에 부활시켜 때로는(그렇지 않을 때도 있지만) 그것에 기독교적인 상징적 의미를 결합시키기도 했다. 이 시대의 저명한 화가들과 조각가들은—예를 들면 도나텔로나 라파엘로와 같은—푸토와 큐피드의 이미지를 결합하여 이 인물들을 천사가 등장할 만한 장면에 그려 넣기 시작했다(Dempsey, *Inventing the Renaissance Putto*). 그룹(cherub: *chrubim*의 단수형)은 바로 이 시대 천사의 한 범주를 가리키는 데 사용된 용어이며, 큐피드와 푸토에서 진화한 날개 달린 남아(男兒)의 이미지와 연관되기 시작했다. 오늘날 서구에서 큐피드를 밸런타인데이와 연관 지으면서 푸토와의 연결고리는 사라졌지만, 그룹들(*cherubs*)과의 연관성은 지속되고 있다(비록 히브리어 복수형인 *cherubim*은 사라졌지만). 따라서 오늘날 영어사전은 일반적으로 그룹을 다음과 같이 정의한다. (1) 흔히 그림에서 작은 날개와 둥근 얼굴과 몸을 지닌 아름다운 어린아이로 묘사된 천사의 한 종류, 그리고 (2) (예를 들면 어린아이와 같이) 작은 천사처럼 여겨지는 사람(Merriam-Webster online dictionary). 그룹(*cherub*)의 형용사 형태인 *cherubic*은 장밋빛이 나는 둥근 얼굴을 묘사하는 데 사용된다. 이것은 에스겔이 묘사한 무서운 그룹들과는 전혀 다른 것이다!

본장 앞부분에서 논의한 바와 같이 하나님의 임재는 바빌로니아 군대가 당도하기 전에 성전을 떠난다(겔 8-11장). 따라서 지성소를 보호하는 하나님의 거룩하고 강력한 임재는 더 이상 그곳에 없다. 십중팔구 바빌로니아 군대가 언약궤를 노획하여 다른 노획물들과 함께 그것을 바빌로니아로 가져갔을 가능성이 크다. 어쩌면 그들은 언약궤를 예루살렘에서 녹이거나 또는 바빌로니아로 가져가서 녹였을지도 모른다. 이에 관해 예레미야 52장과 열왕기하 25장이 침묵하고 있는 것은 아마도 그들이 여전히 언약궤를 성스러운 것으로 여겼기 때문일 것이다. 비록 하나님의 임재가 더 이상 언약궤 위에 거하지 않는다 하더라도, 성경 저자는 아마도 언약궤가 노획되거나 파괴된 것을 기록할 수 없었을지도 모른다. 아무튼 예레미야의 예언은 이렇게 성취된다. 언약궤는 사라지고 하나님의 임재는 후대에 그리스도의 성육신과 성령의 내주하심을 통해 다시 회복될 것이다. 따라서 오늘날 그리스도인들은 그 언약궤를 그리워하거나 새로 다시 만들 필요가 없다.

비록 대다수 학자들은 바벨론이 언약궤를 가져가 녹였을 것으로 추측하지만, 성경 본문이 언약궤에 무슨 일이 일어났는지 명확히 밝히지 않기 때문에 역사 전반에 걸쳐 언약궤의 운명에 관한 흥미로운 신화와 전설이 셀 수 없을 만큼 생겨났다.

"여호와의 말씀이니라.…사람들이 여호와의 언약궤를 다시는 말하지 아니할 것이요, 생각하지 아니할 것이요, 기억하지 아니할 것이요, 찾지 아니할 것이요, 다시는 만들지 아니할 것이라"(렘 3:16).

유대교 전설 가운데 하나는 바빌로니아가 당도하기 직전에 예레미야가 언약궤를 가져다가 성전산 아래의 터널과 동굴의 미로에 그것을 숨겼다고 전한다. 언약궤에 관한 이러한 불확실함 때문에 그 언약궤가 정확히 어디에 있는지 알고 있다는 주장과 함께 그러한 주장을 뒷받침해줄 "설득력 있는" 증거를 제시하는 새로운 책과 비디오, 영화, 그리고 "다큐멘터리"가 꾸준히 등장하고 있다. 하지만 이러한 최근의 주장은 학문적으로 철저하게 검증해보면 그 어느 것도 정확성이나 신뢰성이 입증되지 않는다. 위에서 언급한 바와 같이 대다수 학자들은 바빌로니아 사람들이 이 언약궤를 가져갔을 것으로 생각한다.

언약궤에 관한 매우 흥미로운 또 다른 이론은 그것이 에티오피아에 있다고 주장한다. 에티오피아에서 옛날부터 전해 내려오는 전설을 모은 기원후 14세기 문학 작품인 『케브라 나가스트』(Kebra Nagast, 왕들의 영광)에 의하면 시바의 여왕은 사실상 오늘날 에티오피아로 알려진 지역 출신이다. 이 전설은 그녀가 솔로몬을 방문한 후 고향인 에티오피아로 돌아와 솔로몬의 아들을 낳고 그에게 메넬릭(Menelik)이라는 이름을 지어준다. 그가 나중에 커서 아버지 솔로몬을 방문하기 위해 예루살렘으로 돌아가 거기 머무는 동안 그는 언약궤를 훔쳐 그것을 에티오피아로 가져온다. 그 후 메넬릭은 에티오피아의 왕이 되어 악숨 왕조를 세우고 악숨이라는 도시를 수도로 정한다. 에티오피아 정교회는 원래의 언약궤가 아직도 악숨에 있으며, 시온의 성모 마리아 교회(Church of St. Mary of Zion) 안에 있는 특별 보호 방에 은밀하게 숨겨져 있다고 주장한다. 안타깝게도 교회 관계자들은 학자나 그 어떤 외부인도 그것의 진위 여부를 확인하기 위해 그 성소에 들어가는 것을 허용하지 않는다.[3]

이 에티오피아 가설이 지닌 가장 심각한 문제는 이 전설의 기본 내용이 역사의 기록과 일치하지 않는다는 데 있다. 솔로몬 왕의 이스라엘 통치는 악숨 왕국의 형성과 메넬릭 관련 전설보다 거의 천년이나 앞선다. 따라서 솔로몬이 메넬릭의 아버지라든지 혹은 메넬릭이 그의 통치 기간에 언약궤를 훔쳐 갔을 가능성은 희박하다.

한편 에티오피아인들은 악숨에 있는 그 교회 안에 아주 오래된 **무언가**를 감춰놓고 있다. 이밖에도 에티오피아 정교회에서 거행하는 종교 축제는

---

[3] Hancock은 자신의 저서 『징조와 인』(Sign and the Seal)에서 에티오피아에 있는 언약궤의 위치에 관해 흥미로운 주장을 펼친다.

그들의 종교 의식 행렬에 언약궤의 모형을 포함시키는데, 이러한 전통은 수백 년 전으로 거슬러 올라간다. 이러한 전통은 어떻게 시작된 것일까? 다른 어떤 기독교 분파에서도 이러한 방식으로 언약궤를 포함시키지 않는데, 왜 에티오피아 정교회의 종교 의식에서는 이 언약궤가 이토록 중요한 역할을 하고 있을까?

언약궤와 에티오피아의 연관성에 대한 한 가지 설득력 있는 설명은 고대 이집트 남쪽 국경에 있는 나일강 상류에 위치한 엘레판틴이라는 작은 섬을 중심으로 전개된다. 기원전 6세기 초엽 이집트인들은 이집트의 남쪽 국경을 지키기 위해 요새를 만들고 그 요새에 유대인 용병들을 고용했다. 그 결과 거의 200년간 유대인 공동체가 엘레판틴 섬에 거주하게 되었다. 이 섬에 대한 현대 고고학적 발굴은 이 시기의 유대인들이 예루살렘 성전의 한 모형을 이곳에 세웠다는 사실을 밝혀냈다. 따라서 일부 학자들은 만일 그들이 성전의 모형을 세웠다면 아마도 언약궤의 모형도 만들었을 것이라고 주장했다. 이집트 남부에 거주하던 이 유대인 용병들에게 무슨 일이 있었는지는 아무도 모르지만, 그들이 언약궤의 모형을 갖고 엘레판틴 섬을 떠나 동편으로 이동하여 에티오피아 근처로 이주했으며, 따라서 오늘날까지 그 언약궤가 거기에 남아 있다고 추정하는 것은 적어도 가장 그럴듯해 보인다. 이 가설은 최소한 에티오피아 정교회에서 언약궤가 왜 이토록 중요한 역할을 하는지를 설명해준다. 만약 이 가설이 사실이라면 에티오피아인들은 원래의 언약궤가 아닌, 매우 오래되고(그리고 상당히 중요한!) 종교적 의미가 있는 상자를 악숨에 보관해놓고 있는 셈이다.

6장

제2성전

이 성전의 나중 영광이 이전 영광보다 크리라(학 2:9).

개요

솔로몬이 예루살렘에 지은 성전이 최초의 성전이므로 이스라엘 역사상 후대에 동일한 장소에 다시 지은 성전을 제2성전이라고 부른다. 이번 장에서 우리는 에스라와 학개가 활동한 포로기 이후부터 신약성경의 1세기에 이르기까지 여러 시대에 걸쳐 전개된 제2성전 및 다양한 건축과 확대 공사에 관해 논의할 것이다.

성전 재건을 위해 고군분투한 에스라와 학개

이스라엘의 왕과 백성이 하나님이 보내신 예언자들의 거듭된 경고에도 불구하고 계속해서 하나님을 거부하고 우상을 섬기자, 바빌로니아는 기원전 587/586년에 유다를 침략하고 예루살렘과 솔로몬이 지은 성전을 완전히 무너뜨린다. 망연자실해 있던 생존자 대다수는 바빌로니아에 포로로 끌려간다. 그럼에도 예레미야와 이사야 같은 구약의 예언자들은 심판과 유배 생활 이후 미래의 회복에 대한 희망을 약속하고, 바빌로니아에 있던 일부 생존자들은 그 희망에 매달린다.

    기원전 539년에 페르시아(바사)의 고레스 왕은 바빌로니아를 정복하고 그 지역에서 자신의 세력을 공고히 한다. 일 년 후 고레스 왕은 바빌로니아에 포로로 끌려온 이스라엘 백성이 고향인 유다와 예루살렘으로 돌아가 자신들의 도시와 성전을 재건할 수 있도록 칙령을 공포한다. 그는 심지어 바빌로니아가 성전에서 약탈해온 전리품인 금과 은으로 된 대접과 접시 일부까지 돌려준다(스 1장). 스룹바벨은 이스라엘 백성의 작은 무리를 이끌고 예루살렘으로 돌아와 성전과 도시를 재건하고자 노력한다. 우리는 흔히 바로 이 성전을 "제2성전"이라고 부른다.

에스라서에 기록되어 있듯이 백성들은 먼저 성전 앞뜰에 있던 놋제단을 재건하여 제사를 다시 시작할 수 있도록 한다. 그 이후 그들은 성전 재건을 시작하고 성전의 기초를 놓기 시작한다(스 3장). 유배

> "제사장들과 레위 사람들과 나이 많은 족장들은 첫 성전을 보았으므로 이제 이 성전의 기초가 놓임을 보고 대성통곡하였으나"(스 3:12).

생활에서 돌아온 이 작은 무리에게는 솔로몬 왕이 한때 소유했던 자원도 거의 없었고, 새롭게 재건된 성전은 전혀 호화롭지 않았으며 그 규모도 크게 축소되었다. 따라서 백성들은 이 건축 공사에 대해 에스라 3:12에 기록되어 있는 것과 같이 여러 복합적인 감정을 드러낸다. "제사장들과 레위 사람들과 나이 많은 족장들은 첫 성전을 보았으므로 이제 이 성전의 기초가 놓임을 보고 대성통곡하였으나, 여러 사람은 기쁨으로 크게 함성을 지르니." 기원후 1세기 말(즉 500년이 지난 후) 유대인 역사가 요세푸스는 여전히 유대교 전승을 반영하면서 페르시아 왕들이 예루살렘에 재건될 성전의 크기와 높이가 절대 60규빗을 넘지 못하도록 명령했다고 기록한다. 우리는 이 60규빗을 폭, 너비, 높이에 어떻게 적용했는지 확실히 알 수 없지만, 요세푸스는 성전의 규모가 축소된 것은 당대의 페르시아 왕들의 칙령 때문이라고 확신한다.[1]

그러나 에스라 1-6장이 설명하듯이 성전 재건 사업은 즉시 주변국 지도자들의 반대에 부딪히며, 예루살렘 주민들은 학개 1장에 기록되어 있듯이 성전 재건이라는 어려운 작업에 흥미를 잃기 시작했고, 오히려 성전 재건을 위한 노력과 에너지를 자신의 집과 개인의 안녕에 쏟아붓기 시작했다. 그 결

---

[1] Josephus, *Antiquities of the Jews* 15.11.1.

과 성전 건축은 기원전 536년에 완전히 중단되고, 성전은 미완성된 상태로 그대로 남아 있었으며, 아마도 예언자 학개가 개입하기까지 16년간 잡초가 무성했을 것이다. 그는 성전을 완성하지 않은 백성을 책망하고 재건 사업의 완성을 강권한다. 학개는 백성들이 다시 성전 재건에 복귀하도록 동기를 부여하는 데 성공하고, 그들은 에스라 6:13-18에 기록된 대로 제2성전을 완공한다. 그러나 학개 2:1-3에서 언급한 바와 같이 제2성전은 솔로몬이 세운 장엄하고 웅장한 성전과는 상당히 큰 차이를 보였다.

하지만 하나님은 이 성전이 호화롭지 않은 것에 대해 전혀 개의치 않으시는 것처럼 보인다. 하나님은 백성에게 성전이 화려하지 않은 것으로 인해 낙심하지 말라고 말씀하시며 그의 영이 여전히 그들 가운데 거하신다는 더욱 중요한 사실을 상기시킨다(겔 36:26-28에 에스겔이 예언한 것처럼). 또한 하나님은 그들에게 "이 성전의 나중 영광이 이전 영광보다 크리라"(학 2:9)고 말씀하시는데, 사실 이 예언은 헤롯이 후대에 세운 거대한 성전이 아닌 예수 그리스도의 오심을 통해 성취된다.

더 나아가 이 짧은 성전 건축 기사를 성막 건축 기사(출애굽기) 및 솔로몬의 성전 건축 기사(열왕기상, 역대하)와 비교해볼 때 우리는 몇 가지 놀라운 사실을 발견한다. 물론 이 중 하나는 이야기의 간결함이다. 여러 장을 할애하며 구체적인 세부 사항을 담고 있는 성막 기사나 성전 기사와는 달리, 제2성전 건축 이야기는 단지 몇 절에 불과하며, 세부적인 내용은 거의 없다(스 3:1-13; 6:13-18; 학 1:13-15).

주목할 만한 또 다른 차이점은 바로 각 기사가 강조하는 초점에 있다. 에스라서와 학개서 본문은 유배 생활에서 귀환한 이스라엘 백성에게 왕이 없었으며 그들이 여전히 매우 강력한 페르시아의 통치하에 있었다는 점을 반복적으로 강조한다. 사실 에스라서의 핵심 줄거리는 이스라엘 백성을 다스리는 페르시아 왕이 과연 그들의 성전 재건을 계속해서 허용할지의 여부다. 에스라서의 성전 완공 기사(스 6:13-18)에서 페르시아 왕 다리우스가 세 번 언급된다(6:13, 14, 15). 이는 고국으로 다시 돌아와 유대라는 페르시아의 작은 속주에 사는 이스라엘 백성이 여전히 외세의 지배하에 있다는 사실을 강조한다.

그렇지만 제2성전 건축 기사와 이전의 성막 및 솔로몬 성전 건축 기사 간의 가장 큰 차이점은 이제 하나님의 영광이 성전에 임하셨다는 언급이 전혀 없다는 것이다. 성막 기사와 솔로몬의 성전 기사에서는 지성소에 거하시고자 오신 하나님의 강림이 최고 절정을 이루는 **가장** 핵심적인 사건이었다.

"이 성전의 나중 영광이 이전 영광보다 크리라"(학 2:9).

성막과 성전의 요점은 문자 그대로 하나님이 오셔서 실제로 백성 가운데 거하시도록 처소를 제공하는 것이었다. 그러나 제2성전에서는 그런 일이 일어나지 않았으며, 이것은 매우 중요한 변화임을 암시한다. 하나님은 여전히 자신의 임재를 약속하시지만(학 2:4-5), 이번에는 자신이 실제로 성전 지성소에 거하시지 않고 백성 가운데 임하실 자신의 영에 초점을 맞추신다. 하나님은 자신의 영광이 성전에 임하여 그곳을 가득 채우실 것을 약속하지만(학 2:6-9), 이 일이 일어날 시기를 불특정한 미래의 일로 남겨두신다.

이와 관련이 있는 것은 제2성전 기사(에스라, 학개, 유대 역사가 요세푸스) 가운데 그 어디에서도 언약궤를 언급하지 않는다는 사실이다. 성막에서는 하나님의 임재가 언약궤 위에 계셨기 때문에 언약궤가 성막 안에서 가장 중요하고 핵심적인 요소였다는 것을 기억하라. 그러나 제2성전 기사에서는 비록 지성소에 관한 언급은 있지만, 언약궤나 그룹에 관한 언급은 없다. 사실 나중에 이번 장에서 다루겠지만, 기원후 63년에 로마 장군 폼페이우스가 지성소에 들어갔을 때는 이미 언약궤가 그곳에 없었다.

하나님의 임재가 제2성전 안에 계시지 않았다는 점은 명심해야 할 사안이다. 유배 생활에서 돌아온 이들은 소규모의 축소판 성전을 재건하지만, 하나님은 자신의 영광이 이 성전에 도래할 것과 관련해서는 그들이 앞으로 다가올 미래를 소망할 것을 촉구하신다. 다시 말하면 이 성전이 지어졌지만, 더 중요한 것은 이 성전이 장차 새롭고 놀라운 방식으로 미래에 실현될 하나님의 임재를 고대하는 것과 연관되어 있다는 것이다. 이러한 기대는 예수 그리스도의 오심을 통해 성취될 것이다.

에스라부터 헤롯까지의 제2성전

에스라서에서 제사장 에스라는 성전 재건에 관한 기록을 남기지만, 성전이 완공되고 상당한 시간이 흐른 후에야 비로소 다시 예루살렘으로 돌아온다. 즉 비록 제2성전이 기원전 520년에 재건되지만, 에스라를 비롯하여 그와 함께 2차로 귀환한 이들은 기원전 458년이 되어야 예루살렘에 도착했다. 에스라는 예루살렘으로 귀환된 이들이 다시 성전에서 예배드리는 것을 포함하여 그들의 종교 활동을 재편하는 데 중추적인 역할을 담당한다. 에스라서에 기록된 사건과 밀접하게 연관되어 있는 느헤미야서의 사건은 느헤미야와 다른 이들이 3차로 귀환하고, 적어도 성전산과 옛 다윗성 주변의 예루살렘 성벽을 재건한 기원전 445년에 시작된다. 느헤미야서의 성전 재건 기사(느 3:1-32)에서 느헤미야가 건축한 동쪽 벽 및 북쪽 벽 대부분은 성전산의 동쪽과 북쪽 벽 역할도 동시에 수행한다. 느헤미야는 **제사장의** 집안들이 성벽의 이 부분을 건축했음을 지적하고(느 3:1, 28), 이 제사장들이 "각각 자기 집과 마주 대한 부분을 중수하였고"라고 기록한다(3:28). 따라서 당시 예루살렘으로 귀환한 제사장들은 성전 근처에 있던 성전산 위에 자신들의 거처를 정하고 살았다.

연대기적으로 구약성경은 에스라-느헤미야의 사역(기원전 458-430년)으로 끝이 나고, 그로부터 신약 시대에 이르기까지 약 400년간 예루살렘이나 성전에 관한 정보가 성경에 전혀 없다. 한편 외경으로 구분되는 마카베오 1서와 마카베오2서, 그리고 1세기 유대 역사가 요세푸스의 글은 이러한 "신구약 중간기"에 예루살렘 안팎에서 일어난 사건에 관한 풍부한 정보를 우리에게 제공해준다. 성전산과 관련해서도 우리는 이 시기의 고고학적 자료를 일부 갖고 있다.

이 문은 이슬람교도들이 십자군을 추방한 후에 봉쇄되었다. 이 사진에서 보이는 문과 벽의 대부분은 기원후 969년과 1541년 사이에 건축되었다. 하지만 벽의 가장 낮은 부분, 즉 하단 두 층의 큰 블록들은 첫 번째 성전 시대의 것으로 추정된다.

페르시아는 기원전 332년에 알렉산드로스 대왕이 전 지역을 정복하고 예루살렘을 점령할 때까지 팔레스타인/유대를 통제한다. 기원전 323년에 알렉산드로스 대왕이 죽자 그의 부하인 네 명의 장군이 그의 제국을 각각 나누어 갖는다. 셀레우코스 니카토르(Seleucus Nicator)는 바빌로니아, 소아시아, 시리아를 물려받는다. 프톨레마이오스 1세는 이집트, 북아프리카, 그리고 새롭게 탄생한 두 제국의 경계선에 인접해 있는 팔레스타인/유대를 물려받는다. 따라서 예루살렘은 기원전 323년부터 기원전 198년, 즉 셀레우코스 왕조의 안티오코스 3세가 예루살렘을 함락시킬 때까지 이집트의 프톨레마이오스 왕조의 통치를 받는다. 프톨레마이오스 왕조의 왕들은 예루살렘 성전에서 드리는 유대교 예배에 관대했고, 안티오코스 3세는 이러한 정책을 계속 이어갔다. 그러나 기원전 175년에 안티오코스 4세가 권좌에 오른다. 그는 자신을 안티오코스 "에피파네스"("신의 현현"이라는 의미)라고 부른다. 그는 예루살렘을 그리스어를 말하며, 그리스 신을 예배하는 헬레니즘(그리스) 도시로 바꾸기로 결심한다. 그는 유대교와 모든 형태의 유대교 예배, 특히 성전에서 드리는 예배를 금지한다. 기원전 167년에 안티오코스는 성전을 약탈하고, 성전 뜰 안에 자신의 조각상을 세우고, 성전 자체를 제우스 신전으로 개조하여 성전 안에 제우스 신을 위한 제단을 두고, 이 제단 위에서 돼지를 희생제물로 바치며 성전을 모독한다.

이러한 행위는 대다수 유대인을 격분시켰다. 하스몬(마타티아스의 조부의 이름에서 유래됨) 일가로 알려진 제사장 가문의 마타티아스라는 사람과 그의 다섯 아들은 안티오코스에 대항하여 반란을 음모하고 주도한다. 마타티아스의 아들 중 하나인 유다는 이 반란에서 핵심적인 역할을 하며 마카베우스("망치")라는 별명을 자신에게 붙이는데, 그 결과 이 가문은 마카비 일가로 알려지게 된다. 기원전 164년에 그들은 셀레우코스 왕의 군대를 무찔러 예루살렘을 탈환하고 성전을 정화한다. 성전을 정화한 것을 기념하기 위해 오늘날까지도 지키고 있는 유대교 명절인 하누카를 제정한다. 또한 하스몬 일가는 왕이 대제사장을 겸하는 군주제를 제정하고, 대략 그로부터 백 년간 예루살렘/유대는 독립 국가로서 왕과 대제사장 직을 겸하는 유대인 왕(하스몬 왕조)이 통치하게 된다.

하스몬 일가가 성전 혹은 성전산을 확장했다는 사실을 알려주는 문헌적 기록은 없지만, 우리는 하스몬 일가가 성전산(원래 500규빗×500규빗의 크기이지만, 후대의 측정법을 적용하면 약 260미터×260미터의 크기임)을 남쪽으로 27미터를 확장시켰다는 강력한 고고학적 증거를 갖고 있다.[2] 헤롯왕 시대의 동쪽 벽 대부분과 성전산 동쪽 가장자리에 있는 솔로몬의 행각 역시 하스몬 일가 시대로 거슬러 올라간다. 또한 하스몬 왕들은 바리스라는 이름으로 알려진 요새를 성전산 근처에 짓는다.[3]

> 기원전 167년에 안티오코스는 성전을 약탈하고, 성전 뜰 안에 자신의 조각상을 세우고, 성전 자체를 제우스 신전으로 개조한다.

그러나 그 이후로 하스몬 왕조는 여러 무능하고 부패한 왕이 왕위에 오르면서 타락하고 만다. 또한 대제사장이 하스몬 왕가와 밀접한 관계를 유지하면서 대제사장 직도 정치와 경제를 장악하기 위해 서로 사고 팔고 다투는 자리가 되어 역시 타락하고 만다. 기원전 67년에는 하스몬 일가의 두 왕자, 히르카노스 2세와 아리스토불로스 2세 사이에서 대제사장과 왕의 자리를 놓고 내란이 발생한다. 이 무렵 로마 제국이 이 지역의 절대적 권력으로 부상했기 때문에 히르카노스와 아리스토불로스는 모두 로마 제국에 도움을 요

---

[2] Shanks, *Jerusalem's Temple Mount*, 119.
[3] Josephus, *Antiquities of the Jews* 15.11.4.

청한다. 기원전 63년 로마 제국 장군 폼페이우스는 히르카노스 2세의 편을 들며 자신의 군대를 이끌고 예루살렘으로 들어와 아리스토불로스 2세와 그의 군대가 점령하고 지키고 있던 성전을 포위한다. 3개월간의 포위 끝에 로마 제국은 성전 벽을 무너뜨리고 성전 안에 있던 모든 수비군을 살육한다(요세푸스는 성전 안에서 폼페이우스에게 죽임을 당한 이의 수가 12,000명에 달했다고 말한다).[4] 폼페이우스는 성전과 심지어 지성소에까지 들어가지만, 성전을 약탈하지는 않는다.[5] 요세푸스는 폼페이우스가 성전 안에서 본 금 등잔대, 진설병을 놓는 금으로 된 상, 성소 안에 있던 많은 금 식기를 열거하지만, 위에서 언급한 것처럼 지성소의 언약궤나 그룹은 언급하지 않는다.[6]

성전산 동쪽 벽 남쪽 끝부분의 조망. 벽 하단의 큰 돌 블록들은 하스몬 왕조 시대에 확장되거나(오른편에 있는 더 거친 돌들) 헤롯 왕 시대에 확장된 것이다(왼편에 있는 더 매끄러운 돌들). 매끈하게 벽돌을 쌓은 맨 위층들과 난간은 후대 점령기에 만들어진 것이다(기원후 10-16세기 이슬람 혹은 터키 점령기).

---

4   Josephus, *Antiquities of the Jews* 14.4.4.

5   Ferguson, *Backgrounds of Early Christianity*, 387-89; Shanks, *Jerusalem's Temple Mount*, 119-20; Josephus, *Antiquities of the Jews* 14.4.4.

6   Josephus, *Antiquities of the Jews* 14.4.4.

그러나 위에서 지적한 바와 같이 성경에는 하나님의 임재가 다시 이 성전으로 귀환했다는 증거가 없다는 사실을 기억하라. 학개와 유배 생활에서 돌아온 이들이 성전을 재건하고 어쩌면 언약궤를 다시 만들어 지성소 안에 두었을 수도 있지만(비록 이에 관한 기록은 없지만), 하나님은 성막과 솔로몬의 성전 때처럼 이 성전에 임하셔서 자신의 영광으로 이 성전을 가득 채우지 않으셨다. 따라서 로마 장군 폼페이우스는 하나님께 죽임을 당하지 않고서도 지성소에 들어갈 수 있었던 것이다.

하스몬 왕조 시대에 성전산은 남쪽으로 확장되었다. 이후 성전산은 헤롯의 통치하에 훨씬 더 남쪽으로 확장되었다. 성전산 남동쪽 모퉁이 근처를 보여주는 이 사진 한가운데 있는 "이음매"를 주목하라. 사진 오른편의 거칠고 표면이 고르지 않은 돌들은 하스몬 왕조 시대에 확장된 것이고, 사진 왼편의 표면이 매끈한 돌들은 헤롯 시대에 확장된 것이다. 사진 왼편 상단에 돌출된 돌들은 헤롯 시대에 동쪽 벽 남쪽 끝에 있던 작은 문의 일부였다.

폼페이우스와 로마 군대의 점령과 함께 예루살렘과 유대 지방은 로마 제국의 통제하에 들어가지만, 그 후 30년간 이 지역은 상당히 불안정한 상태가 지속된다. 이렇게 불안정하고 정치적 음모가 난무한 기간 동안 에돔의 귀족

(에돔은 유다 바로 남쪽에 위치해 있었지만 유대 지역에 속하지 않음)인 안티파테르와 그의 아들 헤롯이 다양한 행정직을 맡으면서 로마 제국이 이 지역을 점령하는 데 도움을 준다. 따라서 기원전 40년에는 로마 원로원이 헤롯을 유다의 왕으로 임명하기에 이르고, 예루살렘이 다시 한번 포위를 당하는 사건을 포함하여 약 3년간의 진통 끝에 헤롯은 로마 장군 마르쿠스 안토니우스의 강력한 지지를 받아 자신의 세력을 공고히 하고 예루살렘에서 왕으로 확고하게 통치를 해나가기 시작한다. 그러나 그의 아버지는 에돔 사람이었고 어머니는 나바테아(유다 바로 동쪽 지역, 고대 에돔) 사람이었기 때문에 그는 심지어 혈통상으로도 유대인이 아니었다. 그는 하스몬 가문의 공주와 결혼함으로써 그의 왕위 계승권을 강화시킨다. 비록 헤롯이란 이름으로 불렸지만 학자들은 그보다 효율적이거나 강력한 세력을 갖지 못한 그의 아들들과 손자들(복음서와 사도행전 전반에 걸쳐 등장하는)과 구분하기 위해 그를 전형적으로 "헤롯 대왕"이라고 부른다.

회당의 출현

우리는 예수 시대의 신약성경과 요세푸스의 글에서 회당에 대한 수많은 언급을 접한다. 건물과 기관을 모두 일컫는 그리스어 단어는 "쉬나고게"(*synagōgē*, 이 단어로부터 영어 단어 "synagogue"가 파생됨)와 "프로슈케"(*proseuchē*, 문자적으로는 "기도의 집" 혹은 "기도의 장소")다. 회당에 대한 가장 이른 시기의 언급은 기원전 300년경 이집트의 돌 비문과 파피루스 문서에서 발견되었다. 이스라엘의 여러 회당 유적지는 기원후 1세기로 거슬러 올라가며, 그로부터 수백 년 동안 잘 지어진 수많은 회당이 유대인 공동체가 흩어져(디아스포라) 살던 그리스-

로마 세계 전역에서 생겨났다.

흥미롭게도 구약성경에서는 회당에 대한 언급이 전혀 없다. 구약성경은 그 어디에서도 유대인들이 안식일에 모여 예배를 드려야 한다고 말하지 않는다. 다시 말하면 신약성경에서 흔히 언급하는 안식일에 회당에서 드리는 예배는 하나님이 구약성경에서 이스라엘 백성에게 주신 신앙 행위의 일부가 아니라 기원전 587-586년 바빌로니아 유배 이후에 생겨난 것이다. 유배 기간과 신약 시대 사이에 유대교 신앙은 의미심장한 변화 혹은 "패러다임의 변화"[7]를 경험하는데, 거기서 회당과 안식일은 유대인의 삶에서 점점 더 핵심적인 역할을 담당하게 된다. 따라서 많은 학자들은 (회당 없이 구약성경에 기초한) 구약의 신앙과 규칙적인 회당 예배가 도입된 종교로 진화된 유대교를 서로 구별한다.

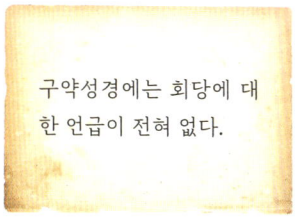

구약성경에는 회당에 대한 언급이 전혀 없다.

이러한 회당이 어떻게 발전하게 되었는지는 어느 정도 쉽게 이해할 수 있다. 바빌로니아에 포로로 끌려간 이후 성전은 이미 폐허가 되고, 흩어진 유대인들은 제사를 드리거나 절기를 지킬 수 없게 되자 자신들이 드리는 예배를 토라(성경의 첫 다섯 책)에 중점을 두었고 정기적인 예배 행위 안에 안식일 모임을 추가했다. 구약성경은 모든 남자가 참석해야 하는 희생제사 및 절기를 포함하여 모든 예배가 철저하게 성전에서 이루어지도록 규정했다. 회당이 생겨나자 이제는 민족의 중요한 절기를 지키기 위해 예루살렘으로 순례의 길에 오르는 것에서 매주마다 모이는 지역 모임으로 그 중심이 바뀌었다. 흥미로운 점은 예수 시대에 정상적으로 기능하던 거대한 성전이 예루살렘에 있었음에도 불구하고 유대와 갈릴리 전역에서 아주 흔히 회당을 볼 수 있

---

7 이것은 Küng, *Judaism*이 선호하는 용어다.

었다는 것이다. 따라서 역사적으로 이 단계에 와서 유대교는 성전과 회당에서 드리는 예배에 모두 중점을 두게 된 것이다. 우리는 신약성경에서 예수가 정기적으로 이 두 곳에서 모두 유대 지도자들과 토론을 벌이는 모습을 본다.

갈릴리 가버나움 회당의 유적

회당은 희생제사나 제사장과는 거의 아무런 상관이 없었다. 회당은 비(非)제사장 랍비 혹은 선생이 인도하는 기도의 장소이자 토라를 읽고 가르치는 장소였다. 대다수 회당은 종교적인 학교의 역할을 비롯하여 공동체의 문제를 다루고 하위 법정을 위한 장소로 사용되었다.

헤롯 성전의 화려함과 타락

헤롯 대왕의 통치하에 웅장하게 재건되고 확장된 제2성전을 묘사하는 성경 본문은 없다. 복음서와 사도행전은 뜰, 뜰 주변의 주랑(행각), 문, 그리고 심지어 북서쪽 모퉁이의 안토니아 요새 등을 언급하지만, 성전 자체를 직접 묘사하는 정보를 거의 제공해주지 않는다. 그러나 1세기 유대 역사가 요세푸스는 이 성전과 동시대 인물이며, 우리에게 헤롯 성전을 직접 목격한 자로서 방대한 자료를 제공해준다. 랍비들의 유대교 전승 모음집인 미쉬나(기원후 200년경에 편찬되었지만 그 이전의 전승을 반영함) 역시 이 성전에 관한 다수의 정보를 제공해준다. 기원후 70년에 이 성전을 무너뜨린 로마 제국 역시 일부 추가적인 정보를 제공한다. 마지막으로 비록 성전 본 건물에 대한 고고학적 잔해는 발견되지 않았지만, 헤롯의 거대한 성전산 건축물 하단에 있는 다수의 기초석과 여러 문의 일부와 입구, 진입로, 계단 등이 발견되어 오늘날에도 예루살렘에서 이를 실제로 눈으로 볼 수 있다.

> 헤롯 대왕은 그의 작은 왕국 안에 네 개의 신전을 건축한다. 예루살렘에 있던 성전은 유대인들의 하나님께 헌정한 것이지만 나머지 셋은 로마 황제 아우구스투스에게 헌정한 것이다.

　헤롯 대왕은 하나님을 향한 자신의 신앙심 때문에 이 성전을 건축한 것이 아니라는 점을 유념하라. 역사 기록은 그의 건축 업적은 놀랍지만, 그의 인생은 비열하고 천박했음을 명백히 보여준다. 헤롯 대왕은 유대 공주인 그의 아내가 자신의 두 아들과 함께 자신을 권력에서 끌어내리고자 음모를 꾸미고 있다고 의심하여 그들을 처형시킨 잔인하고도 무자비한 인물이다. 또한 우리는 헤롯이 동방 박사로부터 "새로운 왕" 예수가 나셨다는 소식을 들고 베들레헴에 있는 모든 아기를 죽인 인물임을 기억한다(마 2:16-18). 바로 이 헤롯 때문에 요셉과 마리아는 목숨을 건지기 위해 아기 예수를 데리고 이집트으로 피신한다.

하지만 헤롯 대왕은 유능하고 건축에 열정이 많은 인물이었다. 재건되고 확장된 예루살렘 성전이 그의 유일한 건축 사업이 아닐뿐더러 그의 유일한 신전 건축도 아니었다. 여러 웅장한 왕궁을 비롯하여 가이사랴, 헤로디움, 마사다, 세바스테, 예루살렘 등에 요새를 지은 것 외에도 그는 자신의 작은 왕국 전역에 네 개의 신전을 지었다. 유대인의 하나님께 바친 예루살렘 성전은 바빌로니아 유배 생활에서 돌아온 후에 학개와 스룹바벨이 건축한 제2성전을 다시 재건한 것이다. 헤롯이 세바스테, 가이사랴, 파네아스에 지은 다른 세 신전은 헤롯의 후견인인 카이사르 아우구스투스에게 바친 이방 신전이다.[8]

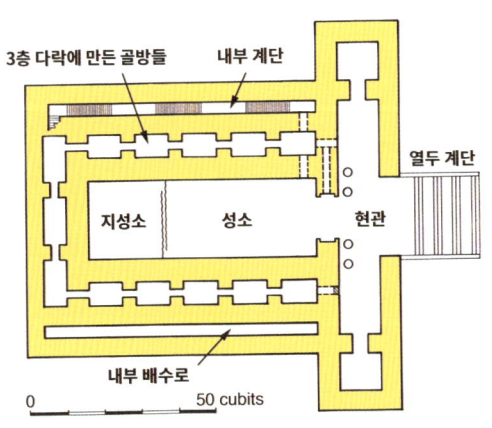

헤롯 성전의 평면도 Reconstruction. © Dr. Leen Ritmeyer.

---

8   Netzer, *Architecture of Herod*, 270-76.

헤롯 성전의 내부

요세푸스는 헤롯이 주도한 건축 사업 가운데 가장 위대한 것이 헤롯 성전일 것이라고 말한다. 그는 "헤롯은 그가 통치한 지 18년이 되는 해에…위대한 일, 즉 하나님의 성전을 건축하는 일에 착수했고, 성전의 규모를 더 확대하고 가장 높은 고도에 이르도록 그 높이를 올렸으며, 그의 모든 활동 가운데 성전 건축이 가장 영광스러운 것이 되도록 이를 완벽하게 만들었으며 실제로도 그러했다. 이 성전이야말로 그를 영원히 기념하기에 충분했다"라고 기록한다.[9] 헤롯은 이 웅장한 성전을 건축하기 위해 먼저 스룹바벨과 학개가 지은 옛 성전을 허물어야만 했다. 실제로 요세푸스는 "따라서 헤롯은 옛 기초를 헐고 새로 다른 기초를 세운 뒤 그 터 위에 성전을 세웠다"라고 기록한다.[10] 요세푸스는 헤롯이 옛 성전을 허문 후에 새 성전을 완성하지 못할 수도 있다는 유대 백성들의 불안감을 잠재우는 데 필요한 자원을 사전에 충분히 축적해 놓았으며, 수천 명의 일꾼을 훈련시켰는데 그중 대다수가 제사장 가문 출신이었다고 한다. 이 일꾼들에 대한 흥미로운 증거 가운데 하나가 이 시기의 예루살렘 동굴 무덤에서 발견되었다. 이 동굴에서 발견된 유골함(죽은 자의 뼈를 담아둔 돌 상자) 가운데 하나에는 "시몬, 성전 건축자"라는 이름이 새겨져 있었다.[11] 요세푸스는 제사장들이 성전과 그 주변에 울타리 벽을 세웠으며, 헤롯은 (유대인이 아니므로) 유대인이나 제사장에게만 허용된 구역에 실제로 전혀 들어간 적이 없다고 말한다. 그럼에도 헤롯은 여전히 이 건축 사업 대부분을 원격 지도했을 것이 분명하다. 요세푸스는 헤롯이 주변의 외벽과 방대한 주랑 현관 건축을 직접 감독했다고 말한다.

9　Josephus, *Antiquities of the Jews* 15.11.1.
10　Josephus, *Antiquities of the Jews* 15.11.3.
11　Shanks, *Jerusalem's Temple Mount*, 75.

성전산 건축물 및 이와 관련된 문, 입구 계단, 주변 거리, 상점, 종교 의식을 위한 욕조 등에 대한 방대하고 웅장한 고고학적 잔해가 남아 있지만, 성전 자체에 대한 실제 잔해는 발견되지 않았다. 따라서 학자들은 정확히 성전산 위 어디에 성전이 있었는지 확실히 알지 못한다. 그러나 대다수 학자는 현재 황금 돔이라고 불리는 이슬람교 사원이 있는 곳에 성전이 있었을 것으로 믿고 있다. 사실 황금 돔 아래로 바위 바닥이 0.79미터×1.32미터의 직사각형 모양으로 움푹 패어 있다. 어느 학자는 이것이 솔로몬 성전의 언약궤가 있던 원래 위치라고 주장한다. 또한 그는 이것이 지성소의 중심을 나타낸다고도 주장한다. 이 학자는 (학개/스룹바벨과 헤롯이 지은) 이 두 제2성전의 지성소를 바로 이 움푹 패인 곳 위에 지었을 것으로 추정한다.[12] 이것은 매우 타당성 있는 주장이며, 상당히 개연성 있는 헤롯 성전의 위치와 방향을 제시한다.

헤롯은 솔로몬의 성전 설계와 동일한 기본 양식을 따라 제2성전을 재건한다. 따라서 헤롯 성전 또한 지성소, 성소, 현관, 여러 뜰 등으로 구성되어 있다. 솔로몬의 성전처럼 헤롯 성전의 입구도 동쪽을 향하고 있다. 미쉬나와 요세푸스는 한결같이 헤롯 성전의 크기가 폭이 100규빗, 길이가 100규빗, 높이가 100규빗이라는 데 동의한다. 그 당시에 사용하던 규빗은 약 53센티미터 혹은 58센티미터(출애굽기와 열왕기상에서 사용하던 46센티미터 정도의 옛 규빗과는 달리)였을 가능성이 높다. 헤롯 성전의 규모를 계산하기 위해 우리는 일반적으로 인정되는 20.67인치(52.5센티미터)의 규빗 길이를 사용할 것이다.[13]

폭 100규빗(52.4미터)은 아마도 성전의 입구 역할을 하는 현관의 폭을 가리킬 것이다. 성소와 지성소만을 포함하는 성전 자체는 이보다 더 좁다. 요

---

12 Ritmeyer and Ritmeyer, *Secrets of Jerusalem's Temple Mount*, 99-119.
13 성경에 나타난 규빗의 길이에 관한 복잡한 논의는 다음을 보라. Powell, "Weights and Measurements," 897-901.

세푸스는 폭을 60규빗(31.4미터)으로 기록한 반면, 미쉬나는 70규빗(36.9미터)으로 묘사한다. 미쉬나는 현관으로부터 성소까지 점차 줄어드는 폭을 묘사하면서 이것이 사자의 모양과 유사하다고 말한다. "성전의 뒷부분은 좁고 앞부분은 넓어 마치 사자를 닮았다.…사자의 뒷모습이 좁고 앞모습이 넓은 것과 마찬가지로 성전 역시 뒷부분이 좁고 앞부분은 넓었다."[14]

헤롯 성전의 지성소는 솔로몬의 성전과 동일하게 20규빗(10.36미터)×20규빗이다 (적어도 문자적으로는 그렇다. 위에서 언급한 것처럼 규빗의 실제 길이가 늘어났기 때문이다. 따라서 실제 헤롯 성전의 지성소 크기는 아마도 솔로몬 성전의 지성소보다 약간 커 보인다). 또한 성소의 폭은 20규빗(10.36미터)이고, 길이는 40규빗(21미터)이다. 솔로몬의 성전과 달리 헤롯의 성전에는 성소와 지성소를 나누는 벽과 견고한 문이 없고, 단지 수를 놓은 매우 두꺼운 휘장만이 있을 뿐이다. 또한 외부에서 성소로 들어가는 통로는 솔로몬의 성전처럼 나무로 된 문 대신 단지 휘장으로만 가려져 있다.

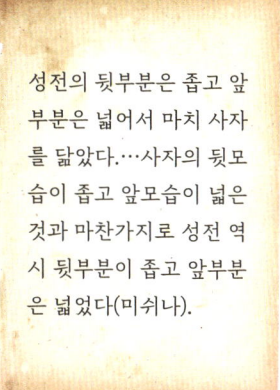

성전의 뒷부분은 좁고 앞부분은 넓어서 마치 사자를 닮았다.…사자의 뒷모습이 좁고 앞모습이 넓은 것과 마찬가지로 성전 역시 뒷부분이 좁고 앞부분은 넓었다(미쉬나).

솔로몬 성전의 성소 안에는 등잔대 열 개와 진설병이 놓인 상 열 개가 있지만, 헤롯 성전에는 성막에서와 같이 등잔대와 진설병 상이 각각 한 개씩 있을 뿐이다. 또한 헤롯 성전에는 분향단이 성소에 있었지만, 솔로몬의 성전에는 지성소 안에 있었다.

---

[14] Mishnah, *Middot* 4.7. Netzer, *Architecture of Herod*, 150-51에 인용됨.

기원후 70년에 예루살렘 성전을 약탈하는 로마 군인들을 묘사한, 로마에 있는 티투스의 아치에 조각된 장면. 로마 군인들은 금으로 된 메노라(등잔대)를 실어 나르고 있다.

본서 앞부분에서 우리는 성막에 있던 금 등잔대가 어떤 나무를 닮았으며, 아마도 오늘날 이스라엘을 상징하는 일곱 개 가지가 달린 메노라처럼 생기지는 않았을 것이라는 사실을 살펴본 바 있다. 그러나 헤롯 시대에는 일곱 개 가지가 달린 메노라가 사용된 것으로 보여 아마도 헤롯 시대에 성소에 있던 금 등잔대는 오늘날 우리에게 친숙한 메노라와 비슷한 모양이었을 것이다. 사실 기원후 70년에 예루살렘 성과 성전을 멸망시킨 후 로마 제국은 승리를 자축하고 또 포위 작전을 지휘한 티투스 장군(그리고 나중에 카이사르)에게 경의를 표하기 위해 아치 모양의 기념비를 세운다. "티투스의 아치"로 불리는 이 건축물은 아직도 로마에 남아 있으며 아주 유명한 관광 명소다. 이 아치의 내부에는 예루살렘 성전에서 노획한 보물을 실어 나르는 로마 군사들의 모습이 조각되어 있다. 이렇게 노획한 물건 중에는 메노라, 즉 일곱 가지 모양의 등잔대가 매우 선명하게 묘사되어 있다. 그러나 다른 중요한 고고학적 증거도 있다. 성전산에서 수십 미터 떨어진 곳에서 헤롯 성전 시대의 석고에 새긴 일곱 가지의 메노라 그림이 발견되었다.[15] 이 메노라는 티투스의 아치에 있는 것과 같이 일곱 개의 가지가 달려 있지만, 가지 위에 꽃과 봉오리처럼 보이는 것들이 있어 나무와 훨씬 더 닮은 외형을 지니고

석고에 새겨진 일곱 가지가 달린 이 메노라는 고고학자들에 의해 성전산에서 멀지 않은 곳에서 발견된 것이며, 헤롯 성전 시대로 거슬러 올라간다. © Baker Publishing Group and Dr. James C. Martin. Courtesy of the Israel Museum. Collection of the Israel Museum, Jerusalem, and courtesy of the Israel Antiquities Authority, exhibited at the Israel Museum, Jerusalem.

있다는 점에서 상당히 특이하다고 할 수 있다. 우리는 헤롯 성전에 있던 메노라가 이처럼 서로 다르게 묘사되어 있는 것을 어떻게 설명할 수 있을까? 그 누구도 확실히 알 수는 없겠지만, 아마도 티투스의 아치에 그림을 조각한 로마의 예술가는 성전에서 포획한 금 등잔대에 일곱 가지가 달려 있다는 얘기를 들었을 것이고, 그는 그 모양을 상상하면서 그 등잔대를 그렸을 것이다. 혹은 어쩌면 석고 벽에 새겨진 메노라는 성막에 있던 옛 등잔대에 대한 전통과 기억을 되살려 헤롯 성전에 있는 현재의 등잔대와 결합된 것일 수도 있다.

또한 지성소 안에 아무것도 없다는 직접적인 증거는 없다. 학개와 스룹바벨이 지은 제2성전이나 헤롯이 재건한 성전 안에 있던 새 언약궤에 대한

---

15 Shanks, *Jerusalem*, 161.

언급이 전혀 없다. 솔로몬 성전에 있던 거대한 그룹에 대해서도 전혀 언급이 없다. 이러한 증거는 헤롯 성전의 지성소가 완전히 비어 있었음을 암시한다.[16] 그러나 미쉬나는 비록 헤롯 성전이 파괴된 지 한참 후대에 편찬되긴 했어도 "속죄소"를 두 번 언급하고 있는데, 이는 이것이 지성소에 있었다는 것을 암시한다.[17] 후대의 미쉬나가 역사적으로 얼마나 정확한지 단정 짓기는 어렵지만, 분명히 이것이 성전 파괴 직후의 유대인들의 기억을 반영한다는 점에는 의심의 여지가 없다. 따라서 어쩌면 대제사장이 속죄일에 자신의 직무를 수행하면서 "속죄소" 위에 피를 뿌릴 수 있도록 언약궤의 덮개를 닮은 무언가를 다시 만들었을 가능성이 있다. 또 한 가지 가능성은 유대 전승을 미쉬나로 편찬한 후대의 랍비들이 대제사장이 지성소에 들어가 속죄소에 피를 뿌리는 속죄일 의식을 거행했으므로 지성소에 반드시 "무언가"가 있었을 것이라고 추측했다는 것이다.

> 로마에 있는 "티투스의 아치" 내부에는 예루살렘 성전에서 노획한 보물을 실어 나르는 로마 군사들의 모습이 조각되어 있다.

헤롯 성전과 솔로몬 성전의 가장 큰 차이점은 헤롯 성전에는 실제로 견고한 문이 없고 단지 두 개의 두꺼운 휘장 혹은 베일만 있다는 것이다. 한 휘장은 성소와 지성소 사이의 출입구에 걸려 있고, 다른 하나는 뜰로 내려가는 계단과 통하는 현관과 성소 사이의 입구에 걸려 있다. 물론 뜰에서 성전으로 들어가는 계단을 올려다보는 사람에게는 바깥쪽의 휘장만이 보인다. 사실 요세푸스는 이 바깥 휘장에 관해 방대하게 묘사하고 있다.[18] 동일한 그리스어 단어가 모두 이 두 휘장을 가리키는 데 사용되기 때문에 예수가

---

16 Netzer, *Architecture of Herod*, 149.
17 Mishnah, *Middot* 1.1I; 5.1C.
18 Josephus, *Wars of the Jews* 5.5.4.

죽고 나서 휘장이 위로부터 아래까지 찢어졌다(마 27:51; 막 15:38; 눅 23:45)고 말할 때 어느 휘장이 찢어졌는지(어쩌면 둘 다) 확실히 단정하기 어렵다. 어쨌든 이 사건에 대한 기독교의 대표적인 전통적 관점은 그리스도의 죽음으로 인해 그리스도를 믿으면 누구나 자유롭게 하나님의 임재 앞으로 나아갈 수 있다는 사실을 하나님이 상징적으로 보여주셨다는 것이다. 두 휘장 중 그 어느 것도 이를 보여주는 상징이 될 수 있으며, 성전 뜰에 있던 사람들에게는 바깥 휘장이 훨씬 더 잘 보였을 것이다.[19] 또한 성경은 휘장이 찢어진 사건이 어떤 의미인지 구체적으로 언급하지 않는다는 점을 유념하라. 성경에서 옷을 찢는 것은 흔히 슬픔과 애도의 표현이다. 하나님의 아들이 끔찍한 죽임을 당하는 문맥에서 성전의 휘장이 찢어진 것은 슬픔에 잠긴 하나님의 절규를 나타낼 수도 있다. 옷을 찢는 것은 심판의 표현일 수도 있으며, 일부 학자들은 성전 휘장이 찢어진 것은 장차 로마 제국에 의한 성전 파괴의 전조였으며[20] 이는 하나님의 아들이 처형된 사건에서 성전의 제사장들이 수행한 역할의 결과로 나타난 심판이라고 제안한다.

> 헤롯 성전의 지성소 안에 아무것도 없다는 직접적인 증거는 없다.

모세가 지은 성막의 높이는 10규빗(과거의 측량법을 사용할 때 4.6미터)이다. 솔로몬은 자신이 지은 성전의 높이를 30규빗(과거의 측량법을 사용할 때 13.7미터)으로 올렸다. 헤롯 성전은 이보다 세 배 이상 높은 100규빗(52미터)이며, 이것은 그 당시 기준으로 대단히 큰 업적이었다. 솔로몬의 성전과 마찬가지로 헤롯 성전도 동쪽이 개방되어 있고, 남쪽, 서쪽, 북쪽에는 3층으로

---

[19] Instone-Brewer, "Temple and Priesthood," 200.
[20] Beale, *Temple and the Church's Mission*, 189.

된 다락에 골방들이 있다. 솔로몬 성전과 마찬가지로 이 방들은 각층마다 그 너비가 1규빗씩 늘어난다. 이 방들은 아마도 성전의 보물을 보관하기 위한 창고로 사용되었을 것이다. 솔로몬 성전과 달리 헤롯 성전에는 창문이 전혀 없다.[21]

성소로 들어가는 정문이 보이는 서쪽에서 바라본 헤롯 성전(예루살렘의 이스라엘 박물관에 있는 예루살렘 모델). © Baker Publishing Group and Dr. James C. Martin. Courtesy of the Israel Museum. Collection of the Israel Museum, Jerusalem, and courtesy of the Israel Antiquities Authority, exhibited at the Israel Museum, Jerusalem.

솔로몬 성전과 같이 헤롯 성전의 성소는 현관으로 나가는 출구가 있다. 이 현관에는 금으로 된 포도 덩굴과 꽃들이 장식된, 홀로 서 있는 여러 기둥이 있다. 우리가 가지고 있는 문헌에는 현관 기둥의 수에 관해 아무런 언급이 없지만, 기원후 132년경으로 추정되는 유대 주화는 성전을 묘사하면서 네 개

---

21 Netzer, *Architecture of Herod*, 148–49.

의 커다란 기둥을 보여준다.[22] 어쩌면 이것이 성전 정면(현관)에 대한 정확한 묘사일 수도 있다. 우리가 확실히 알 수는 없지만, 네 기둥은 분명히 합리적으로 보이며, 이것이 우리가 가진 최상의 자료다.

대야와 제단

미쉬나는 성전 바로 앞에 놓여 있는 기구—대야, 제단, 도살 장소—에 대한 배치도를 매우 상세하게 묘사하며 북-남과 동-서 방향으로 그 길이를 제시한다. 대야는 솔로몬 성전에서 제사장들의 정결 예식을 위해 사용된 놋바다와 동일한 기능을 한다. 미쉬나는 대야의 위치에 관해 정확히 언급하지만, 그 크기와 모양에 관해서는 언급하지 않는다.

요세푸스는 성전 꼭대기에, 난간의 가장자리를 따라, 새들이 앉는 것은 물론, 새똥으로 인해 성전이 더럽혀지는 것을 방지하기 위해 금으로 만든 스파이크를 설치했다.

미쉬나에 따르면 제단은 니카노르 문(성전 내부 구역으로 들어오는 입구)과 성전으로 들어가는 계단 사이에 있다. 제단은 다듬지 않은 돌로 만들었으며(출 20:25; 신 27:5에 따라), 솔로몬 성전의 제단처럼 상당히 크고 아랫면이 16.76미터 × 16.76미터, 윗면이 14.63미터 × 14.63미터, 높이가 4.19미터에 달한다. 결과적으로 이 제단은 심지어 솔로몬의 거대한 제단보다도 더 크다. 미쉬나는 제사장들이 헤롯 성전에 있는 4.19미터 높이의 제단에 올라가 희생제사를 드리기 위해 경사로를 올라갔을 것

---

22 Shanks, *Jerusalem's Temple Mount*, 95; L. Ritmeyer, "Imagining the Temple," 20–22.

이라고 명시적으로 밝힌다. 왜냐하면 율법이 제단으로 올라가는 계단을 금지하고 있기 때문이다(출 20:26). 물론 계단을 경사로로 대체한 것은 율법의 문자에 얽매여 율법의 정신을 놓치고 마는 것이지만 말이다.

성전의 본 건물은 왼쪽에 있다. 오른쪽 아래는 여인의 뜰이다. 사진의 맨 위쪽에 있는 것은 북쪽 이방인의 뜰, 북쪽 현관/주랑, 안토니아 요새다(예루살렘의 이스라엘 박물관에 있는 예루살렘 모델). © Baker Publishing Group and Dr. James C. Martin. Courtesy of the Holyland Hotel. Reproduction of the City of Jerusalem at the time of the Second Temple, located on the grounds of the Holyland Hotel, Jerusalem, 2001. Present location: The Israel Museum, Jerusalem.

성전 안뜰

헤롯 성전은 "제사장의 뜰"이라고 불리는 뜰로 둘러싸여 있다. 미쉬나는 이 뜰의 동에서 서의 길이가 98미터, 북에서 남의 길이가 71미터라고 설명한다. 미쉬나에 따르면 성전은 이 뜰의 중앙에 있지 않고 서쪽으로 치우쳐 있어 제단, 대야, "도살하는 장소"가 위치한 성전 입구 앞 동쪽에는 넓은 빈 공간이 있다. 이 뜰의 동편, 성전 바로 앞, 제단과 도살 장소 너머에는 서서 지켜보는 두 개의 "관중" 구역이 있는데, 그 너비는 6미터로 성전 안뜰의 전체 폭과 같다. (가장 동쪽의) 첫 번째 구역은 "이스라엘의 뜰"이라고 불린다. 유대인 여자는 이 구역에 들어갈 수 없지만, 유대인 남자는 자신이 가져온 동물의 희생 제사를 지켜보고, 또 제단 위에 올려진 자신의 번제를 지켜보기 위해 이 구역에 들어와 서 있을 수 있다. 제단과 가장 가까운 두 번째 구역 역시 구경꾼들과 지켜보는 사람들을 위한 것이지만, 실제로 희생 제사에 관여하지 않는 제사장들과 레위인들에게만 허용된 구역이다.[23]

이스라엘의 뜰 너머 동편에는 벽과 문으로 분리된 여인의 뜰이 있다. 미쉬나에 의하면 이곳은 큰 뜰(71미터×71미터)로, 성전을 거의 둘러싸고 있는 뜰 만큼 크다. 비록 여인의 뜰로 불리지만, 미쉬나는 여자들의 출입이 동쪽, 북쪽, 남쪽 벽 주변의 주랑 현관까지로 제한되어 있음을 일러준다. 따라서 유대인 남자들과 여자들은 모두 뜰로 들어오지만, 여자들은 주랑 현관 주변 지역에 가 서 있고, 남자들은 중앙에 있는 뜰에 가 서 있다.[24]

미쉬나는 장막절에 관해 설명하면서 여인의 뜰 안에는 사다리가 달린 굉장히 높은 금 등잔대 네 개가 있는데, 축제의 일환으로 여기에 불을 붙인다고 기록한다. 미쉬나는 약간의 과장을 섞어 예루살렘 전역에서 이 등잔대가 비추지 못하는 뜰은 없다고 말한다.[25] 요세푸스는 물론, 그 누구도 이 금 등잔대를 언급하지 않는다. 만약 이것이 여인들의 뜰에 항시적으로 우뚝 솟아 있는 24미터 이상의 높이를 지닌 기구였다면 이에 대한 언급이 없다는 것은 상당히 특이한 일이다. 어쩌면 이 등잔대는 초막절에만 임시적으로 설치되었다가 그 이후에는 치워버렸을 수도 있다. 그렇다면 미쉬나가 왜 이 등잔대

---

23 Netzer, *Architecture of Herod*, 153.
24 Mishnah, *Middot* 2.5P.
25 Mishnah, *Sukkah* 5.2–3.

를 언급하지 않는지를 이해할 수 있다.[26] 그러나 어쩌면 이 등잔대들이 지닌 상징성과 탁월함은 예수께서 "성전에서 가르치실 때에 헌금함 앞에서(즉 여인의 뜰에서)"(8:20) "나는 세상의 빛이니"라고 말씀하신 요한복음 8:12-20의 배경이 되었을 수도 있다.[27]

> "예수께서 눈을 들어 부자들이 헌금함에 헌금 넣는 것을 보시고 또 어떤 가난한 과부가 두 렙돈 넣는 것을 보시고"(눅 21:1-2).

비록 세부적인 내용은 명확하지 않지만, 여인의 뜰은 성전의 금고(treasury)와도 연관이 있다. 미쉬나에 의하면 이곳에 나팔 모양의(히브리어: *shofar*) 헌금함 열세 개가 있었다. 예물의 종류에 따라 넣을 수 있도록 헌금함마다 표시가 되어 있었다.[28] 바로 이곳이 과부가 두 렙돈을 넣는 것을 보시고 예수가 말씀하신 곳이다(막 12:41-44; 눅 21:1-4).

미쉬나는 기원후 70년에 예루살렘이 로마 제국에 의해 멸망한 이후 100년 이상의 세월이 지난 후 기록된 것이며, 따라서 과거의 기억과 전승을 반영한다는 점을 유념하라. 미쉬나는 열세 개의 나팔 모양의 헌금함을 묘사하면서 흥미로운 전승 혹은 전설 하나를 언급한다. 제사장들은 성전에서 여러 차례 "엎드린 자세"를 취해야 했는데, 열세 개의 헌금함과 열세 개의 문 앞에서 각각 한 번씩 이러한 자세를 취해야 했던 것으로 보인다. 열세 개의 헌금함과 열세 개의 문이 있지만, 제사장들은 열네 번 엎드린다. 그들이 열네 번째 엎드리는 곳은 헌금함이나 문 앞에서가 아니라 성전의 "장작 창고" 방이다. 미쉬나에 의하면 아주 먼 옛날에 성전의 "장작 창고"에서 일하던 제사장(제단에는 수많은 장작이 필요했음을 기억하라)이 길에 깔린 돌 하나가 나머지 돌과 다

---

26 Köstenberger, "John," 82에 암시되어 있다.
27 Ibid.
28 Mishnah, *Sheqalim* 6.5-6.

소 다르다는 것을 알아챘다. 그는 이 사실을 알리려고 가는 도중에 쓰러져 죽고 말았다. 따라서 이때로부터 바로 그 돌 밑에 언약궤가 숨겨져 있다는 전승이 생겨나게 된 것이다.[29] 그럴 가능성은 매우 희박하지만, 성전산 밑에 언약궤가 숨겨져 있다는 전설들은 오늘날까지도 계속 이어지고 있다.

우리는 요세푸스의 글과 미쉬나를 통해 성전, 성전 뜰, 여인의 뜰이 출입구를 지키는 다수의 문(초소와 같은 문)과 방(제사장들의 집무실로 사용하는 방)이 있는 벽으로 둘러싸여 있다는 사실을 알게 된다. 거기에는 여인의 뜰과 성전 안뜰을 서로 연결하는 정문(니카노르 문으로 불리는)을 포함하여 성전 안뜰로 들어가는 일곱 문이 있다. 비록 아마도 대다수는 북쪽/남쪽 문이 아닌 동쪽 문을 통해 이 뜰로 들어갔을 것이지만(그림을 보라), 여인의 뜰로 들어갈 수 있는 다른 세 개의 문이 더 있었다. 여인의 뜰과 (성전 안뜰로 들어가는) 니카노르 문 사이에는 열다섯 개의 반원형 계단이 있었고, 각 계단은 성전으로 올라가는 노래(시 120-134편) 하나를 의미했다.[30]

성전산, 주랑 현관, 바깥뜰, 외부 문

비록 성전 자체가 매우 놀라운 건축물이지만, 헤롯이 로마 제국 전역에서 그의 명성을 떨칠 수 있었던 것은 큰 규모의 돌 블록으로 되어 있는 거대한 성전산과 그 위에 자리한 방대한 주랑 현관을 포함한 바로 이 성전 건축물 때문이다. 헤롯이 주도한 성전산 확장으로 성전 지구에는 표면이 평평한 거대한 구역이 생겨났다. 성전산 위에 자리한 사다리꼴 모양의 평평한 구역은 그 길이가 서쪽 벽을 따라 59.4미터, 동쪽 벽을 따라 47미터, 북쪽 벽을 따라 31.5

29　Mishnah, *Sheqalim* 6.1-2.
30　Mishnah, *Middot* 2.5Q-R.

미터, 남쪽 벽을 따라 28미터였다. 실로 헤롯의 성전산 건축물은 로마 제국 전체에서 가장 큰 신전 건축물이었다. 현대 용어로 표현하자면 성전산의 표면은 42,800평 이상이며, 이것은 미식축구 경기장 24개 이상을 수용하기에 충분한 면적이다.

> 요세푸스는 만약에 "누군가가 이 성벽의 맨 꼭대기에서 아래를 내려다본다면 아마도 그는 현기증이 났을 것"이라고 기록한다.

솔로몬이 처음으로 세웠고 후대에 에스라, 느헤미야, 학개, 스룹바벨이 재건한 성전과 성전산은 언덕 꼭대기에 서 있었음을 기억하라. 성전산은 헤롯이 통치하기 바로 직전인 하스몬 왕조 시대에 남쪽으로 27미터 확장되었다. 헤롯은 최초 성전산의 동쪽 벽은 그대로 사용하고, 북쪽과 남쪽과 서쪽으로 성전산을 방대하게 확장했다. 헤롯은 이러한 확장 사업을 실행에 옮기고, 또 이에 따라 성전산 뜰의 평평한 구역을 더 넓게 확보하기 위해 먼저 거대한 돌옹벽을 세워야만 했다. 이 돌옹벽의 높이는 구릉지대의 고도에 따라 다양했다. 자연적 지형이 가장 낮은 성전산의 남동쪽 모퉁이에 있는 헤롯의 옹벽은 기반암으로부터 무려 41미터 이상 올라가 있었다![31] 실로 요세푸스는 만약에 "누군가가 이 성벽의 맨 꼭대기에서 아래를 내려다본다면…그는 아마도 현기증이 났을 것"이라고 기록한다.[32]

기원후 70년 로마 제국은 사실상 성전의 대부분을 무너뜨렸지만, 헤롯의 성전산 옹벽 하단에 있는 거대한 돌들은 무너뜨릴 수 없었으며 이 옹벽들의 상당 부분은 오늘날에도 그대로 남아 있다. 사실 서쪽의 그 유명한 "통곡의 벽"의 돌들은 서쪽으로 확장된 헤롯의 성전산 옹벽의 하단 층이다. 유대

---

31 Netzer, *Architecture of Herod*, 162.
32 Josephus, *Antiquities of the Jews* 15.15.5.

인들은 성전 파괴를 애도하기 위해 수세기 동안 이 벽에 붙어 있는 넓은 광장에 모이곤 했다. 유대인들에게 있어 이곳은 성지인 것이다.[33]

이 대규모 옹벽 하단의 두께는 4.6-4.9미터다. 이 벽에 사용된 절단된 돌은 심지어 현대의 기준으로 보아도 대개 높이 1.2미터에 길이 1.8-4미터로 거대하며, 이보다 더 큰 돌은 주로 모퉁이 근처의 하단에서 발견되었다. 오늘날 서쪽 벽 안쪽을 따라 이어지는 터널에서 발견된 것 중에 가장 큰 돌의 높이는 3.35미터이고 길이는 12.8미터이며 그 무게는 570톤이다.[34] 이 거대한 벽은 100퍼센트 수직으로 똑바르지 않고 돌의 각 층마다(혹은 몇 층씩마다) 몇 인치씩 뒤로 물러나 있다. 이것은 구조적인 목적과 심미적인 목적

헤롯이 세운 옹벽의 하단 부분은 오늘날에도 남아 있으며 오늘날 서쪽 벽("통곡의 벽")에서 볼 수 있다. 헤롯의 성전산 옹벽 맨 아래층에 거대한 크기의 돌 블록이 사용된 것을 주목하라.

을 위함이다. 이러한 규모의 벽은 안쪽으로 약간 경사져 있지 않는 한, 바깥으로 기울어져 있는 것처럼 "보일" 것이다.

헤롯의 성전산 벽 상단 층들에는 아무것도 남아 있지 않지만, 대다수 학

---

33 Shanks, *Jerusalem's Temple Mount*, 92.
34 Ibid., 94; Netzer, *Architecture of Herod*, 162.

자들은 로마 제국이 무너뜨린 실제 성전산 벽에서 나온 돌 파편들과, 헤롯이 헤브론에 세웠고 오늘날까지 여전히 건재한 성벽이 유사하다는 점을 근거로 성전 뜰 위로 확장된 벽 부분이 벽기둥과 같은 모양이었을 것이라고 믿고 있다. 즉 바깥에서 성전산 벽을 볼 때 벽의 윗부분은 겉면이 매끈하지 않고 움푹 팬 일련의 수직 단면이어서 멀리서 보면 벽의 모습이 마치 수직 기둥 같아 보였을 것이다.

서쪽 벽 안쪽을 따라 나 있는 터널 내부에는 높이 3.35미터와 길이 12.8미터에 달하는 블록이 있는데, 헤롯 성전에서 현재까지 발견된 것 중 가장 큰 것이다. ⓒ Robert Hoetink / shutterstock.com.

성전산 벽의 맨 꼭대기 층에는 통로와 난간(소규모로 좁게 확장된 벽)이 있는데, 이것은 방어를 위한 것이다. 기원후 70년에 로마 제국이 무너뜨린 이 난간의 파편들은 성전산 옹벽의 가장 밑바닥에 있는 잔해에서 발견되었다. 성전산 남서쪽 모퉁이 근처의 잔해에서 난간으로부터 떨어진 것으로 보이는 매우 흥미로운 2.4미터 길이의 석회암 파편 하나가 발견되었는데, 거기에는 히브리어로 새겨진 비문이 있다. 비문의 끝 부분은 깨졌고 지금까지도 발견되지 않고 있지만, 비문의 첫 부분은 상당히 분명하게 읽을 수 있을 정도로 "나팔을 부는 장소로"라는 글이 적혀 있다. 난간 위에 있던 이 비문은 아마도 제사장이 서서 나팔을 불며 안식일 준수의 시작과 끝을 알리는 장소를 표시했던 것으로 보인다.[35]

성전산의 동쪽, 북쪽, 서쪽 벽의 전체 길이를 따라 나 있는 난간 통로 아래에는 15.8미터 폭의 지붕이 있는 이중 주랑 현관(포치, 포르티코, 스토아 등의 용어는 상호 교환적으로 사용된다)이 늘어서 있는데, 이것은 뜰 방향으로 개방되어 있으며 성전에 온 이들에게 그늘이 있는 모임 장소를 제공해준다. 동쪽 벽을 따라 있는 주랑 현관은 신약성경에서 "솔로몬의 행각"(요 10:23; 행 3:11; 5:12)으로 알려져 있으며, 초기 그리스도인들은 예루살렘에서 쫓겨나기 전까지 여기서 정기적으로 모임을 가졌다(행 5:12). "솔로몬의 행각"이라는 이름은 성전 벽 동쪽 부분(기드론 골짜기의 언덕이 내려다 보이는)과 주랑 현관이 아마도 솔로몬 시대의 것이라는 당대의 일반적인 생각에서 유래한 것으로 보인다. 그럼에도 불구하고 벽의 이 부분과 주랑 현관은 하스몬 왕조 시대로 거슬러 올라갈 개연성이 훨씬 더 높다. 그러나 이 솔로몬의 행각이 헤롯 시대보다 이른, 아주 옛날에 지어진 것으로 보여 이 행각의 일반적인 이름은 이를 솔로몬에게 돌린다. 요세푸스는 성전산 건축물을 둘러싸고 있는 이 놀라운 기둥의 높이가 12미터 이상의 견고한 대리석으로 만들어졌다고 주장한다. 또한 그는 이 주랑 현관의 천장이 백향목으로 만들어졌다고 기록한다.[36] 이

---

35 Shanks, *Jerusalem's Temple Mount*, 91–92.
36 Netzer, *Architecture of Herod*, 164.

렇게 기둥이 줄지어 서 있는 주랑 현관의 규모를 한번 상상해보라! 이 세 주랑 현관은 모두 합치면 직선 길이로 1,220미터 이상이며 수 백 개의 대리석 기둥을 포함한다. 성전 뜰 동쪽, 북쪽, 서쪽 면을 둘러싸고 있는 이 주랑 현관은 모두 거의 5,000평에 가까운 그늘진 면적을 지니고 있다!

성전 본 건물은 오른쪽에 있다. 성전 바로 왼쪽에 성전 뜰과 제사를 드리는 제단이 있다. 맨 왼쪽에, 즉 (이 사진에서는 보이지 않는) 니카노르 문이 있는 벽을 지나 여인의 뜰과 금고(헌금함)가 있다. 사진의 맨 위쪽에는 주랑 현관(Royal Stoa)이 있다. 이 주랑 현관의 왼쪽, 즉 성전산의 동쪽 끝자락을 따라 나 있는 것이 솔로몬의 행각이다. 주랑 현관 앞, 즉 남쪽 뜰에는 두 출입구 터널이 있는데, 이것이 (남쪽 계단과 훌다의 문에서) 성전산으로 들어가는 출입구다(예루살렘의 이스라엘 박물관에 있는 예루살렘 모델). © Baker Publishing Group and Dr. James C. Martin. Courtesy of the Holyland Hotel. Reproduction of the City of Jerusalem at the time of the Second Temple, located on the grounds of the Holyland Hotel, Jerusalem, 2001. Present location: The Israel Museum, Jerusalem.

그러나 성전산을 둘러싸고 있는 기둥이 늘어선 주랑 현관 가운데 가장 장관을 이루는 부분은 남쪽 벽이다. 헤롯 대왕은 여기에 로열 포르티코 혹은 로열 스토아(*Stoa Basileia*)라는 아름답고 놀라운 삼중으로 된 주랑 현관을 짓는다.

남쪽 벽을 따라 세워진 이 주랑 현관은 세 줄로 된 기둥에 의해 세 개의 복도로 나뉘어 있다. 내부 복도의 높이는 아마도 대략 27-30미터일 것으로 보이며 두 측면 복도의 높이는 14.5미터다. 이 주랑 현관의 전체 평균 너비는 32미터다. 요세푸스는 이 대리석 기둥이 세 남자가 팔을 벌려 겨우 그 기둥을 감쌀 수 있을 정도였으며 그 직경은 1.75미터에 달한다고 기록한다. 이 건축물에는 아마도 이런 기둥이 160개 정도 있었을 것이며, 따라서 성전 건물 자체를 제외하고는 이것이 헤롯이 지은 건축물 가운데 가장 장엄한 건축물일 것이다.[37]

왕과 대제사장의 직무를 겸했던 하스몬 왕들과 달리 인종적으로는 에돔 사람이자 종교적으로는 유대교 개종자였던 헤롯은 제사장이 되거나 또는 성전 안에서 그 어떤 제사장의 직무도 수행할 수 없었다. 따라서 비록

> 믿는 사람이 다 마음을 같이하여 솔로몬 행각에 모이고(행 5:12).

헤롯이 성전산 건축물과 성전 건축 사업을 위해 자금을 조달하고 감독하긴 했지만, 그는 성전 안에, 그리고 심지어 가장 중앙에 있는 뜰에조차 출입이 금지되어 있었다. 하지만 주랑 현관은 헤롯이 내빈들을 접견하고 그가 지은 놀라운 성전을 과시할 수 있도록 그의 성전 출입을 허용한 멋진 장소였다. 주랑 현관을 지나 남서쪽 모퉁이에 있는 성전산 건축물로 들어가는 계단과 아치형 통로(오늘날에는 로빈슨 아치로 불린다)가 헤롯이 공식 행사를 거행하거나 주랑 현관에서 연회를 베풀 때 왕과 내빈들을 접견하는 현관인 것이다.[38]

---

[37] Ibid., 167.
[38] Netzer, *Architecture of Herod*, 170-71.

오른쪽에는 장관을 이루는 주랑 현관이 있다. 왼쪽 상단에는 솔로몬의 행각의 남쪽 끝부분이 있다. 맨 앞쪽에는 훌다의 문에서 들어오는 출입구 터널 가운데 하나가 보인다(예루살렘의 이스라엘 박물관에 있는 예루살렘 모델). © Baker Publishing Group and Dr. James C. Martin. Courtesy of the Holyland Hotel. Reproduction of the City of Jerusalem at the time of the Second Temple, located on the grounds of the Holyland Hotel, Jerusalem, 2001. Present location: The Israel Museum, Jerusalem.

이렇게 화려한 주랑 현관은 이방인의 뜰이라고 불리는 거대한 뜰을 둘러싸고 있다. 바로 이곳이 유대인과 이방인이 모두 들어가 예배를 드릴 수 있는 장소다. 하지만 이방인이 들어가 기도할 수 있는 장소는 이곳뿐이다. 또한 이곳은 성전의 제사장 가문이 환전상과 가축 파는 상인으로 가득 채워 예수가 격분하여 이들을 내쫓게 한 장소이기도 하다(마 21:12-16; 막 11:15-18; 눅 19:45-48; 요 2:13-16). 아래서 곧 논의하겠지만, 모든 유대인 남자는 매년 성전세로 반 세겔을 내야 했다. 그러나 유월절과 같은 명절에 예루살렘으로 올라가는 순례자들은 이 세금을 지방 화폐로는 낼 수 없고, 오직 "두로의 은 세겔"이라는 특별한 주화로만 낼 수 있었다. 따라서 상당히 부패한 수백 명의 환전상이 연루될 수밖에 없는 막대한 양의 환전이 이 이방인의 뜰에서 이루어졌다. 더욱이 성전에 올라와 희생제사를 드리는 순례자들은 제사에 필요한 동물을 성전 안에 있는 "허가 받은" 상인들에게 사야만 했다. 요세푸스는 유월절 기간에는 2,700,000명 이상이 참여하여 250,000번 이상의 희생제사가 드려졌다고 언급한다.[39] 요세푸스가 제아무리 숫자를 과장했다 하더라도 거래된 돈과 희생제사의 규모와 범위는 가히 놀랄 만하다. 따라서 유월절 기간에는 수백 명의 상인이 수천 마리의 동물을 가져와 우리 안에 가두었다가 팔았을 것이다. 따라서 이 이방인의 뜰은 모든 사람을 위한 조용한 기도의 장소에서 무질서하고 소란스러운 동물 시장으로 변하고 만 것이다.

그러나 성전 자체는 약 1.5미터 높이의 정교한 담으로 둘러싸여 있었는데, 히브리어로는 이를 "소레그"(*soreg*)라고 부른다. 하지만 이 담의 정확한 위치와 성전과의 거리는 알려져 있지 않다. 분명한 것은 이 담이 유대인들만 허용되고 이방인들에게는 출입이 금지된 구역을 나누는 역할을 했으며, 이방인이 이 구역에 들어갈 경우에는 사형에 처해졌다. 요세푸스는 이 담을 통과하는 입구나 문이 모두 열세 개 있었으며, 각 입구마다 돌에 그리스어와 라틴어로 새긴 엄중한 경고 표시판이 있었다고 기록한다.[40] 현대에 와서 이러한 표시판 두 개가 예루살렘 유적 가운데서 발견되었는데, 하나는 파편 형태이며 다른 하나는 거의 완전하다. 파편 형태의 표시판 일부는 예루살렘의 이스라엘 박

외국인들은 난간(담) 안으로 들어오거나 성전 주변의 앞뜰 안으로 들어가서는 안 된다. 누구든지 붙잡히는 사람은 결과적으로 따라오는 죽음에 대해 자신을 탓해야 할 것이다(이방인의 뜰에서 성전 경내로 들어가는 입구에 있는 경고 표시판).

---

39 Josephus, *Jewish Wars* 6.9.3.
40 Josephus, *Jewish Wars* 5.5.2; 6.2.4; *Antiquities of the Jews* 15.11.5.

물관에 전시되어 있다. 완전한 표시판은 이스탄불 고고학 박물관에 전시되어 있으며 그리스어로 다음과 같이 써 있다. "외국인들은 난간[담] 안으로 들어오거나 성소 주변의 앞뜰 안으로 들어가서는 안 된다. 누구든지 붙잡히는 사람은 결과적으로 따라오는 죽음에 대해 자신을 탓해야 할 것이다."[41] 사도행전 21:28에서 사도 바울이 그의 동료 에베소 사람 드로비모를 "성전"에 데리고 들어갔다는 비난을 받았을 때 그를 비난하는 자들은 그가 이방인을 데리고 바로 이 담을 넘었다고 추론한다. 이와 마찬가지로 에베소서 2:14에서 바울이 "그는 우리의 화평이신지라. 둘로(즉 유대인과 이방인) 하나를 만드사 원수된 것, 곧 중간에 막힌 담을 자기 육체로 허시고"라고 말할 때 아마도 그는 이 담을 암시한 것으로 보인다.

헤롯 대왕은 하스몬 왕가의 요새(바리스 요새)를 보수하고 그의 멘토였던 로마인 마르쿠스 안토니우스에게 이를 헌정한다. 성전산 북쪽에 있고 벽과 붙어 있지만 벽의 외부에 세워진 이 거대한 요새는 안토니아 망대 혹은 안토니아 요새로 알려져 있다. 하지만 누가는 사도행전 21:34에서 이것을 단순히 "영내"라고 부른다. 요세푸스는 로마 제국이 보통 1,000명의 남자로 구성된 보병대를 그곳에 주기적으로 주둔시켰다고 우리에게 알려준다. 따라서 그곳에는 매우 큰 규모의 로마 군대가 성전 벽 바로 옆에 주둔해 있었던 셈이다. 이 요새에는 26미터까지 솟아 있는 세 개의 탑이 있지만, 성전 뜰을 내려다보는 네 번째 탑은 37미터까지 높이 솟아 있었다. 이것은 로마 군인들이 성전을 감시하고 그곳에서 일어날 수 있는 그 어떠한 소요에도 신속히 대응할 수 있도록 한 것이다.[42] 안토니아 요새에서 성전산 북쪽 현관으로 통하는

---

[41] 번역문은 다음에서 발췌함. Elwell and Yarbrough, *Readings from the First-Century World*, 83.
[42] Josephus, *Jewish Wars* 5.5.8.

길은 계단을 통해 연결되어 있었다. 로마 사령관과 그의 군대가 바로 이 요새에서 바울을 공격하던 군중으로부터 그를 구해내고자 계단으로 내려와 성전산 영역으로 들어온 것이다(행 21:27-40). 북쪽 경계에 있는 위풍당당한 안토니아 요새(로마 군인들로 가득한)와 남쪽 경계에 있는 헤롯의 주랑 현관이 자리 잡고 있는 성전산의 모습은 이스라엘 민족으로 하여금 예루살렘 성전이 비(非)유대 외부 세력에 종속되어 있다는 의식을 늘 갖게 했을 것이 분명하다.

이 예술가가 표현한 남쪽 벽 입구는 주랑 현관, 이중문 및 삼중문, 문으로 올라가는 계단들, 상점들, 커다란 미크베(*mikveh*, 정결의식을 위한 목욕장)를 보여준다. Reconstruction. © Dr. Leen Ritmeyer.

이 사진에서 볼 수 있는 것은 오늘날 성전산의 남쪽 벽이다. 봉쇄된 삼중문이 중앙에 보인다. 오직 벽의 하단층들만이 헤롯 시대의 것이다. 벽 대부분은 나중에 건축되거나 재건축된 것이다(기원후 661-1541년).

일반 대중을 위한 성전산 입구는 남쪽에 있으며, 예수와 바울과 다른 신약성경의 인물들은 당연히 성전 벽 바로 이 부분을 통과하여 성전산으로 들어갔을 것이다. 성전산 남쪽 편을 따라, 벽 바로 바깥쪽에는 수많은 상점들과 정결 예식을 위한 목욕장들과 더불어 커다란 진입로가 있다. 두 개의 넓고 웅장한 계단을 올라가면 성벽에 다다른다. 이 벽에는 두 개의 문이 있는데, 흔히 훌다의 문(왕하 22:14-20의 여성 예언자 훌다의 이름을 따서 지은)[43]으로 불리며, 이 문을 통해 성전산으로 들어간다. 가장 동쪽에 있는 문은 삼중 아치로 된 문(오늘날도 여전히 "삼중문"[Triple Gate]으로 불린다)이며, 가장 서쪽에 있는 문

---

[43] Ritmeyer and Ritmeyer, *Secrets of Jerusalem's Temple Mount*, 91은 훌다의 문은 성전산 위에 자리 잡고 있었으며 남쪽 벽에 있는 삼중문 및 이중문과 연관 짓지 말아야 한다고 주장한다. 그러나 대다수 학자는 미쉬나에서 언급한 훌다의 문을 계속해서 삼중문 및 이중문과 동일시한다.

은 이중 아치로 된 문(오늘날도 "이중문"[Double Gate]으로 불린다)이다. 일부 학자들은 삼중문이 입구이며 이중문이 출구라고 주장한다. 그러나 삼중문으로 들어가는 웅장한 계단의 폭은 15미터인 반면, 이중문으로 들어가는 계단의 폭은 65미터다. 따라서 만약 삼중문이 입구라면 다소 특이하다고 할 수 있다. 최근 일부 학자들은 소위 삼중문이라고 불리는 문이 원래 이중문에 상응하는 문이며, 나중에 십자군 시대(기원후 1095-1291년)에 아치로 된 세 번째 입구가 추가된 것으로 결론 내렸다.[44] 또 다른 지적은 이중문이 벽 중앙에

이 사진에 나타나 있는 것은 이중문으로 올라가는 헤롯 시대의 원래 계단이다. 예수는 틀림없이 바로 이 계단을 올라가 이중문을 통해 성전으로 들어갔을 것이다. 여기서는 이중문 가운데 극히 일부만 보인다. 이중문 대부분을 가리고 있는 돌출된 탑은 십자군 시대에 이중문을 견고하게 만들기 위해 세운 것이다.

서 가까운 곳에 위치한 반면, 삼중문은 중앙에서 벗어나 있어, 이중문이 주된 입구의 역할(그리고 어쩌면 출구 역할도)을 했을 가능성을 암시한다. 이 문들은 주랑 현관 아래를 통과하여 주랑 현관 바로 북쪽에 있는 이방인의 뜰로 올라가는 계단을 통해 지면으로 올라오는 지하 터널로 연결된다. 성전산에 있는 석조 건축물 대부분이 로마 제국에 의해 파괴되고, 그 이후로 오랜 세월 동안 특히 우마이야드 시대(기원후 661-750년)와 십자군 시대(기원후 1095-1291년)

44　Netzer, *Architecture of Herod*, 174.

에 여러 차례 개조되고 재건되었지만, 1세기의 이 문들과 통하는 원래의 웅장한 계단과 두 문의 일부와 지하 터널의 대부분은 오늘날에도 남아 있으며 성전산 남쪽 끝에서도 볼 수 있다.

이 작품은 성전산 남서쪽 모퉁이에 있는 여섯 개의 문을 보여준다. 맨 왼쪽에 겨우 보이는 것이 워렌의 작은 문이다. (남쪽을 향하여) 오른쪽으로 이동하면서 다음에 있는 것이 윌슨의 아치(그리고 문; 오늘날 "통곡"의 벽이 있는 곳)이다. 그다음에는 작은 바클레이의 문이 있다. 바로 남서쪽 모퉁이에는 로빈슨의 아치(그리고 문)가 있다. 남쪽 벽에는 이중문과 삼중문이 보인다. © Balage Balogh/Archaeology Illustrated.com.

요세푸스는 서쪽 벽에 있는 성전산으로 들어가는 네 개의 문을 언급하는데, 네 개 모두 고고학적 유물로서 확인 가능하다. 사실상 로마 군인들이 헤롯의 성전산 벽 대부분을 파괴했지만, 이 문의 위치를 나타내는 충분한 자료와 더불어 성전산 벽의 하단 부분은 아직도 남아 있다. 이 문들은 현재 이를 발견한 19세기 탐험가의 이름으로 불린다. 북쪽에서 남쪽으로 내려오면서 워렌의 문, 윌슨의 아치(그리고 문), 바클레이의 문, 로빈슨의 아치(그리고 문)가 있다. 가장 북쪽에 위치한 세 개의 문은 아마도 일반 대중은 사용하지 않고 주로 제사장들이 사용했을 것으로 보인다. 위에서 언급한 로빈슨의 아치와 관련이 있는 문은 성전산 위에 있는 주랑 현관과 직접 연결되어 있는 것으로 보아 아마도 헤롯 왕과 출입 허가를 받은 고위 인사들을 위해 마련된 것으로 보인다.

로마군이 성전을 파괴하기 전에 유대 지역에 살면서 자주 그곳을 방문한 요세푸스는 서쪽 벽에 있는 이 네 개의 문을 자세히 설명하고, 남쪽 벽에 있는 다수의 알려지지 않은 "문"을 언급한다.[45] 서쪽 벽에 있는 이 네 개의 문은 남쪽 벽에 있는 여러 문과 함께 고고학적으로 확인된 바 있다. 요세푸스는 동쪽 혹은 북쪽 벽에 있는 여러 문에 관해서는 전혀 언급하지 않는다. 그러나 미쉬나는 성전산에 외부로 나가는 다섯 개의 문이 있다고 말한다. 이는 곧 출구와 입구의 역할을 하는 남쪽에 있는 두 개의 훌다의 문과, 역시 출구와 입구의 역할을 하는 서쪽에 있는 키포노스 문, 특별한 목적이 없는 북쪽에 있는 타디 문, 성전 외곽의 감람산 위에서 제사장이 붉은 소(*heifer*)로 제사를 드리는 데 사용하는 동쪽 문(가끔 수산문이라고도 불린다) 등이다.[46]

오늘날 성전산 동쪽 벽에는 황금문(Golden Gate)이라고 불리는 문이 있다. 이 문은 우마이야드 시대(기원후 661-750년)로 거슬러 올라간다. 이 문은 후기 십자군 시대(기원후 1095-1291년)에 폐쇄되었고 벽으로 영원히 막아버렸다. 그러나 고고학자들은 이 문 아래, 즉 지하에서 헤롯 성전 시대의 동쪽 문에 있던 것으로 보이는 문 크기의 아치 윗부분을 발견했다. 따라서 이것은 미쉬나가 언급한 동쪽 문에 대한 고고학적 증거로 보인다. 일부 학자들은 이것이 일반인들이 감람산에서 직접 성전산으로 들어갈 수 있는 입구였을 것으로 생각한다. 따라서 그들은 이 문이 바로 예수가 베다니에서 감람산

---

[45] Josephus, *Antiquities of the Jews* 15.11.5.
[46] Mishnah, *Middot* 1.3; 2.4; *Parah* 3.6.

을 거쳐 성전으로 오실 때 이용한 문이라고 주장한다.[47] 한편 만약 성전에 들어가기 전 의식을 위한 목욕장(mikveh)에서 목욕을 통한 의식적 정결함이 필요했다면 가파른 곳에 의식을 위한 목욕장을 만드는 것이 용이하지 않았으므로 이 문이 입구였을 개연성은 높지 않다. 그러나 이 문은 "출구 전용"으로 사용되었을 수도 있다. 다른 학자들은 이 문은 제사장들만 사용했다고도 주장한다. 따라서 이에 대한 결정적인 증거는 없다.

이 사진은 남서쪽 모퉁이에서 가까운, 서쪽 벽의 남쪽 끝부분이다. 벽의 하단에 있는 큰 블록들은 맨 앞에 보이는 잔해들과 마찬가지로 헤롯 성전의 것이다. 헤롯 성전에 있던 블록들 위에 벽에서 돌출된 것은 헤롯 시대에 주랑 현관으로 들어가는 통로인 로빈슨의 아치(그리고 문)의 잔해다. 가장 앞쪽에 있는 잔해는 계단의 기초 지지대였다.

또한 헤롯 시대의 것으로 보이는 동쪽 벽 최남단 부분에 성전산으로 들어가는, 작은 계단이 달린 좁은 통로가 있었다는 확실한 증거도 남아 있다. 요세

---

47 Shanks, *Jerusalem's Temple Mount*, 85.

푸스나 미쉬나는 이 문을 전혀 언급하지 않는다. 어쩌면 이것이 대중에게는 공개되지 않고, 단지 보안이나 관리를 위한 목적으로만 사용되었을 가능성도 있다.

황금 돔, 알 아크사 사원, 서쪽의 "통곡"의 벽, 남쪽 벽 등을 보여 주는 오늘날의 성전산 사진.

헤롯 성전의 제사장들의 타락

위에서 설명한 바와 같이 헤롯 대왕이 지은 성전과 성전산은 로마 세계 전역에서 실로 가장 웅장한 건축물 가운데 하나였다. 갈릴리에서 온 시골 출신 어부들에게만 휘황찬란해 보인 것이 아니라 그곳을 방문하는 모든 이에게도 이는 멋진 건축물이었다. 헤롯은 이 거대한 건축 프로젝트로 자신의 명성을 떨쳤다.

그러나 이토록 호화스러운 석조 건축물이 반드시 하나님께 드려지는 합당하고 의로운 예배로 이어지는 것만은 아니었으며, 특히 부와 권력이 제사장의 직무와 밀접하게 연관되어 있을 때는 더더욱 그러했다. 구약성경에서 모든 제사장은 레위 족속 출신이자 아론의 후손이어야만 했다. 다윗 시대 이후부터는 다윗 시대에 대제사장직을 맡았던 사독의 후손이 대제사장이 되었다. 따라서 대제사장직은 사독의 혈통을 따라 대를 이어나갔다. 이 모든 것은 기원후 2세기에 접어들면서 큰 변화를 맞이하게 된다. 앞서 우리는 이 지역의 질풍노도와 같은 정치 역사를 서술했지만, 여기서는 특별히 제사장직에 초점을 맞추어 그 역사를 되돌아보고자 한다. 사독의 대제사장직 혈통은 그 당시 그 지역을 통치하던 셀레우코스 왕조의 안티오코스 에피파네스 왕이 합법적으로 선출된 대제사장을 뇌물을 받고 교체하면서 기원전 174년에 막을 내린다. 기원전 171년에는 성전의 제사와 활동이 모두 멈추고, 이러한 상황은 마카비 반란과 하스몬 가문이 권력을 잡을 때까지 지속된다. 제사장 가문인 마카비 가문은 유대 지역을 지배하게 되고, 그로부터 100년 동안 이 가문 출신이 왕과 대제사장을 겸하게 된다.

실로 이 대제사장/왕의 직분을 놓고 두 경쟁자가 벌인 치열한 다툼은 기원전 63년에 폼페이우스가 이끄는 로마군의 침략을 초래했으며, 폼페이우스는 마카비 가문의 두 경쟁자 중에서 자신이 원하는 한 명을 그 자리에 임명한다. 이로 인해 로마 제국은 유대 지역에 대한 지배력을 잠시 잃게 되고, 기원전 37년에 헤롯 대왕은 로마 제국의 도움을 받아 다시 예루살렘을 함락할 때 마카비 가문의 마지막 대제사장/왕을 처형한다. 로마 제국은 헤롯을 왕으로 공포하고, 이어서 헤롯은 자신이 선택한 일련의 대제사장의 임명과 해임을 반복한다. 엄밀히 말하면 이들은 모두 레위 지파 출신이지만, 헤롯은 그들을 종교 지도자로서의 역량이나 신앙심에 근거하여 선택하기보다는 자신의 정치적 이익에 따라 선택한다. 예를 들면 헤롯의 장모이자 막강한 권력을 지닌 그녀의 친구 클레오파트라 여왕의 영향을 받은 로마 장군 마르쿠스 안토니우스의 강한 정치적 압력하에 그는 열일곱 살밖에 안 된 처남을 대제사장으로 임명하고, 나중에 그 소년이 익사한 후(아마도 헤롯이 살해한 것으로 추정됨)에는 그의 장인을 임명했다가 나중에 또 그를 해임시킨다.[48] 헤롯이 죽은 후에는 그의 아들인 아르켈라오스가 로마의 분봉왕으로서 유대 지역을 통치하며 9년 동안 세 명의 대제사장을 임명한다. 그 이후 로마 제국은 유대 지역을 통치하기 위해 총독을 세우고, 주로 돈과 권력에 기초하여 유대인 대제사장을 임명하고 해임한다. 실제로 헤롯이 죽은 해인 기원전 4년부터 기원후 70년에 예루살렘이 멸망할 때까지 대제사장직을 지낸 인물은 최소한 스물 여덟 명에 달한다. 기원후 6년부터 15년까지 대제사장직을 지낸 안나스의 집안은 이 기간 동안 대제사장직을 거의 완전히 장악한다. 안나스의 사위인 가야바는 예수가 체포되고 십자가에 못 박혔을 당시 대제사장이었다(마 26:3, 57; 요 11:49; 18:13-28). 이 시기의 대제사장 예복은 로마 군대가 통제하는 안토니아 요새에 보관되어 있었는데, 이는 대제사장이 그들의 뜻에 동조해야 하고, 누가 그를 그 자리에 임명했는지를 상기시키기 위함이었다.[49]

예루살렘 성전 안에는 대제사장과 더불어 다수의 상주하는 제사장과 성전세 징수·보관 및 재정을 담당하는 권력 있는 제사장들, 그리고 수많은 제사와 절기 행사를 직접 진행하는 제사장들이 있었다. 신약성경은 흔히 이런 이들을 "대제사장들"이라고 부른다(예. 마 21:15-43; 막 14:1-55; 눅 22:2-4; 요 7:32-45). 대제사장직과 더불어 이런 직분은 예루살렘에 거주하는 재력 있는 귀족 가문이 장악하고 통제했는데, 이들은 신약성경에서 사두개인으로 알려진 종교/정치 집단을 형성하며 대체적으로 로마 당국을 지지했다. 앞서 언급한 바와 같이 그리스-로마 세계 전역과 유대 지역에 거주하는 유대인 남자는 모두 해마다 반 세겔의 성전세를 내야만 했다. 매년 성전 금고로 흘러들어오

---

[48] Tomasino, *Judaism before Jesus*, 262.
[49] Instone-Brewer, "Temple and Priesthood," 201-3; Bruce, *New Testament History*, 56-68; Ferguson, *Backgrounds of Early Christianity*, 486, 530-31.

는 돈의 액수는 실로 어마어마했다. 더욱이 유월절을 기해 성전에 올라온 순례자들은 자신들이 거주하는 지역의 화폐로 성전세를 지불할 수 없었다. 그들은 성전 환전상을 통해 돈을 환전해야 했는데, 이는 성전 당국자들에게 더 많은 수익을 올릴 수 있는 또 다른 좋은 기회를 제공해주었다. 예수가 성전 뜰에서 내쫓은 환전상들은 바로 이러한 거대한 세금 징수 및 환전 체계의 일부였다.

> 제사장 가문인 마카비 가문은 유대 지역을 지배하고, 그로부터 100년 동안 이 가문 출신이 왕과 대제사장직을 겸하게 된다.

요약하자면 헤롯 성전의 부패와 타락은 처음부터 광범위하게 퍼져 있었다. 예수 시대의 예루살렘 성전은 거의 대부분 헤롯 대왕이 건축한 것이다. 그는 베들레헴의 아기들과 그의 두 아들과 아내를 포함하여 수많은 사람을 살해하고, 이교도 신전도 여럿 지었으며, 로마 제국의 협조하에 정권을 장악한 무자비한 에돔 출신 왕이었다. 그는 신앙심이나 하나님을 참으로 예배하기 위해 성전을 건축한 것이 결코 아니다. 따라서 이 성전 지성소에 하나님의 임재가 거하신다는 기록이 전무하다는 것은 전혀 놀라운 일이 아니다. 또한 이처럼 외관상 아름다운 성전에서 이루어지는 제사 및 성전세 징수 등 모든 일상적인 사역은 재정 및 정치적 수단을 총동원해서 권력을 잡은 부패한 제사장 가문에 의해 집행되었는데, 이들은 자신들이 지닌 부와 권력을 유지하는 것 외에는 별다른 관심이 없었다.

신약성경은 분명히 토라에 순종하고 하나님을 신실하게 예배하고자 최선을 다하는, 경건하고 헌신적인 유대인들이 있었고, 제사장 가운데 일부가 여기에 포함된다는 증거를 제시한다. 이들 가운데 다수는 사도행전 앞부분에서 증언하듯이 그리스도께로 나아와 그리스도인이 된다. 하지만 예수가 복음서에서 분명히 지적하듯이 그 당시 유대 지도자들 가운데는 위선이 넘

쳐났으며 성경을 자기중심적으로, 그리고 사악한 방식으로 잘못 해석하는 경우가 빈번했다. 그리고 이러한 위선과 자기중심적인 죄성의 중심축은 바로 다름 아닌 성전이었다.

헤롯 성전의 지성소에 하나님의 임재가 거하셨다는 증거가 없다.

7장

신약에 나타난 하나님의 성전

너희가 하나님의 성전[이니라] (고전 3:16).

개요

복음서와 사도행전에서 발생하는 많은 사건은 성전에서 일어난다. 게다가 예수와 바울은 모두 그리스도의 오심을 성전과 연결한다. 이번 장에서 우리는 예수와 그의 추종자들이 성전 개념과 어떻게 연계되어 있는지 탐구할 것이다. 우리는 먼저 예수가 어떻게 하나님의 임재의 귀환으로서 이스라엘에 오셨는지를 논의할 것이다. 이어서 우리는 유대인들이 예수를 배척하고, 그 결과 예수가 예루살렘과 성전의 멸망에 관해 예언한 것을 검토할 것이다. 그다음 우리는 예수 자신이 새 성전이라는 실재에 관해 논의할 것이다. 예수가 승천하신 후 성령이 새 신자들에게 강림하시는데, 우리는 성전 같이 하나님의 임재가 사람 안에 거하는 이러한 새로운 실재에 관해서도 논의할 것이다. 이 과정에서 우리는 교회를 성전과 비교할 것이다. 그다음 우리는 에스겔이 본 성전 환상을 살펴보면서 제3성전의 가능성에 관해 논할 것이다. 마지막으로 우리는 에덴동산과 같은 새 하늘과 새 땅에서 하나님의 임재가 그의 백성과 함께 거하려고 다시 오실 것에 관해 이야기하는 요한계시록 21-22장을 간략하게 살펴보면서 마무리할 것이다.

예수와 하나님 임재의 귀환

이전 장들에서 우리는 성막 또는 성전이 주어진 가장 주된 이유로서 하나님의 임재의 중요성을 강조했다. 다시 말하면 성막(이동식 성전)과 성전은 하나님의 임재가 거하는 장소 또는 처소다. 그러나 기원전 587년에 불순종한 예루살렘에 대한 하나님의 심판의 일환으로 바빌로니아가 쳐들어왔을 때 하나님의 임재는 성전을 떠났다(겔 8-11장). 그 이후 먼저 학개 시대에, 그리고 헤롯 대왕 시대에 제2성전이 지어졌을 때는 **하나님의 임재가 성전에 거하기 위해 돌아오셨다는 언급이 없다.** 하나님의 임재는 예수 그리스도께서 성전 문을 통해 걸어 들어오실 때까지 다시 돌아오지 않았다.

신약성경은 예수와 하나님의 임재를 분명하게 연결시킨다. 이것이 성육신의 요점 가운데 하나다. 예를 들면 마태복음 1:23은 이사야 7:14을 인용하며 "'보라! 처녀가 잉태하여 아들을 낳을 것이요, 그의 이름은 임마누엘이라 하리라' 하셨으니 이를 번역한즉 '하나님이 우리와 함께 계시다' 함이라"라고 말한다. 따라서 마태는 임마누엘, 즉 "하나님이 우리와 함께 계시다"라는 하나님의 임재에 대한 강력한 진술을 통해 예수를 독자들에게 소개하고 있는 것이다. 마태복음에서 이 주제가 중요하다는 사실은 그가 이 책을 이 진술로 시작하고 끝맺는다는 데서 알 수 있다. 따라서 마태는 예수가 임마누엘임을 밝히는 것으로 이 책을 시작하고, 지속적인 임재에 대한 예수의 약속으로 끝을 맺는다. "볼지어다! 내가 세상 끝날까지 너희와 항상 함께 있으리라 하시니라"(마 28:20).

> 하나님의 임재는 예수 그리스도가 성전의 문을 통해 걸어 들어오실 때까지 **다시 돌아오지 않았다.**

복음서에서 일어난 사건을 통해 본 제2성전

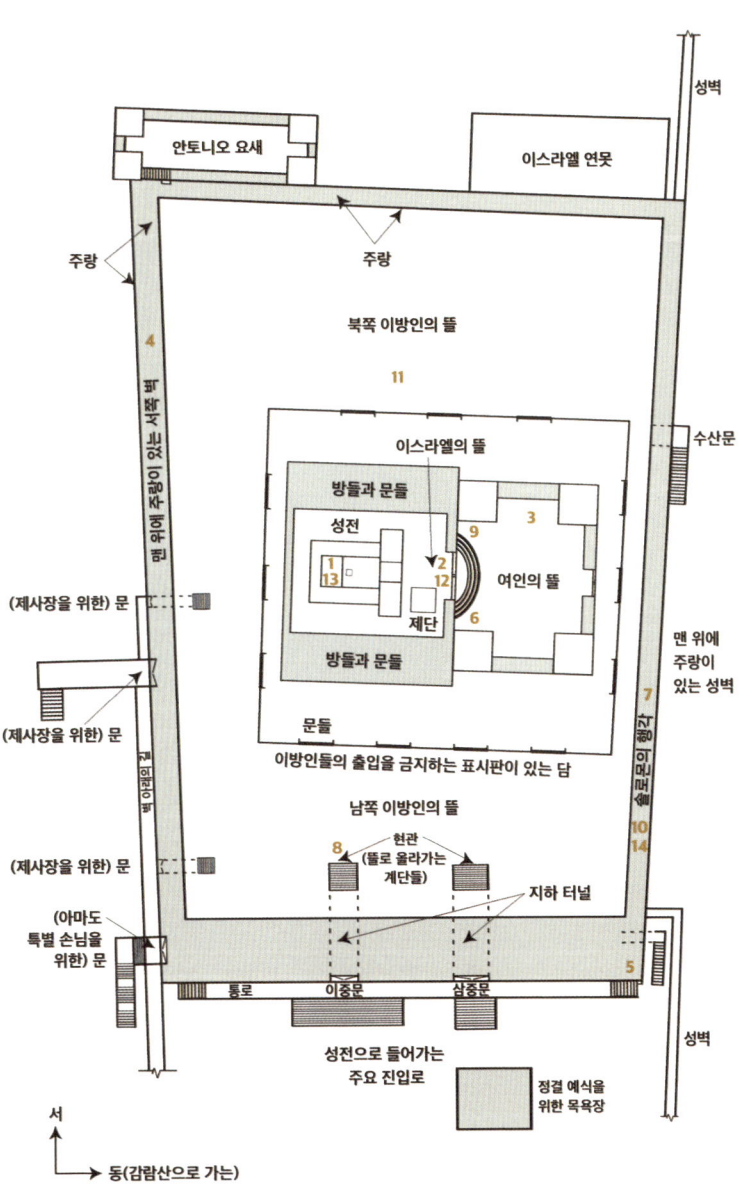

1. 주의 사자가 나타났을 때 세례 요한의 아버지인 제사장 스가랴는 분향하고 있었다(눅 1:8-20).
2. 요셉과 마리아는 아기 예수를 주께 드리고 산비둘기 혹은 집비둘기로 제사를 드리기 위해 성전에 올라간다(눅 2:22-24). 마리아는 여인의 뜰에 있어야 했지만, 요셉은 아기와 제물을 가지고 이스라엘의 뜰로 들어간다.
3. 시므온과 여성 예언자 안나가 아기 예수가 메시아임을 알아보았을 때 그들은 아마도 여인의 뜰에 있었을 것이다(눅 2:25-38).
4. 예수의 부모가 "선생들 가운데 앉아서 그들의 말을 듣기도 하고 그들에게 묻기도 하"던 예수를 발견한다(눅 2:46). 비록 그들이 주랑 현관(Royal Stoa)에 있었을 가능성은 희박하지만, 주랑 어디서든지 이런 일은 가능하다.
5. "마귀가 예수를 거룩한 성으로 데려다가 성전 꼭대기에 세우고"(마 4:5). 성전 건축물 남동쪽 모퉁이에 있는 주랑 현관 꼭대기에 위치한 난간은 위에서부터 아래까지의 높이가 가장 높다. 물론 또 다른 가능성은 성벽 위에 서 있는 성전 자체이지만 말이다.
6. "이 말씀은 [예수가] 성전에서 가르치실 때에 헌금함 앞에서 하셨으나"(요 8:20).
7. "예수께서 성전 안 솔로몬 행각에서 거니시니"(요 10:23).
8. "예수께서 예루살렘에 이르러 성전에 들어가사"(막 11:11). 예수는 아마도 이중문으로 들어가셔서 이방인의 뜰로 올라가셨을 것이다.
9. 예수는 두 렙돈을 헌금한 과부를 칭찬하신다(막 12:41-44; 눅 21:1-4).
10. 예수가 성전 뜰에서 가르치실 때 그는 주로 주랑 가운데 하나인 솔로몬의 행각에서 가르치셨을 개연성이 가장 높다(마 26:55; 막 12:35; 14:49; 눅 19:47; 20:1; 21:37-38; 28:55; 요 7:28).
11. 예수는 환전상들과 동물을 파는 상인들을 내쫓으신다(마 21:12-16; 막 11:15-18; 눅 19:45-47; 요 2:13-22). 이러한 매매 활동은 이방인의 뜰에서 이루어진다. 북쪽 혹은 남쪽 아니면 양쪽에서 모두 가능했을 것이다.
12. "유다가 은을 성소에 던져 넣고 물러가서 스스로 목매어 죽은지라"(마 27:5). 유다는 아마도 이스라엘의 뜰로 들어가서 그곳과 제사장의 뜰을 분리시키는 벽 위로 돈을 던졌을 것이다.
13. "성소 휘장이 위로부터 아래까지 찢어져 둘이 되고"(마 27:51; 막 15:38; 눅 23:45). 이것은 아마도 내부 혹은 외부의 휘장이었을 것이고, 어쩌면 둘 다일 수도 있다.
14. 부활 후 예수의 제자들은 "늘 성전에서 하나님을 찬송하니라"(눅 24:53). 그들은 아마도 솔로몬의 행각에 있었을 것이다.

또한 마가는 그의 복음서를 시작하며 세례 요한을 "광야에[서] 외치는 자의 소리"라고 소개한다. "광야에 외치는 자의 소리가 있어 이르되 '너희는 주의 길을 준비하라. 그의 오실 길을 곧게 하라'"(막 1:3). 이사야서에서는 "주"라는 용어가 하나님을 지칭하기 때문에 이사야 40:3을 인용한 이 구절은 하나님의 귀환에 대한 명확한 언급이다. 여기서 인용된 이사야 40:3은 다음과 같다. "너희는 광야에서 여호와의 길을 예비하라. 사막에서 우리 하나님의 대로를 평탄하게 하라." 이 구절은 이어서 "여호와의 영광이 나타나고 모든 육체가 그것을 함께 보리라"라고 선포한다(사 40:5). 구약성경에서 주의 영광의 계시 혹은 현현은 그의 백성 가운데 거하시는 하나님의 임재와 관련이 있다.

누가복음 1:76에서 세례 요한의 아버지인 제사장 스가랴는 요한에 대해

"주 앞에 앞서 가서 그 길을 준비하여"라고 예언하면서 하나님의 임재와 예수를 동일시한다.

요한은 예수와 하나님의 임재를 더욱더 분명하게 연관시킨다. 요한은 예수를 "말씀"이라고 말하고 그가 신적 존재임을 천명하면서 그의 복음서를 시작한다. "태초에 말씀이 계시니라. 이 말씀이 하나님과 함께 계셨으니 이 말씀은 곧 하나님이시니라"(요 1:1). 이어서 요한복음 1:14에서 사도 요한은 "말씀이 육신이 되어 우리 가운데 거하시매"라고 말한다. "거하시매"로 번역된 그리스어 단어는 "스케노오"(*skēnoō*)인데, 이는 성막을 가리키는 그리스어 "스케네"(*skēnē*)라는 명사의 동사형이다(이 용어에 관해서는 본서 1장의 논의를 참조하라). 요한은 아마도 여기서 성전보다는 성막을 연상시키는 용어를 사용하고 있는데, 이는 아마도 성막은 이동 가능하며 "영광"(요 1:14)과 모세(요 1:17)에 대한 언급이 암시하듯이 이 용어가 모세 시대에 시내산에서 주어진 하나님의 계시와 훨씬 더 직접적으로 연관되기 때문일 것이다.

"보라! 처녀가 잉태하여 아들을 낳을 것이요 그의 이름은 임마누엘이라' 하리라 하셨으니 이를 번역한즉 '하나님이 우리와 함께 계시다' 함이라"(마 1:23).

따라서 하나님은 시내산에서 자기 자신을 계시하시고(출애굽기) 성막에(그리고 나중에는 성전에) 계신 자신의 임재를 통해 자기 백성과 언약 관계를 체결하셨던 것처럼, 이제는 새로운 언약 관계를 체결하시고자 예수 그리스도를 통해 자신을 계시하시고 다시 한번 자기 백성 가운데 거하시러 오신 것이다.

그러므로 예수가 성전 안으로 걸어 들어가신 것은 매우 중대한 사건이 아닐 수 없다. 600년이라는 부재의 시간을 뒤로 하고 비로소 하나님의 임재가 새롭고도 더 나은 구원과 언약 관계를 위해 다시 이스라엘 백성에게로 돌아온 것이다.

배척당한 예수와 성전의 멸망

누가복음을 여는 첫 여러 장에서는 성전 안에 있던 여러 경건하고 신실한 자가 예수가 어린 아기임에도 그를 알아보고 장차 올 메시아이자 구주로 인식하기 때문에 얼핏보면 사람들이 성전에서 예수를 긍정적으로 받아들인 것으로 보일 수 있다. 여기에는 제사장 스가랴와 그의 아내 엘리사벳(1:5-25, 57-80), 시므온(2:25-35), 그리고 안나라는 여자 예언자(2:36-38)가 포함된다. 그러나 그다음 사건(2:41-52)에서는 소년 예수가 선생들과 대화하며 성전 뜰에서 사흘을 보내는데, 그들의 반응은 단지 "놀라움"뿐이었다. 이러한 초기 이야기는 이제 사복음서에서 어떤 일이 일어나고 전개될지를 예고한다. 메시아를 고대하는 소수의 사람은 예수를 알아보고 그를 따르지만, 대다수 유대인, 특히 예루살렘에 있는 유대인들과 막강한 권력을 지닌 지도층 무리(사두개인들, 바리새인들, 헤롯 당원들, 제사장들, 서기관들, 대제사장)는 예수를 배척하고 그에게 강한 적대감을 나타내며, 결국 그들의 이러한 행동은 예수의 체포와 처형을 유발하고 성전 뜰에서 긴장감 속에서 이루어진 마지막 만남에서 그 정점을 찍는다. 마가는 예수의 사역 최초기에 유대 지도자들이 예수가 메시아임을 거부했을 뿐만 아니라 예수를 죽이기 위해 이미 실제로 음모를 꾸미고 있었음을 알려준다(막 3:6).

> 예수의 사역 아주 초기에 유대교 지도자들은 예수가 메시아임을 거부했을 뿐만 아니라 예수를 죽이기 위해 이미 실제로 음모를 꾸미고 있었다.

따라서 비록 예수가 계속해서 진리를 가르치고 기적을 일으키지만, 그에 대한 불신앙과 적대감 그리고 박해로 이어지는 상황은 기원전 587/586년 예루살렘과 성전이 멸망하기 전에 예언자 예레미야가 직면했던 위기와 점점 유사해져 가기 시작한다. 사실 예수는 예레미야와 매우 유사한 방식으로 백성들이 회개하고 자신에게로 돌아오지 않으면 예루살렘과 성전에 무서운 심판이 임할 것이라고 경고한다. 예를 들면 성전 뜰에서 환전상들과 상인들의 타락을 보고 분노한 예수는 예레미야 7:11을 인용하며 그들이 성전을 "도둑의 소굴"로 만들어 놓았다고 말한다. 예레미야 7장을 인용한 것은 만약 예루살렘 거민들이 회개하고 하나님께로 돌아오지 않으면 예루살렘 성전의 멸망에 관한 강하고 준엄한 예언으로 가득 차 있는 7장의 말씀이 반드시 그대로 이루어질 것이라는 중요한 의미를 담고 있다. 예레미야 시대에는 예루살렘 거민들이 회개하지 않았고, 그 결과 바빌로니아가 쳐들어와 예루살렘 성과 성전을 모두 무너뜨렸다. 예수는 이제 자기 시대의 예루살렘 거민들에게 이와 동일한 상황과 심판이 곧 임할 것임을 경고하는 것이다.

　예수는 마치 구약의 예언자처럼 유대와 예루살렘 거민들에게 장차 올 심판을 반복해서 경고한다. 구약의 예언자 시대와 마찬가지로 성전이 하나님의 임재와 그의 백성이 만나는 장소로서의 기능을 다하지 못하고 오히려 하나님의 임재와 그가 약속하신 메시아 구세주를 배척하고 살해한 진원지이므로 하나님의 심판은 구체적으로 헤롯 성전 및 이와 관련된 모든 것에 임할 것이다. 예수는 성전을 떠나면서 제자들에게 이 사실을 아주 명확히 밝히신다. "네가 이 큰 건물들을 보느냐? 돌 하나도 돌 위에 남지 않고 다 무너뜨려지리라." 성전 심판에 대한 이 중요한 말씀은 공관복음 세 곳에 모두 기록되어 있다(막 13:2; 참조. 마 24:2; 눅 21:6).

　사도행전에서는 하나님께서 성전 지도자들과 예루살렘 백성에게 메시아를 죽인 죄를 회개하고 그에게로 돌아와 구원을 받을 기회를 주시는 이 이야기가 계속 반복된다. 이에 오순절 직후 그리스도를 따르는 자들은 성전 뜰에서 날마다 모이고(행 2:46) 수많은 사람을 그리스도 안에 있는 구원으로 인도한다(행 2:47). 사도행전 3장에서는 베드로가 성전 문 앞에서 앉은뱅이로 태어난 한 남자를 고쳐주고 이 기적으로 인해 소동이 일어나자 이 기회를 이용해 성전에 온 사람들에게 복음을 전한다. 사도행전 4장에서는 제사장들과 성전 맡은 자(아마도 그 역시 제사장)와 사두개인들이 베드로와 요한을 체포하고 이튿날 그들을 데리고 가서 공회 앞에 세운다. 공회는 그들에게 예수의 이름으로 아무것도 말하지 말라고 경고하고 협박하지만, 베드로와 요한은 이를 완전히 무시한다. 사도행

이것은 성전산 서쪽 벽 남쪽 끝을 따라 난 대로의 잔해다. 로마 군대가 성전산 벽의 거대한 돌들을 밀어냈을 때 이 돌들은 이 길 아래의 돌로 된 인도에 움푹 패인 자국을 남겼다. 고고학자들은 이 길에 다다르기 위해 커다란 돌 블록 파편 더미를 치웠다. 로마 군대가 길 아래로 밀어낸 성벽의 돌 블록들을 이 사진 배경에서 볼 수 있다. 예수가 예루살렘에 있을 때 그는 십중팔구 이 길을 걸었을 것이다.

전 5:12-16은 사도들과 새 신자들이 솔로몬의 행각(성전 뜰의 동쪽 현관)에 모여 그들이 어떻게 성령의 능력으로 사람들을 치유하고 귀신들을 내쫓았는지를 설명한다. 대제사장과 그의 동료들(사두개인들)은 사도들을 체포하고 심지어 채찍질까지 하지만 헛수고였다. 그들은 다름 아닌 성전 뜰에서, 그리고 집집마다 돌아다니며 계속 복음을 전한다(행 5:17-42). 회개할 수 있는 기회가 거듭 주어지고 또 복음을 입증하는 기적들이 계속 일어남에도 불구하고 성전 지도자들은 그리스도의 말씀을 완강히 거부하고 살인적인 적대감을 그대

로 드러낸다. 사도행전 6-7장에서는 성전 지도자들이 스데반을 체포하고 돌로 쳐 죽이자 이로 인해 새로 믿은 신자들이 사방으로 흩어진다.

그 후 사도 바울은 성전에 있다가 붙잡히고 하마터면 폭도들에게 거의 목숨을 잃을 뻔한다(행 21:27-36). 바울은 아마도 여인의 뜰, 즉 성전 경내에 있었을 것이다. 비록 이에 관한 언급은 없지만, 다수의 성전 경비대원(로마 군인이 아닌 대제사장들 지휘하에 있던 유대인 경비대원)이 이 구역에 있었을 것이며, 그들은 바울을 체포하는 데 어떤 역할을 했을 것이다. 따라서 폭도들은 경비대가 그곳에 있었음에도 제지당하지 않은 것이다. 바울이 성전(*hieron*)에서 끌려나가자 "문들이 곧 닫[혔다]"(행 21:30). 그들은 아마도 여인의 뜰로 들어가는 여러 문 중 하나에서 그를 끌고나가 "소레그"(*soreg*, 이방인들이 성전 경내에 접근하지 못하게 막는 담)를 지나 이방인의 뜰로 끌고 들어갔을 것이다.

사람들은 바울을 여인의 뜰에서 끌어내어 이방인의 뜰 북쪽으로 끌고 들어간다. 로마 군인들은 안토니아 요새에 있다가 그를 구하려고 뜰로 내려온다.

닫힌 "문들"은 "소레그"의 문들로 보이지만, 여인의 뜰로 들어가는 문을 가리킬 수도 있다. 누가가 이러한 행동과 세부 내용을 이 기사에 포함시킨 것은 이 이야기에 역설적인 상징적 의미를 더하기 위함인 것으로 보

> "네가 이 큰 건물들을 보느냐? 돌 하나도 돌 위에 남지 않고 다 무너뜨려지리라"(막 13:2).

인다. 예수와 그의 사자들에 대한 적대적인 태도는 이제 최후의 순간을 맞이한다. 마침내 성전의 문들이 닫힌다. 아이러니하게도 로마 군인들은 바울을 구하려고 안토니아 요새에서 내려와 바울을 데리고 다시 안토니아 요새(누가는 "영내"라고 부름; 행 21:34)로 올라간다. 그런데 바로 이 로마 군인들이 기원후 70년에 다시 돌아와 이 잠긴 문을 부수고 성전을 완전히 무너뜨리며 성전에 있는 모든 대제사장과 다른 지도자들을 처형시킨다.

사도행전에서 일어난 사건을 통해 본 제2성전

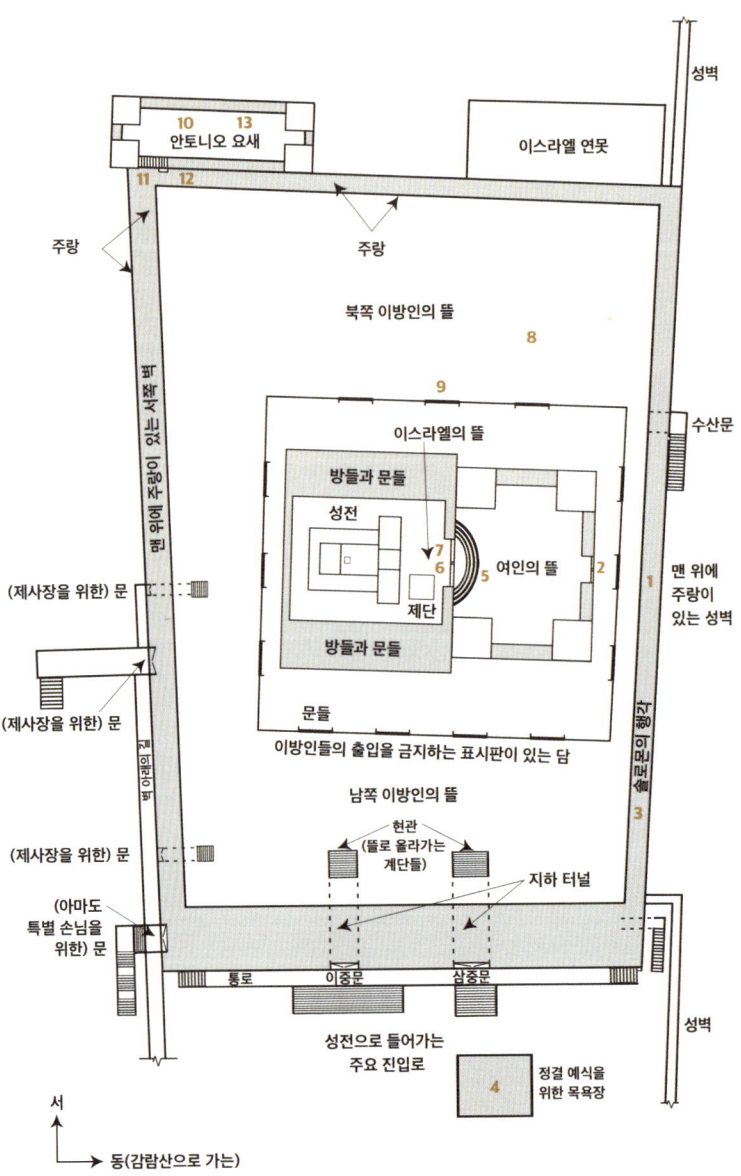

1. "날마다 마음을 같이하여 성전에 모이기를 힘쓰고"(행 2:46). 사도들과 새로 믿은 신자들은 성전에서 매일 만난다. 그들은 아마도 행 5:12의 "믿는 사람이 다 마음을 같이하여 솔로몬 행각에 모이고"에 볼 수 있듯이 솔로몬의 행각에서 모였을 것이다.
2. 베드로는 미문이라고 불리는 문에 앉아 구걸하는 한 남자를 치유한다(행 3:1). 우리는 이것이 어떤 문인지 확실히 알 수 없다. 이것은 아마도 여인의 뜰에서 나가는 문일 것이다. 수산문일 수도 있지만 그 가능성은 낮다.
3. "그들이 듣고 새벽에 성전에 들어가서 가르치더니"(행 5:21). 이것 역시 솔로몬의 행각에서 일어난 일일 것이다.
4. 바울은 서원한 네 사람과 함께 결례를 행하기로 한다(행 21:20-26). 이 예식은 아마도 성전의 바로 남쪽에 있는 예식용 목욕장(mikveh)에서 이루어졌을 것이다.
5. 이 결례를 마치고 바울은 제사 일정을 조율하기 위해 성전에 간다(행 21:26). 그는 아마도 헌금함이 있는 여인의 뜰에서 비용을 지불했을 것이다.
6. 제사 비용을 지불한 후(행 21:26) 바울은 제단 근처에 있는 이스라엘의 뜰로 들어간다.
7. 바울이 이방인들을 데리고 "소레그"(담)을 넘어 들어가 성전을 더럽혔다고 생각한 폭도들은 바울을 공격한다(행 21:27-30). 그는 아마도 여인의 뜰에 있거나 이스라엘의 뜰에 있을 것이다.
8. "바울을 잡아 성전 밖으로 끌고 나가니 문들이 곧 닫히더라"(행 21:30). 바울은 아마도 여인의 뜰에서 끌려 나와 북쪽 이방인의 뜰로 끌려갔을 것이다.
9. 바울 앞에서 성전의 문들이 닫힌다(행 21:30). 이 문들은 "소레그"(담)에 있는 문들로 보이지만 여인의 뜰로 들어가는 문들일 수도 하다.
10. "그들이 그[바울]를 죽이려 할 때에 온 예루살렘이 요란하다는 소문이 군대의 천부장에게 들리매"(행 21:31). 이 천부장은 안토니아 요새에 있었을 것이다.
11. "그가 급히 군인들과 백부장들을 거느리고 달려 내려가니"(행 21:32). 이 로마 군인들은 안토니아 요새의 계단으로 내려와 북쪽에 있는 주랑으로 들어가 폭도들과 마주한다.
12. 군인들이 바울을 데리고 영내로 들어가려고 할 때 바울은 천부장에게 계단 위에 서서 군중들에게 말할 수 있는 기회를 달라고 요구한다(행 21:37-40). 그는 아마도 북쪽 주랑에서 안토니아 요새로 올라가는 계단에 서 있었을 것이다.
13. "천부장이 바울을 영내[즉 안토니아 요새]로 데려가라 명하고"(행 22:24).

성전이신 예수

사복음서가 예수를 구약성경이 예언한 하나님의 새로운 임재로 소개하고, 요한복음 1:14이 구체적으로 그의 백성 가운데 거하시는 예수를 언급하기 위해 성막을 가리키는 용어를 사용하는 것으로 미루어보아 신약성경에서 예수가 자신이 새 성전(즉 하나님이 거하시고 그의 백성과 만나는 장소)임을 암시하는 것은 전혀 놀라운 일이 아니다. 요한복음 2:13-25에서 예수가 성전 뜰에서 환전상들과 가축 파는 상인들을 내쫓으셨을 때 성전에 있던 유대인들은 그에게 자신의 권위를 입증하는 표적을 요구한다(요 2:18). 이에 대해 예수는 다음과 같이 대답한다. "너희가 이 성전을 헐라. 내가 사흘 동안에 일으키리라"(19절). 물론 이 유대인들은 그의 답변의 깊이를 이해하지 못했지만, 요한은 "예수는 성전(naos)된 자기 육체를 가리켜 말씀하신 것이라"고 설명한다(2:21). 예수는 그의 답변에 복잡한 이중적인 의미를 담고 있을 가능성이 높다. 그는 한편으로는 물리적인 성전을 언급한다. 이 성전은 파괴될 것이며 그는 이 성전을 "새" 성전(모퉁잇돌이신 예수 그리스도 위에 세워진 성령이 내주하시는 교회)으로 대체할 것이다(즉 "일으키리라"). 그러나 또 다른 한편으로 그는 성전인 자신의 몸을 언급한 것이다. 그것(그의 몸)이 (십자가에서 죽으심으로 인해) 파괴되면 그는 그것을 사흘 안에 다시 일으킬 것이다.[1] 요한복음 1:1-18과 2:13-25, 그리고 다른 본문에서 요한은 단순히 예수가 **어떤**(a) 성전 또는 성막이 아닌, 바로 **그**(the) 성전이라고 말한다. 따라서 그는 헤롯 성전(기본적으로 비어 있는)을 대체한다. 왜냐하면 자기 자신이 하나님의 임재의 참 중심이기 때문이다.[2] 예수가 자신을 암시하는 것으로 보이는 "성전보다 더 큰 이가 여기 있느니라"는 마태복음 12:6을 주목하라. 따라서 이 마태복음 본문에서 예수는 자신을 통해 도래한 하나님의 새로운 임재가 헤롯이 지은 성전보다 월등하다(그리고 이를 대체한다)고 선언한다.

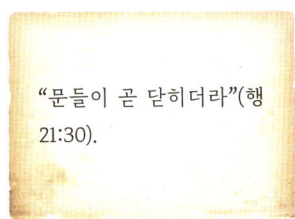

"문들이 곧 닫히더라"(행 21:30).

또한 마태복음 21장에서 예수는 환전상들을 내쫓으신 후에 악한 농부의 비유를 말씀하시며 하나님의 포도원 "관리인들"—즉 성전과 관련이 있는

---

1 Beale, *Temple and the Church's Mission*, 193.
2 Salier, "Temple in the Gospel According to John," 125-27.

유대 지도자들—에 대한 심판을 경고한다. 예수는 이 비유 끝부분에서 "건축자가 버린 돌이 집 모퉁이의 머릿돌이 되었나니"라는 시편 118:22의 말씀을 인용하는데, 이는 자신을 상당히 명확하게 그 모퉁잇돌로 언급한

"너희가 이 성전을 헐라. 내가 사흘 동안에 일으키리라"(요 2:19).

셈이다. 이 성전 문맥 안에서 예수는 자신이 현직 성전 지도자들이 배척했지만 하나님이 다시 세우실 새 성전의 모퉁잇돌이라고 말한다. 아래에서 더 상세히 다루겠지만, 이러한 사실은 바울(엡 2:20-22)과 베드로(벧전 2:4-8)가 모두 예수를 "성전"(즉 교회)이 세워질 모퉁잇돌로 언급하면서 더욱더 명확해진다.[3]

성령과 하나님의 임재

사도행전 1장에서 부활하신 예수는 하늘로 승천하신다. 사도행전 2장에서는 오순절에 예루살렘에 있던 예수의 추종자들에게 성령이 강림하신다. 이것은 하나님의 임재를 위한 처소로서의 성전 및 성막에 관한 우리의 논의와 관련하여 매우 의미심장한 사건이 아닐 수 없다. 우선 일부 학자들은 온 집안을 가득 채운 하늘로부터 온 소리와 바람과 불에 대한 묘사가 하나님이 오셔서 성막(출 40:34-38)과 성전(왕상 8:10-11)을 가득 채운 사건을 연상시킨다고 제안한다.[4] 베드로는 이렇게 하나님의 영이 부어진 것은 요엘 2:28-32에

---

[3] Beale, *Temple and the Church's Mission*, 185.
[4] Ibid., 211.

대한 성취라고 말한다. 그런데 이 본문은 이 말씀을 듣는 자들(예루살렘에서 베드로의 말을 듣고 있는 사람들)에게 주의 이름을 부르고 구원을 얻을 것을 경고하고 촉구하는 말로 마무리한다. 또한 이 사건은 예를 들어 마태복음 3:11의 "그는 성령과 불로 너희에게 세례를 베푸실 것이요"와 같은 복음서의 여러 말씀과 예언을 성취한다. 요한복음 7:38-39에서 예수는 다음과 같이 말한다. "나를 믿는 자는 성경에 이름과 같이 그 배에서 생수의 강이 흘러나오리라 하시니, 이는 그를 믿는 자들이 받을 성령을 가리켜 말씀하신 것이라." 흥미롭게도 에스겔 47:1-11에서는 종말론적 성전에서 강물이 흘러나오고, 요한계시록 22:1-2에서는 하나님과 어린양(성전을 대체한)의 보좌로부터 강물이 흘러나온다.

우리가 주목해야 할 점은 하나님의 임재의 극적인 변화다. 구약성경에서 하나님이 이스라엘과 관계적 언약을 체결하실 때 그는 그 언약의 일환으로 그들 가운데 거하시기 위해 강림하셨다. 따라서 실제로 하나님은 그의 백성 가운데 거처를 정하셨는데, 처음에는 성막에, 그다음에는 성전에 거처를 두셨다. 예수 그리스도가 도입한 새 언약의 일환으로 하나님의 성령은 이제 더 이상 성막 혹은 성전에 거하시지 않고 성령을 통해 그리스도를 믿는 각 사람 안에 거하신다.

> "홀연히 하늘로부터 급하고 강한 바람 같은 소리가 있어 그들이 앉은 온 집에 가득하며"(행 2:2).

하지만 거룩하시고 위대하신 하나님이 어떻게 죄로 가득한 우리 인간 안에 거하실 수 있단 말인가? 하나님은 구약성경에서 그의 거룩하심이 요구하는 의에 대해 매우 명확하게 말씀하신다. 다시 말하면 성막과 성전에서 그 거룩함의 정도가 점진적으로 변화하는(뜰에서 성소로, 그리고 또 지성소로 이동하는) 것의 요점은 하나님의 임재를 둘러싸고 있는 강하고 위험한 거룩함은 죄 많고 부정한 인간이 그의 임재 속으로 들어가는 것을 허용할 수 없음을 강조하기 위함이다. 따라서 성막과 성전에서는 사람들이 안전한 거리를 두고, 오직 대제사장만이 엄격한 정결 예식을 거행한 후에 지성소에 들어갈 수 있었다. 그러나 이 모든 것은 이제 그리스도의 죽음 및 부활과 함께 극적으로 바뀐다. 히브리서 10:19-22은 이 흥미진진한 변화를 설명해준다. 예수가 이제 우리의 위대한 대제사장인 것이다. 십자가에 못 박히신 그의 몸은 지성소로 들어가는 "휘장"이며, 그의 죽으심으로 인해 이제 우리는 지성소와 하나님의 임재 앞으로 자유롭게 나아갈 수 있게 된 것이다(우리가 내주하시는 성령을 통해 정기적으로 경험하는 것). 사도 바울은 우리가 어떻게 그리스도를 통해 의롭게 되었는지, 즉 우리가 하나님의 임재로 나아가거나 성령이 내주하시는 하나님의 성전이 되기 위해 필요한 의를 어떻게 얻게 되었는지를 설명하면서 이에 대한 우리의 이해를 넓혀준다.

성전인 그리스도인, 모퉁잇돌이신 그리스도

따라서 결국 하나님이 그리스도인 안에 거하시므로 각 사람은 실제로 하나님의 성전이 된다. 따라서 사도 바울은 다음과 같이 말한다. "너희는 너희가 하나님의 성전[그리스어: *naos*]인 것과 하나님의 성령이 너희 안에 계시는 것을 알지 못하느냐? 누구든지 하나님의 성전을 더럽히면 하나님이 그 사람을 멸하시리라. 하나님의 성전은 거룩하니 너희도 그러하니라"(고전 3:16-17). 또한 바울은 그의 백성 가운데 거하시는 하나님의 거룩한 임재를 강조하면서 다음과 같이 말한다. "우리는 살아 계신 하나님의 성전이라. 이와 같이 하나님께서 이르시되 '내가 그들 가운데 거하며 두루 행하여 나는 그들의 하나님이 되고 그들은 나의 백성이 되리라'"(고후 6:16).

앞서 언급한 바와 같이 바울은 신자들로 이루어진 새 성전(교회)을 모퉁 잇돌이신 그리스도와 다시 연결한다. "그리스도 예수께서 친히 모퉁잇돌이 되셨느니라. 그의 안에서 건물마다 서로 연결하여 주 안에서 성전이 되어 가고 너희도 성령 안에서 하나님이 거하실 처소가 되기 위하여 그리스도 예수 안에서 함께 지어져 가느니라"(엡 2:20-22). 따라서 신자들은 각 사람 안에 하나님이 내주하시는 성전의 역할을 하는 것도 사실이지만, 새 성전의 특별한 모퉁잇돌이신 예수 그리스도와 더불어, 그리고 그의 백성에게 능력과 복을 부어주려고 그 성전 안에 거하시는 하나님의 임재와 더불어 한 무리(즉 교회)로서 성전의 역할을 감당하는 것도 사실이다.

"너희는 너희가 하나님의 성전인 것과 하나님의 성령이 너희 안에 계시는 것을 알지 못하느냐?"(고전 3:16)

천상의 성막과 지상의 성전

우리는 앞서 1장에서 하나님이 지상에서 그의 백성 가운데 거하시기 위한 처소인 성막과 성전이 천상에 있는 실재의 그림자 혹은 모형이라는 것에 주목했다. 히브리서는 성막(그리고 성전)에서 인간 제사장들이 "섬기는 것은 하늘에 있는 것의 모형과 그림자"(히 8:5)인 반면, 부활하신 그리스도는 "성소와 참 장막에서 섬기는 이시라. 이 장막은 주께서 세우신 것이요, 사람이 세운 것이 아니니라"(히 8:2)라고 설명한다. 하지만 히브리서는 우리의 위대한 대제사장이신 그리스도께서 단번에 제사를 완성하시고 이제는 하나님의 우편에 앉아 계신다고 선언한다. 그의 피로 말미암아 지성소의 출입을 제한하던 휘장이 제거되었으며, 이제 그의 백성은 그로 인해 의롭다 하심을 얻어 자유롭게 하나님의 임재 앞으로 나아갈 수 있게 되었다. 따라서 그리스도를 통해 도래하고 성전인 우리 안에 성령이 내주하시는 지상의 새 성전/성막이라는 실재는 참으로 천상의 궁극적인 실재의 모형 또는 그림자인 것이다.

에스겔의 성전 환상

앞서 우리는 이 책에서 에스겔서의 일부분을 논의했지만, 구약성경 전체에서 가장 해석하기 어려운 본문 가운데 하나인 그가 본 성전 환상을 아직 검토하지 않았다. 이 본문의 원래 배경부터 살펴보도록 하자. 에스겔은 바빌로니아에서 예루살렘 및 성전의 마지막 때와 곧이어서 일어날 일을 예언한다. 에스겔서에서 가장 중심이 되는 주제 가운데 하나가 바로 하나님의 임재다. 에스겔서는 이 주제로 시작해서(1:1-28) 이 주제로 끝난다(48:35). 에스겔 1장에서 예언자는 실제로 하나님의 임재에 대한 환상을 보는데, 이 환상은 하나님은 어디로든 이동하실 수 있고 성전이란 장소에 매여 계시는 분이 아니라는 점을 강조한다. 앞서 언급한 대로 에스겔 8-11장에서 예언자는 영에 이끌려 예루살렘 성전을 여행하며 상상조차 할 수 없는 신성모독적인 우상숭배가 바로 그 성전 안에서 자행되는 것을 목격한다. 이어서 그는 그 성전에서 하나님이 떠나시는 모습을 목격한다! 하나님의 임재 없이 이스라엘은 과연 어떻게 될 것인가? 이 질문을 염두에 두고 에스겔은 12-32장에서 유다와 주변국들이 자신들이 저지른 끔찍한 죄로 인해 받게 될 심판을 선포하는 데 초점을 맞춘다.

예언자는 에스겔 33장부터 시작해서 에스겔서 끝부분까지 계속해서 예루살렘과 성전의 멸망 및 유배 생활 이후의 소망에 관해 중점적으로 다룬다. 마지막 장들을 관통하는 한 가지 주제는 미래의 회복과 하나님 임재의 귀환이다. 에스겔 33-36장에서 하나님은 미래에 자기 백성을 정결케 하시고 그들에게 순종하는 마음을 다시 부어주실 것을 약속하신다. 구체적으로 하나님은 에스겔 34장에서 양떼를 돌보시는 목자처럼 오실 것이며 자신의 임재가 그들과 함께 있을 것임을 선언하신다. 에스겔 36장에서 하나님은 미래에 자신의 영을 자기 백성 가운데 두어 새로운 관계를 맺게 될 것이라고 말씀하신다(특히 36:24-28). 에스겔 37장에서 예언자는 하나님의 영이 백골이 가득한 골짜기를 지나면서 그 뼈들을 다시 살아나게 하는 것을 본다. 다시 한번 하나님은 생명을 주는 자신의 영을 통한 내주하심을 약속하신다(37:14). 그리고 에스겔서의 결말인 40-48장에서 하나님은 다시 한번 환상 가운데 에스겔을 이스라엘로 데리고 가서서 그곳에서 어떤 천사 같은 사람이 그를 데리고 레위 제사장들과 저장실과 제물과 제단이 완전히 갖추어진 새 성전을 둘러보게 한다. 에스겔이 본 성전 환상의 절정은 바로 하나님의 임재의 영광스러운 도래다(43:1-5). 그리고 이 환상은 성전을 보유한 이 성의 이름이 "야웨께서 거기에 계시다[여호와 삼마]"라고 전하면서 끝을 맺는다(48:35).

"그날 후로는 그 성읍의 이름을 여호와삼마라 하리라"(겔 48:35).

에스겔이 본 환상의 의미를 놓고 학계의 견해는 크게 갈리는데, 특히 성전을 비롯해 이와 연관이 있는 제사장과 제사와 관련하여 커다란 이견을 보인다. 한 가지 견해는 하나님이 에스겔에게 이 환상을 주신 것은 그로 하여금 성전의 구체적인 규모를 상세하게 기록하여 앞으로 이스라엘 백성이 실제로 이를 건축할 수 있도록 하기 위함이라는 것이다. 이 견해에 따르면 하나님은 여기서 제3성전에 대한 청사진을 보여주신 것이다. 하지만 그 규모가 제2성전과 다르므로 이 "청사진"이 헤롯 시대의 성전을 짓기 위해 활용된 것 같지는 않다. 그러나 이 견해를 지지하는 대다수 학자들은 에스겔이 본 환상이 앞으로 전 세계적으로 예루살렘이 신학의 중심지가 될 천년왕국 시대에 세워질 미래의 성전을 위한 청사진을 제시한다고 주장한다. 따라서 이 견해는 에스겔의 환상을 미래에 세워질 성전에 대한 매우 사실적인 그림으로 이해한다. 이 관점을 따르는 그리스도인들은 이 성전이 천년왕국 기간 동안에 세워질 것이며 성경이 말하는 종말의 때를 전개해 나가는 데 중요한 역할을 할 것이라고 주장한다.[5]

그러나 에스겔의 환상의 세부 내용을 문자적으로 해석하면 문제가 발생한다. 예를 들어 에스겔 47장은 성전 입구로부터 강물이 흘러나와 사해까지 흐르며 갈수록 깊어지는 것을 묘사한다. 수력 공학의 관점에서 보면 성전산 꼭대기에서 이렇게 많은 양의 물을 얻는다는 것은 그리 쉬운 일이 아니다. 물론 하나님이 원하시면 기적을 일으키실 수도 있고 그만한 물을 만들어내실 수도 있지만, 과연 그것이 이 환상의 핵심일까? 성경은 우리가 물을 문자적으로 해석하기를 원하는가? 앞서 언급한 바와 같이 요한복음 7:38-39에서 예수는 "나를 믿는 자는 성경에 이름과 같이 그 배에서 생수의 강이 흘러

---

[5] 이 관점을 잘 대표하는 Pentecost, *Things to Come*을 보라. 이 관점을 비판하고 반박하는 Sizer, "Temple in Contemporary Christian Zionism," 245-66도 참조하라. 물론 이 관점을 따르는 이스라엘의 정통파 유대인들은 다른 아젠다를 가지고 있는데, 이는 기독교적인 종말론보다는 미래를 바라보는 유대인들의 소망과 더욱 잘 어울린다. 실제로 이스라엘에는 "성전 연구소"(The Temple Institute)라고 불리는 기관이 있는데, 이 연구소의 주된 목표는 제3성전을 세우는 것이다. 그동안 그들은 제사 제도를 운영하기 위해 필요한 제사 기구들을 만드는 데 주력하고 있다. 가끔 기독교 예언 작가들은 종말의 사건들이 우리 눈앞에서 펼쳐지고 있음을 보여 주기 위해 이 기관의 존재를 제시한다. 그들은 유대인들이 성전을 곧 재건하는 계획을 하고 있으므로 종말이 가까이 왔음이 분명하다고 말한다. 하지만 "제3성전 운동"은 이스라엘에서 실제로 아주 미미한 지지를 얻고 있음을 유념해야 한다. 비록 이런 단체들이 큰목소리를 내기도 하지만, 그들은 이스라엘 국민의 큰 지지를 받지 못하고 있다.

나오리라 하시니, 이는 그를 믿는 자들이 받을 성령을 가리켜 말씀하신 것이 라"라고 말한다. 분명히 예수는 실제로 사람 몸 안에서 물리적인 물이 흘러 나오는 것을 말한 것이 아니라 성령을 언급한 것이다. 에스겔 47장에 나타난 물의 의미를 생각할 때 우리는 에스겔 36장에서 하나님이 자신의 영을 자기 백성 가운데 두실 것을 약속하신 것임을 기억해야 한다. 따라서 강물은 미래에 회복될 하나님의 임재에 관해 예언하는 본문에서(겔 40-48장) 미래에 임할 하나님의 영과 관련이 있다.

에스겔 40-48장을 문자적으로 해석할 경우 우리에게는 레위기의 피-제사 제도를 다시 도입해야 하는 문제가 발생한다. 신약성경은 이에 관해 모호한 입장을 취하지 않는다. 즉 레위기의 제사 제도는 예수 그리스도가 단번에 드린 희생 제사로 인해 전적으로 완전히 폐지되었다.

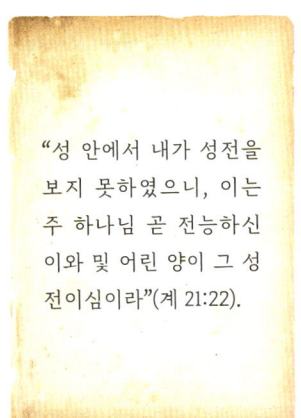

"성 안에서 내가 성전을 보지 못하였으니, 이는 주 하나님 곧 전능하신 이와 및 어린 양이 그 성전이심이라"(계 21:22).

제3성전에 대한 문자적 해석을 지지하는 이들은 이 제사가 속죄를 위한 제사가 아니라 오히려 교제 중심적이거나 기념을 위한 제사라는 것이다. 하지만 하나님께 드리는 올바른 예배로서 양을 바치는 제사는 신약성경에 나타난 신학과 심각한 충돌을 일으키는 듯하다. 더욱이 에스겔 40-48장 그 어디에도 하나님께서 에스겔에게 이 성전 건축을 지시하거나 혹은 다른 이에게 이 성전을 건축하라고 지시하신 적이 없다. 이와 마찬가지로 앞서 에스겔 37장에서 하나님은 에스겔에게 마른 뼈들이 있는 골짜기를 보여주신 후에 이 환상을 가지고 회복을 위한 하나님의 능력에 관해 교훈하신다. 하나님은 37장에서 에스겔에게 이런 상황을 만들라거나 혹은 심지어 이 뼈들이 물리적으로 다시 소

생활 민족을 상징한다고 말씀하시지 않는다. 따라서 우리는 단순히 하나님이 에스겔에게 성전을 보여주셨다고 해서 그분이 미래에 누군가가 그 성전을 건축하기를 원하신다고 너무 성급하게 단정 지을 필요는 없다.

따라서 위의 견해와는 달리 에스겔 40-48장에 대한 대안적 견해도 있다. 이 견해는 에스겔이 본 환상이 예언자적인 의미를 담고 있지만, 그럼에도 예수 그리스도가 신약성경에서 성취한 실재와, 이와 유사한 내용이 많은 요한계시록 21-22장에서 묘사하는 새 예루살렘에서 실현될 실재를 비유적으로, 그리고 상징적으로 나타내는 것으로 이해한다. 에스겔이 본 환상은 하나님의 임재와 하나님에 대한 진정한 예배가 회복된 미래를 바라보는 소망에 관한 것이며, 이 환상은 그리스도의 성육신과 요한계시록 21-22장에 나타난 최후의 새 하늘과 새 땅을 통해 성취된다.

요한계시록 21-22장과 도래할 하나님의 임재: 다시 동산으로 복귀

요한계시록 21-22장은 성경 전체 이야기의 대미를 장식한다. 하나님은 모든 원수를 물리치셨고, 이제 새 예루살렘, 곧 새 하늘과 새 땅의 일부가 하늘로부터 내려온다. 이 두 장이 보여주고자 하는 핵심은 다시 그의 백성과 함께 거하시기 위해 오시는 하나님의 임재다. 요한계시록 21:3은 "보라! 하나님의 장막이 사람들과 함께 있으매 하나님이 그들과 함께 계시리니"라고 말한다. 그러나 "주 하나님 곧 전능하신 이와 및 어린 양이 그 성전"(21:22)이므로 이 새 예루살렘에는 성전 건물이나 기타 건축물이 존재하지 않는다. 다시 말하면 그곳에는 어떤 특정 건물 없이 궁극적인 성전만이 존재한다. 왜냐하면 하나님의 임재와 그의 영광이 온 도시에 충만하고, 어떤 건물이나 "지성소"에 매이지 않기 때문이다. 그의 영광이 그 도시를 가득 채운 나머지 그 영광은 심지어 해와 달의 빛조차도 대체한다(21:23). 요한계시록 22:1-5은 계속해서 이 궁극적인 성전을 묘사하면서 다시 에덴동산을 암시한다(창 1-2장). 성경 이야기의 시작에 하나님이 아담과 하와와 함께 동산에 거하셨고, 그 결과 그들은 그의 놀라운 임재와 그에게 직접 나아갈 수 있는 특권을 누렸다. 그러나 자신들의 죄로 말미암아 그들은 동산에서 쫓겨났고, 동산이 아닌 폭력적인 세상, 즉 죄로 인해 하나님과 멀어지고, 거리, 단계적 거룩함, 휘장, 연기 등을 통해 하나님으로부터 격리된 세상에서 살 수 밖에 없었다. 하나님은 바로 이 이야기의 결말에서 자기 백성들이 그의 직접적인 임재를 다시 누릴 수 있도록 그들을 다시 동산으로 데려오셨다. 여기서 생명수의 강이 보좌로부터 흘러나온다(겔 47:1-12의 보좌로부터 강이 흐르는 것과 비슷하다; 계 22:1-2). 여기서 창세기 3장의 저주가 끝난다(22:3). 그리고 여기서 하나님의 백성들은 더 이상 단계적 거룩함, 보호하는 가리개, 휘장, 연기 등으로 인해 하나님으로부터 격리되지 않는다. 왜냐하면 여기서 "그들은 그의 얼굴을 볼 것"이기 때문이다(22:4).

이 책 전반에 걸쳐 우리는 성막과 성전이 하늘의 성막/성전의 그림자 혹은 모형으로 세워졌다는 것에 주목했다. 요한계시록 21-22장에서 이 둘의 차이는 사라지고 하늘의 실재가 내려와 새 하늘과 새 땅, 그리고 새 예루살렘의 모습으로 나타난다. 즉 요한계시록 21-22장에서는 하나님의 임재와 관련된 하늘의 실재 및 하나님의 임재와 관련된 땅의 실재가 서로 하나이며 동일하다.

요한계시록 21-22장이 성경 전체에 대한 결론의 역할을 얼마나 잘하고 있는지를 주목하라. 성경 전체에 걸쳐 흐르는 가장 중요한 중심 주제 가운데 하나는 자기 백성들과 함께 계심으로써 그들과 친밀한 관계를 맺기를 원하시는 하나님의 열망이다. 하나님은 동산에서 그의 백성과 함께 계셨다. 그다음 그들이 추방된 이후 하나님은 그들과 함께 거하시고자 성막에 오셨고 그 이후에는 성전에 오셨다. 그러나 다시 한번 죄가 관계를 단절시켰고 백성들은 그들 가운데 거하시는 하나님의 친밀한 임재를 잃어버렸다. 그 후 하나님의 임재는 예수 그리스도의 삶을 통해 이 땅에서 자기 백성들과 함께 거하시기 위해 다시 오셨다. 예수 그리스도는 하나님의 거처 또는 "성전", 곧 하나님의 임재가 이 땅에 거하시는 장소(그는 이 땅에 계신 하나님이었기 때문에)가 되셨다. 예수가 아버지의 우편에 앉기 위해 하늘로 승천하셨을 때 성령이 그를 따르는 자들에게 내려오셔서 그들에게 하나님의 내재하시는 임재를 허락하셨고 그들과 함께 연합하여 하나님의 새 "성전", 즉 하나님이 지상에 거하실 장소를 제공해주셨다. 또한 이와 동시에 여기에는 그리스도를 따르는 자들이 "그리스도 안에 있는" 공동체의 일원으로서 하늘로 들림을 받는다는 의미가 들어 있다. 하지만 이렇게 내재하시는 것이 제아무리 멋지고 놀라운 일이라 하더라도—지상에서는 성령이 내재하시고 하늘에서는 "그리스도와 함께" 앉는—그것은 완전히 회복된 최상의 하나님의 임재를 경험하는 것이 아니다. 이 마지막 최고의 경험은 요한계시록 21-22장에 묘사되어 있는데, 거기서 아버지와 어린양과 하나님의 백성은 모든 것이 회복되고 온전해진 새 하늘과 새 땅에서 친밀한 관계를 맺으며 함께 거하게 된다. 요한계시록 21-22장은 성경 전반에 걸쳐 하나님의 임재와 관련하여 사용된 수많은 비유와 심상과 실재를 모두 한 곳에 집합시킨다.

8장

결론
이 모든 것은
오늘날 우리에게
어떤 의미가 있는가?

볼지어다!
내가 세상 끝날까지 너희와 항상 함께 있으리라 하시니라(마 28:20).

하나님의 임재와 성경의 조화 방식에 대한 이해

성전과 성막에 관한 연구를 통해 우리는 창세기 1장부터 요한계시록 22장까지, 즉 처음부터 끝까지 모두 살펴보았다. 사실 지금까지 우리는 매우 핵심적인 여러 가지 사건과 성경 안에 나타난 가장 중요한 신학적 실재를 다룬 셈이다. 왜냐하면 성전과 성막은 하나님 자신이 거하시는 장소이며, 이렇게 하나님의 은혜로운 언약의 사랑 안에서 그의 백성과 관계를 맺으며 그들 가운데 "거하시는"(tabernacling) 하나님의 임재는 의심의 여지 없이 성경에 나타난 가장 핵심적이면서도 중요한 주제 가운데 하나이기 때문이다.

그의 백성 가운데 거하시는 하나님의 임재 이야기는 구원의 이야기와 병행하며 서로 불가분의 관계로 엮여 있다. 인류는 하나님 자신이 거하시며 그의 백성과 소통할 수 있는 지상의 성전인 에덴동산에서 시작한다. 죄와 불순종은 변덕스런 인간들을 동산에서, 그리고 하나님의 임재로부터 쫓아내고 위험천만하고 잔인한 세상으로 몰아넣는다. 성경의 나머지 부분은 하나님이 어떻게 은혜를 통해 그의 백성이 그와의 친밀한 관계를 회복해서 그들이 하나님의 관계적인 임재를 누릴 수 있도록 일하시는지를 추적한다. 하나님은 이집트에서 이스라엘 백성을 구해내시고 그 후 시내산에서 그들을 만나시고 그의 처소를 먼저는 성막에, 나중에는 성전에 두시면서 극적인 방식으로 다시 이 땅으로 내려오신다. 하나님이 그의 백성들 가운데 거하시는 성막과 성전에서는 거룩함, 임재, 능력, 교제 등 네 가지 주제가 함께 소용돌이친다. 그러나 죄는 계속해서 문제를 일으키고 백성들의 죄는 그들을 계속해서 하나님의 거룩함으로부터 격리시켜 끝없는 제사와 단계적 거리 두기, 휘장, 향의 연기를 통하여 하나님의 거룩함으로부터 보호가 필요하도록 만든다. 결국 이스라엘의 죄가 극심해지고 성전 경내에서 자행되던 노골적인 우상숭배는 마침내 하나님을 그들 가운데서 몰아내고, 그들은 하나님의 관계적 임재뿐 아니라 그들과 함께 사시겠다고 약속하신 땅마저도 잃어버린다. 포로기 이후 이스라엘은 본국으로 돌아와 성전을 다시 재건하고, 이 성전은 헤롯왕 치하에서 세계적으로 명성을 떨치게 될 만큼 거대한 크기와 화려함을 갖추게 될 때까지 여러 차례에 걸쳐 확장 과정을 거친다.

하지만 예수 그리스도가 성전 문을 통해 들어오실 때까지는 하나님의 임재를 그 성전 안에서 찾아볼 수 없다. 예수는 그의 성육신하신 몸, 즉 새 성전에서 그의 백성들 가운데 새롭게 거하시는 하나님의 임재다. 예수는

> "볼지어다! 내가 세상 끝 날까지 너희와 항상 함께 있으리라 하시니라"(마 28:20).

그의 죽으심으로 단번에 죄의 문제를 해결하신 후 성전의 기능을 그의 새 인류(그의 백성)에게 넘겨주시는데, 이제 그들은 성령을 통해 하나님이 그들 개개인과 공동체 안에 내재하시는 성전의 기능을 수행하게 된다. 그리고 요한계시록은 하나님이 미래에 만물을 최종적 완성 단계에 이르게 하실 때 비로소 다시 한번 새 하늘과 새 땅의 일부인 동산에서 그의 백성들 가운데 거하실 것이라고 말한다.

우리 가운데 계신 하나님과 함께 살기

성전과 성막은 모두 놀랍고도 강력한 하나님의 거룩하심을 강조했다. 이는 백성들이 죽임을 당하지 않도록 반드시 하나님의 거룩한 임재가 휘장으로 가려지거나 보호되는 건축 구조와 일상적인 관습을 통해 부각되었다. 우주 만물의 왕이신 거룩하신 하나님은 그 지성소 안에 거하시며 그의 그룹들에게 둘러싸

여 계셨다. 분명히 그는 결코 가볍게 또는 경솔하게 여길 수 없는 분이셨다.

따라서 우리가 그리스도인으로서 예수 그리스도를 믿음으로 받아들였다면 이와 동일하게 거룩하고 놀랍고 강하신 온 우주의 왕이 이제 바로 우리 안에 거하신다는 사실을 깨닫는 것은 우리를 숙연하게 만들고 또 다소 두렵게도 만든다. 이것은 오직 예수 그리스도께서 우리를 거룩하게 만드셨기 때문에 일어날 수 있는 일이다. 예수가 우리를 위해 행하신 일로 인해 하나님과 우리 사이를 다층적으로 분리시켰던 것(뜰, 성소, 지성소)이 비로소 제거되었고, 우리는 이제 하나님의 임재 안에 곧바로 들어갈 수 있게 되었다. 이것은 놀라운 특권이지만, 책임도 뒤따라온다. 베드로는 그리스도인들이 이제 그리스도 안에서 누리는 놀라운 특권을 깨닫고, 이로써 거룩한 삶을 살도록 도전하기 위해 레위기의 "내가 거룩하니 너희도 거룩할지어다"(11:44, 45; 19:2)를 인용한다(벧전 1:15-16).

어떤 이들은 하나님을 저 멀리 하늘 높은 곳의 보좌에 앉아 계시며 가끔씩 우리가 제대로 살고 있는지 내려다보시는 분으로 상상한다. 성경이 선포하는 실재는 이와는 매우 다르다. 예수 그리스도를 믿음으로 말미암아 구원을 얻은 사람들은 이제 바로 그들 안에 거하시는 성령을 모시고 산다. 하나님 자신이 그의 백성 개개인 안에 거하신다. 그는 우리가 무엇을 하는지 보기 위해 내려다보실 필요가 없다. 그는 바로 여기에, 우리의 모든 일상의 삶 속에서 우리와 함께 계신다. 따라서 우리는 이것을 염두에 두고 날마다 하나님과 동행하며 그와 친밀한 교제를 나누는 이 놀라운 특권을 선용하며 살아야 한다.

예배에 주는 함의: 성전, 회당, 교회

앞서 우리가 회당의 출현에 관해 논의한 것을 기억하라. 신약 시대가 도래하기 전 수십 년 동안 유대인들은 지중해 세계 전역에 흩어져 있던 유대인 공동체 안에서 이루어지는 모임, 기도, 교육 등을 위한 지역 모임 장소인 회당을 발전시켰다. 회당은 성전과는 매우 다른 기관이었다.

여러 측면에서 그리스도 교회(예배를 드리는 건물로서)는 회당을 모델로 삼았다. 교회는 모임, 기도, 교육을 위한 장소다. 유대인들이 회당에서 안식일마다 토라를 가르치는 데 주력했던 것처럼 그리스도인들도 교회에서 일요일마다 성경을 가르치는 데 주력했다.

하지만 교회와 성전의 중요한 연관성도 잊지 않는 것이 중요하다. 새 성전으로서의 교회는 바울이 사용한 대표적인 은유 가운데 하나이며, 그가 하나 됨을 추진하게 만든 원동력 가운데 하나이기도 하다. 바울은 "그의 안에서 건물마다 서로 연결하며 주 안에서 성전이 되어 가고 너희도 성령 안에서 하나님이 거하실 처소가 되기 위하여 그리스도 예수 안에서 함께 지어져 가느니라"라고 말한다(엡 2:21-22). 바로 이 성령의 내주하심이 개개인이 서로 밀접하게 하나가 되어 하나의 연합 공동체인 교회의 몸을 이루게 한다.

신약성경이 성막과 성전을 거듭해서 암시하고 연관 짓고 있지만, 회당에 대해서는 그렇게 하지 않는 것을 주목하라.[1] 따라서 이제 예수는 위대하신 대제사장이시며(히 4:14-16), 그리스도인들은 "왕 같은 제사장들"—성전과는 연결되지만 제사장들이 없는 회당과는 연결되지 않는 이미지—로 선포된다(벧전 2:9). 기독교 신학의 중심에는 속죄 신학이 있는데, 이는 성막과 성

---

1 Barker, *Temple Themes in Christian Worship*, 19-44.

전의 제사 제도와 연관이 있다. 그리고 회당에서도 시편의 많은 노래를 불렀지만, 이 노래들은 회당이 아닌 성전을 배경을 두고 쓰인 것이다.

> "너희도 성령 안에서 하나님이 거하실 처소가 되기 위하여 그리스도 예수 안에서 함께 지어져 가느니라"(엡 2:22).

물론 회당에 없는 것은 성막과 그 후 솔로몬의 성전에 거하기 위해 오신, 강하고도 집중적인 하나님의 "내주하시는" 임재다. 회당에서는 토라를 공부하고 배울 수는 있었지만, 하나님의 내주하시는 임재가 그곳에 없었다. 사실 회당에서 예배를 드렸던 1세기 유대인들은 멀리 계신 하나님에 관하여 가르쳤다. 이와는 대조적으로 오늘날 교회에서 신자들이 하나님을 예배하고 하나님의 말씀을 가르치기 위해 모일 때 그들은 마치 성막의 지성소에서처럼 바로 하나님의 임재 안에서 그렇게 하고 있는 것이다.

그러나 심지어 성막조차도 궁극적인 실재의 모형이라는 사실을 기억하라. 요한계시록은 오늘날 그리스도와 내주하시는 성령을 통해 하나님께 드리는 우리의 예배가 아직도 여전히 하나님과 우리의 관계 속에서 완성된 온전한 경험이 아니라는 사실을 우리에게 상기시켜준다. 비록 우리가 지금 이 땅에서 드리는 예배가 멋지고 놀라운 것이긴 하지만, 우리의 예배는 지금도 모든 성도들과 함께 영원무궁토록 하나님을 찬양하고 온전한 충만함 속에서 하나님의 임재를 경험하며 새 하늘과 새 땅의 보좌 주변에 둘러 모여 있게 될 미래를 지속적으로 기대하게 만든다.

참고문헌

Barker, Margaret. *Temple Themes in Christian Worship*. London: T&T Clark, 2007.

Beale, G. K. *The Temple and the Church's Mission*. New Studies in Biblical Theology, edited by D. A. Carson. Downers Grove, IL: InterVarsity, 2004.

Bloch-Smith, Elizabeth. "'Who Is the King of Glory?' Solomon's Temple and Its Symbolism." In *Scripture and Other Artifacts*, edited by Michael D. Coogan, J. Cheryl Exum, and Lawrence E. Stager, 18-31. Louisville: Westminster John Knox, 1994.

Bruce, F. F. *New Testament History*. Garden City, NY: Doubleday, 1969.

Brueggemann, Walter. *1 & 2 Kings*. Macon, GA: Smyth & Helwys, 2000.

Cogan, Mordechai. *I Kings*. Anchor Bible 10. New York: Doubleday, 2000.

Dempsey, Charles. *Inventing the Renaissance Putto*. Chapel Hill: University of North Carolina Press, 2001.

Dozeman, Thomas B. *Exodus*. Eerdmans Critical Commentary. Grand Rapids: Eerdmans, 2009.

Elwell, Walter A., and Robert W. Yarbrough, eds. *Readings from the First Century World: Primary Sources for New Testament Study*. Grand Rapids: Baker, 1998.

Enns, Peter. *Exodus*. NIV Application Commentary. Grand Rapids: Zondervan, 2000.

Ferguson, Everett. *Backgrounds of Early Christianity*. 2nd ed. Grand Rapids: Eerdmans, 1993.

Fretheim, Terence E. *The Suffering of God*. Philadelphia: Fortress, 1984.

Frisch, Amos. "The Exodus Motif in 1 Kings 1-14." *Journal for the Study of the Old Testament* 87 (2000): 3-21.

George, Mark K. *Israel's Tabernacle as Social Space*, Ancient Israel and Its Literature 2. Atlanta: Society of Biblical Literature, 2009.

Hamel, Gildas. "Linen." In *The New Interpreter's Dictionary of the Bible*, edited by Katharine Doob Sakenfeld, 3:666-67. Nashville: Abingdon Press, 2008.

Hancock, Graham. *The Sign and the Seal*. New York: Touchstone, 1993.

Hays, J. Daniel. "Has the Narrator Come to Praise Solomon or to Bury Him? Narrative Subtlety in 1 Kings 1-11." *Journal for the Study of the Old Testament* 28 (2003): 149-74.

Hurowitz, Victor. *I Have Built You an Exalted House*. JSOT Supplement Series 115. Sheffield, England: JSOT Press, 1992.

Instone-Brewer, David. "Temple and Priesthood." In *The World of the New Testament*, edited by Joel B. Green and Lee Martin McDonald, 197-206. Grand Rapids: Baker, 2013.

Jeon, Yong Ho. "The Retroactive Re-evaluation Technique with Pharaoh's Daughter and the Nature of Solomon's Corruption in 1 Kings 1-12." *Tyndale Bulletin* 62, no. 1 (2011): 15-40.

Keel, Othmar, and Christoph Uehlinger. *Gods, Goddesses, and Images of God in Ancient Israel*. Translated by Thomas H. Trapp. Edinburgh: T&T Clark, 1998.

Köstenberger, Andreas J. "John." In *Zondervan Illustrated Bible Backgrounds Commentary*, edited by Clinton E. Arnold, 2:2-216. Grand Rapids: Zondervan, 2002.

Küng, Hans. *Judaism: Between Yesterday and Tomorrow*. New York: Crossroad, 1992.

Meyers, Carol L. *The Tabernacle Menorah*. Missoula, MT: Scholars Press, 1976.

Monson, John M. "1 Kings." In *Zondervan Illustrated Bible Backgrounds Commentary*, edited by John H. Walton, 3:2-109. Grand Rapids: Zondervan, 2009.

_____. "The Temple of Solomon: Heart of Jerusalem." In *Zion, City of Our God*, edited by Richard S. Hess and Gordon J. Wenham, 1-22. Grand Rapids: Eerdmans, 1999.

Nelson, Richard. *First and Second Kings*. Interpretation. Louisville: Westminster John Knox, 1999.

Netzer, Ehud. *The Architecture of Herod the Great Builder*. Grand Rapids: Baker Academic, 2008.

Oblath, Michael D. "Of Pharaohs and Kings—Whence the Exodus?" *Journal for the Study of the Old Testament* 87 (2000): 23-42.

Olley, John. "Pharaoh's Daughter, Solomon's Palace, and the Temple: Another Look at the Structure of 1 Kings 1-11." *Journal for the Study of the Old Testament* 27 (2003): 355-69.

Parker, Kim Ian. "Solomon as Philosopher King? The Nexus of Law and Wisdom in 1 Kings 1-11." *Journal for the Study of the Old Testament* 53 (1992): 75-91.

Pentecost, J. Dwight. *Things to Come: A Study in Biblical Eschatology*. Grand Rapids: Zondervan, 1958.

Pop, Calin A. "The Function and Appeal of the Cultic Places in 1 Kings 1-11: A Rhetorical Approach." PhD diss., Trinity International University, 2009.

Powell, Marvin A. "Weights and Measurements." In *Anchor Bible Dictionary*, edited by David Noel Freedman, 6:897-908. New York: Doubleday, 1992.

Propp, William H. C. *Exodus 19-40*. Anchor Bible 2A. New York: Doubleday, 2006.

Ritmeyer, Leen. "Imagining the Temple Known to Jesus and to Early Jews." In *Jesus and Temple: Textual and Archaeological Explorations*, edited by James H. Charlesworth,

19-58. Minneapolis: Fortress, 2014.

Ritmeyer, Leen, and Kathleen Ritmeyer. *Secrets of Jerusalem's Temple Mount*. Updated and enlarged ed. Washington, DC: Biblical Archaeology Society, 2006.

Ryken, Leland, James C. Wilhoit, and Tremper Longman III, eds. *Dictionary of Biblical Imagery*. Downers Grove, IL: InterVarsity, 1998.

Sailhamer, John H. *The Pentateuch as Narrative: A Biblical-Theological Commentary*. Grand Rapids: Zondervan, 1992.

Salier, Bill. "The Temple in the Gospel According to John." In *Heaven on Earth: The Temple in Biblical Theology*, edited by T. Desmond Alexander and Simon Gathercole, 121-34. Waynesboro, GA: Paternoster, 2004.

Seibert, Eric. *Subversive Scribes and the Solomonic Narrative: A Rereading of 1 Kings 1-11*. Library of Hebrew Bible/Old Testament Studies 436. New York: T&T Clark, 2006.

Shanks, Hershel. *Jerusalem: An Archaeological Biography*. New York: Random House, 1995.

———. *Jerusalem's Temple Mount: From Solomon to the Golden Dome*. New York: Continuum, 2007.

Sherwin, Simon. "1 Chronicles." In *Zondervan Illustrated Bible Backgrounds Commentary*, edited by John H. Walton, 3:220-85. Grand Rapids: Zondervan, 2009.

Sizer, Stephen. "The Temple in Contemporary Christian Zionism." In *Heaven on Earth: The Temple in Biblical Theology*, edited by T. Desmond Alexander and Simon Gathercole, 231-66. Waynesboro, GA: Paternoster, 2004.

Sweeney, Marvin. *I & II Kings*. The Old Testament Library. Louisville: Westminster John Knox, 2007.

Tomasino, Anthony J. *Judaism before Jesus: The Events and Ideas That Shaped the New Testament World*. Downers Grove, IL: InterVarsity, 2003.

VanderKam, James C. "Calendar." In *The New Interpreter's Dictionary of the Bible*, edited by Katharine Doob Sakenfeld, 1:521-27. Nashville: Abingdon, 2006.

Walton, John H. *Ancient Near Eastern Thought and the Old Testament: Introducing the Conceptual World of the Hebrew Bible*. Grand Rapids: Baker Academic, 2006.

———. *The Lost World of Genesis One: Ancient Cosmology and the Origins Debate*. Downers Grove, IL: InterVarsity, 2009.

Wenham, Gordon J. "Sanctuary Symbolism in the Garden of Eden Story." In *"I Studied Inscriptions from before the Flood": Ancient Near Eastern, Literary, and Linguistic Approaches to Genesis 1-11*, edited by Richard S. Hess and David Toshio Tsumura, 399-404. SBTS 4. Winona Lake, IN: Eisenbrauns, 1994.

하나님의 임재와 구원
구속사로 본 성막과 성전

Copyright ⓒ 새물결플러스 2020

1쇄 발행 2020년 5월 27일
3쇄 발행 2022년 9월 26일

지은이 J. 대니얼 헤이즈
옮긴이 홍수연
펴낸이 김요한
펴낸곳 새물결플러스

편 집 왕희광 정인철 노재현 정혜인 이형일 나유영 노동래
디자인 박인미 황진주
마케팅 박성민 이원혁
총 무 김명화 이성순
영 상 최정호 곽상원
아카데미 차상희

홈페이지 www.holywaveplus.com
이메일 hwpbooks@hwpbooks.com
출판등록 2008년 8월 21일 제2008-24호
주 소 (우) 04118 서울시 마포구 마포대로19길 33
전 화 02) 2652-3161
팩 스 02) 2652-3191

ISBN 979-11-6129-156-7 03230

책값은 뒤표지에 있습니다.